破产法 研究

2020年卷

主编 / 刘宁

上海三联书店

本书由成都理工大学

"法学教学创新"项目（编号：10912-2019JXTD20302）资助出版

卷首语

美国学者斯蒂芬·L·埃尔金认为,"法律的目的是创造一个稳定的、可以理解的行动结构"。规范市场经济的法律制度,当然要为市场主体创造出能够充分发挥理性选择的行动结构——不论是进入市场,还是市场竞争,抑或是退出市场,都有赖于市场主体基于追求利益最大化的经济理性进行行为选择。同时,市场经济不仅仅体现了个体的经济理性,它还表现出社会理性的特征——为了避免"市场失灵",必须从社会整体利益最大化的立场出发,在市场准入、市场竞争和市场退出等方面设置有利于资源配置最优化的制度环境。市场退出的制度安排不仅对市场主体合理进行风险与收益评估有重要影响,而且对于全面依法治国背景下营商环境的优化也具有十分重要的意义。其中,破产制度无疑是市场退出制度的核心内容。

党和国家非常重视市场退出和破产法完善。国家发展和改革委员会、最高人民法院等十三个国家部委局单位联合发布《加快完善市场主体退出制度改革方案》,将《企业破产法》的修订纳入全国人大常委会的立法规划,党的十九届四中全会在《中共中央关于坚持和完善中国特色社会主义制度、推进国家治理体系和治理能力现代化若干重大问题的决定》中也着重强调,要坚持以供给侧结构性改革为主线,改善营商环境,健全破产制度。甚至,建立自然人破产制度也逐步进入大众视野,一时之间引起广泛关注。理论界和实务界对破产程序、破产债权、破产管理人、破产重整、执转破等破产法的重点、难点问题的研究日益深入,各地纷纷成立破产法学研究会,举办破产专题论坛。可以说,破产法已逐渐摆脱冷门学科状态。法学是应用学科,法学研究如果不服务于法治实践的需要,其研究成果注定只能孤芳自赏;法治实践如果不能与理论研究合作共进,其实践注定无法远行。就地处西南的四川而言,破产理论和破产实践的需求是十分迫切的——理论上缺少京沪两地那些名师大家的指点江山,实践上缺乏长三角、珠三角那些典型案例、创新创造作为业界旗帜。所以,就当下四川的破产法而言,仍然存在"显学不显"的尴尬局面。

有鉴于此,志在弥补四川破产法学的这一短板,成都理工大学于 2018 年 5 月成立了"破产法与企业保护研究中心",希望通过产、教、学、研等方式,为四川乃至西南地区研究和实践破产法的学者、法官、政府、管理人、企业等,搭建深入交流的平台,在破产法研究领域发出四川乃至西南地区的声音,为四川、西南地区的破产法治实践提供智力支持。中心主任刘宁副教授,具有法学学士、硕士、博士的完整专业学术训练背景,热爱并坚持从事破产法的理论研究和实务工作。她以巨大的热情,投身到破产法的研究与教学、破产法人才培养、破产法普及、破产法学研究会的成立、破产法立法与实施调研、破产审判规范化建设、管理人业务素养提升等繁重的工作中。如此,成都理工大学破产法与企业保护研究中心已经成为四川破产法业界交流的重要平台,成都理工大学也正在成长为四川破产法领域的研究重镇之一。这本《破产法研究》,集合了四川法学理论界、破产审判法官、破产管理人等近两年的研究成果,或许稚嫩,但它不仅展示了四川破产法研究的现状,更展现了这里正在从事破产工作的人们对破产法的热情、热爱与专注。

卡多佐大法官说过,"法律就像旅行一样,必须为明天做准备。"在中国破产法向前发展的旅程中,成都理工大学法学也在向前迈进:我校法学始于 1998 年,依托于文法学院;2017 年更名为法学院,同时设立司法研究院。在学校的大力支持下,我们先后获得法律硕士和法学一级学科硕士学位授权点。自此,成都理工大学法学基本进入了四川法学的主流行列。回顾成都理工大学法学的简要历史,不是要为未来设定特别的发展目标:对于学科建设来说那显得有些功利。我们所愿望的,是在法律的旅行中找到自己的位置。成都理工大学法学的发展,若能一直陪着中国相关法律的旅程而一起前进,如此风景,岂不甚好!

成都理工大学法学院院长　谭全万

2020 年 1 月于理工砚湖旁

目 录

专题调研

主题研讨

前沿热点

漫谈随笔

《破产法研究》征文公告

成都理工大学破产法与企业
保护研究中心简介

　　成都理工大学破产法与企业保护研究中心（以下简称中心），是成都理工大学贯彻党自十八大以来提出的关于"推进供给侧结构性改革""优化营商环境"等要求，依托新时代西部大开发、成渝地区双城经济圈等国家中心发展战略，聚集成都理工大学法学院教学、科研优势，整合国内外优质资源，集破产法"发展、资政、育人"于一体的校属研究机构。中心与四川省法学会破产法学研究会秘书处高度融合，协助举办"破产法治·天府论坛""天府破产法沙龙"，积极参与立法、紧密协同司法、深入开展普法，是立足四川、面向西部、辐射全国，在破产法学科发展、破产实务专家培养等方面具有较大影响力的智库机构。

　　中心设主任一名，研究员、科研助理若干。中心主任由成都理工大学法学院副教授、硕士生导师、中国人民大学破产法研究中心研究员、四川省法学会破产法学研究会副会长兼秘书长刘宁博士担任，特聘原最高人民法院审判委员会专职委员杜万华大法官为中心首席学术顾问，上海交通大学凯原法学院特聘教授、博士生导师、上海市法学会破产法研究会会长韩长印教授担任中心高级学术顾问。中心研究员由各级法院院长、副院长,资深破产审判法官,高校科研学者及具有丰富实务经验的破产管理人团队组成。

中心现负责运营在破产法领域具有一定影响力的公众号"一语道破",整合传播四川省破产讯息,发表法官、管理人破产研究成果,建立全省破产法官群;定期编辑、出版《破产法研究》学术集刊,策划、出版《破产管理人实务指南》等系列学术专著。中心承担系列重大破产法学专项课题,其中四川省哲学社科法治课题"破产法助力供给侧改革研究——以 S 省为样本的实证分析"成果获第九届"中国破产法论坛"三等奖,并提交全国人大财经委,获得财经委徐绍史主任的高度评价,收录为破产法修订的基础调研资料。

中心注重理论与实践的融合,目前已与成都、德阳、眉山、阿坝等地多家法院、律师事务所、会计师事务所、评估机构和金融机构签署长期战略合作协议,就破产法及相关法律的理论研究、司法实务、课题合作、人才培养、实习基地建设等进行深度合作。中心未来将会与省内三级法院普遍建立合作关系,继续联合破产法学术界、司法界、政府、实务界和其他社会各界人士和机构,共同推动四川省破产审判事业繁荣发展。

专题调研

破产法助力供给侧结构性改革研究
——以 S 省为样本的实证分析

刘宁课题组①

引 言

当前,我国正处于全面深化改革的攻坚期,党的十八届三中全会提出"发挥市场在资源配置中的决定性作用,推进供给侧结构性改革"的总体要求,开展以"三去一降一补"为核心的中央经济工作,化解过剩产能,清理僵尸企业,完善市场退出机制。《企业破产法》是我国市场经济的基本法律,是关于企业退出和企业保护的重要制度,该法自2007 年 6 月 1 日实施以来,运行已经超过十年。十年来,《企业破产法》作为市场经济运行的重要法律规范,在推动经济结构转型、完善市场退出、挽救危困企业中发挥了重要的作用。企业破产法实施的这十

① 课题主持人：刘宁,成都理工大学法学院副教授、四川省法学会破产法学研究会副会长兼秘书长、中国人民大学破产法研究中心研究员；课题组成员：万毅、许静、陈兵、杨春林、赵亮、谢天等。

本调研报告系四川省社科规划年度项目(2017 年)"破产法助力供给侧改革研究——以 S 省为样本的实证分析"的课题成果,其数据来源于课题调研期间,部分数据已有所变化。

年,四川省的破产实践发生了巨大变化,政策性破产向破产的市场化、常态化方向发展,市场和经济对破产制度的需求越来越急迫,省内各地各级人民法院的破产审判经验日益丰富,本地管理人队伍逐渐成熟,政府对破产也开始转变认识,在不同程度地参与破产实践,协同推进四川省供给侧结构性改革。但与此同时,破产法实施中也存在破产理念接受度不足、具体制度尚不完善、法院破产案件审判能力需加强以及管理人工作不规范、业务能力亟待提高等现实问题。由此,梳理、总结我省破产法实施中的经验,探索、分析当前存在的问题,将有助于完善我省破产工作,促使破产制度发挥更大的市场价值和法治价值,使破产法更有效地助力我省供给侧结构性改革。

课题组回顾和总结了四川省十年来的破产法实施情况,对各地各级法院、法官、管理人、管理人协会、政府相关部门进行了调研,运用问卷调查、座谈会、访谈、统计分析、文献分析等方法,收集了较为全面的数据和素材,并进行了整理和分析。调研报告从法院、管理人、政府三个角度,总结本省破产实践的现状和成果,发现存在的各种问题,探求其原因,提出有针对性的意见和建议。

第一章　法院篇

一、全省破产审判情况

(一) 破产案件审理情况

1. 全省法院受理、审结企业破产案件情况

在破产案件受理方面,2007—2017 年四川省范围内的企业破

2007—2017年案件受案、结案数

	2007年	2008年	2009年	2010年	2011年	2012年	2013年	2014年	2015年	2016年	2017年
受案数	91	153	83	78	64	55	66	77	174	178	149
结案数	186	124	108	146	101	154	120	164	118	149	61

产案件受理数前期呈现低位徘徊,后期逐渐由低走高,案件受理近年呈上升趋势。根据四川省高级人民法院司法统计数据,2007—2017 年,全省法院累计共受理企业破产案件 1168 件,每年平均受理数为 106 件。《企业破产法》颁行后的前七年(2007—2014),全省法院每年新受理案件数量较少,基本每年不超过 100 件,这与新法颁行后,全国法院受理破产案件数量不升反降的大趋势一致。[①]这表明,在国有企业政策性破产之后的数年里,在四川省范围内市场化的企业破产观念仍未被广泛接受,企业破产率低于市场正常破产需求,市场化破产未进入常态,新法未能充分发挥其调整作用。

在中央提出供给侧结构性改革后,四川省法院在全省各级法院推行了两大举措:一是明确立案部门与破产审判业务部门在破产案件立案受理上的职能分工,从诉讼流程上清理破产案件启动的障碍;二是强化破产案件受理的审级监督,督促下级法院做好破产申请受理审查工作,依法纠正不予受理、不立不裁等问题。据数据显示,2015 年四川省法院系统企业破产案件受理数量出现上升拐点,从 2014 年的 77 件突增至 174 件,增长 126%。此后三年,其

---

① 王欣新:"转换观念完善立法依法受理破产案件(上)——《破产法司法解释(一)》深度解读",载《人民法院报》2012 年 02 月 08 日。

破产案件受理数量稳定保持在 150 件左右及以上。据统计,自 2016 年以来,四川省高院指令下级人民法院受理破产案件 23 件,破产案件受理审查工作逐步规范,破产案件受理难问题得到有效缓解。

在结案方面,截至 2007 年,于《企业破产法(试行)》实施期间的旧存未结案件尚有 678 件;《企业破产法》实施后,2007—2017年全省法院共计审结企业破产案件 1431 件,审结率为 77.5%,每年平均结案数为 130 件。2007—2014 年,企业破产案件结案数维持在每年 100 件以上,高于每年新受理案件数,受理与结案比平均为 1:1.39,说明法院每年仍在大量消化、处理过去的积案、旧案。从 2015 年开始,结案数开始滞后于受案数,并呈扩大趋势,2015—2017 年,受理与结案比平均为 1:0.58,2017 年结案数仅为当年受理数的 40.9%,新案审理压力持续增大,结案数下降。

2007—2017年企业破产旧存案件数

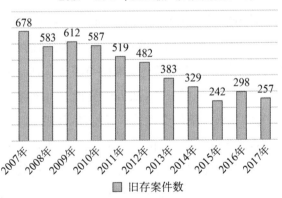

从旧存案件数量看,2007—2012 年旧存案件数量较高,保持在 500 件以上,但整体呈下降趋势;2015 年旧存案件数量最低,降

至 250 件以下,但 2016 年旧存案件数量又有所上升,比 2015 年多 56 件。

据省法院统计,近五年,我省审结破产案件共清理企业债务 40759 笔,金额高达 1597.6 亿元,清偿破产债权 421.7 亿元,有效 去除过剩产能、解救危困企业;通过破产程序,妥善安置职工 47656 人,支付职工债权 3.06 亿元,有效保障了职工权益,维护了 社会稳定;清偿税款债权 6.7 亿元,清偿金融债权 286.3 亿元。近 几年来,中国二重、川化股份等上市公司及 86 家非上市公司,通过 破产重整,摆脱财务困境,重获生产经营能力,实现了企业转型发 展,破产法的运用为我省经济有序健康发展提供了法治保障。

2. 企业破产的申请情况

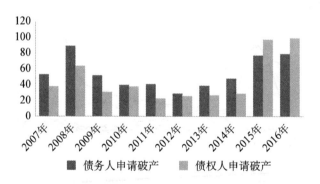

■ 债务人申请破产　　■ 债权人申请破产

2007 年至 2016 年①,由债务人提出企业破产申请的案件共计 547 件,占比 54%;由债权人提出企业破产申请的案件共计 472 件,占比 46%(数据如上图)。由债权人提出申请企业破产的数量 总体少于由债务人提出的申请,一方面,这系因破产案件审理周期

---

① 2017 年申请情况未做司法统计,故数据不详。

较长,债权人为了实现自身利益最大化和效率化,不愿意选择概括、公平受偿的破产程序,更愿意优先选择执行程序以实现个别高额受偿;另一方面,这也反映出本地市场未能有效培养企业破产文化,破产法的功能和价值未被认识和重视。但 2015 年债权人申请数占当年所有申请破产案件的 55.7%,2016 年占 55.6%,这反映了从 2015 年开始,债权人申请企业破产的案件多于债务人申请,债权人在逐渐接受、认可破产程序,通过破产程序受偿的意愿提高。

3. 破产企业类型情况

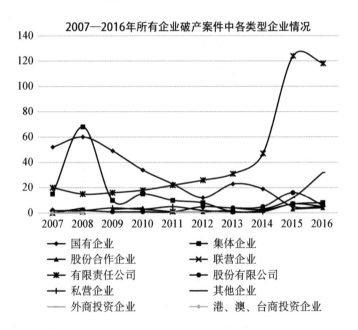

2007—2016 年,全省共受理破产案件 1019 件,其中债务人为有限责任公司的有 437 件,占比 42.9%;债务人是国有企业的为 282 件,占比 27.7%;债务人为集体企业的为 144 件,占比 14.1%。另外也有个别股份有限公司、股份合作企业申请破产。被申请破产企业经营涉及房地产、医药、水电天然气、高新技术、传统工业、制造业以及船舶运输业等多个行业领域。

十年来,国有企业和集体企业破产案件呈现下降趋势,尤其在新《企业破产法》颁行后的两年内,案件数量急剧下降,说明旧法下国有企业政策性破产逐渐退出历史舞台。而有限责任公司破产案件数量则呈增长态势,2011 年有限责任公司破产超过国有企业,在 2015 年增幅尤其明显,是 2014 年的 264％,说明近年来市场化破产逐渐被民营企业接受,市场化破产开始常态化。

据调研,目前,我省乐山金顶、方向光电、中国二重、川化股份四家上市公司已经或正在通过破产重整程序摆脱企业困境。

4. "执转破"情况

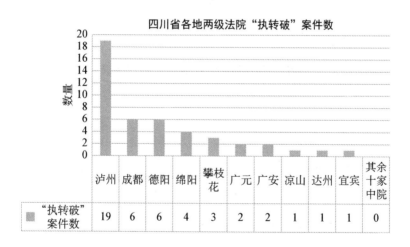

四川省各地两级法院"执转破"案件数

	泸州	成都	德阳	绵阳	攀枝花	广元	广安	凉山	达州	宜宾	其余十家中院
"执转破"案件数	19	6	6	4	3	2	2	1	1	1	0

课题组分别向四川省 20 家中院和 2 家基层法院发放了问卷。据问卷结果显示,2007—2017 年,以下各地两级法院共受理"执转破"案件 45 件,其中,泸州 19 件,成都 6 件,德阳 6 件,绵阳 4 件,

攀枝花 3 件,广元 2 件,广安 2 件,凉山 1 件,宜宾 1 件,达州 1 件,乐山、内江、南充、遂宁、资阳、自贡、巴中、雅安、阿坝、甘孜受理"执转破"案件数为零。

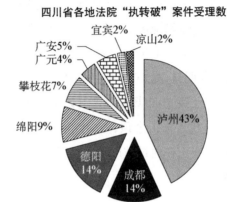

四川省各地法院"执转破"案件受理数

5. 案件审理周期情况

2007—2016年企业破产案件审理时间情况

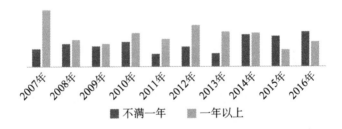

■ 不满一年　　■ 一年以上

整体而言,破产案件审理周期普遍较长。2007—2016 年,全省共审结案件 1370 件,在审结案件中,审理周期不足一年的 572件,占比 42%;审理周期超过一年的 798 件,占比 58%(数据如上图所示)。审理周期长,一方面是因为破产法定程序时间较长;另一方面,破产审判法官职数并未与案件数量同步增长,案多人少严重影响了办案效率;此外,这也与破产案件审限管理缺位,以及案情复杂等因素密切相关。调研也发现,有个别破产案件审理超过十年,因此出现新旧法适用等难题。

6. 各地两级法院破产案件审理情况对比

通过对 20 个中级法院的问卷调查,各地两级法院受理案件数为:广元 223 件,成都 201 件,德阳 135 件,乐山 134 件,内江 82 件,自贡 76 件,泸州 64 件,达州 63 件,攀枝花 58 件,绵阳 56 件,广安 29 件,凉山 19 件,巴中 14 件,阿坝 13 件,雅安 9 件,资阳 8 件,南充 7 件,宜宾 6 件,遂宁 4 件,甘孜 0 件。

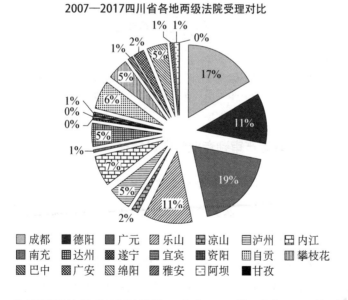

2007—2017四川省各地两级法院受理对比

各地两级法院审结案件数:广安 187 件,成都 116 件,德阳 100 件,乐山 98 件,内江 68 件,攀枝花 49 件,达州 45 件,自贡 42 件,泸州 29 件,绵阳 22 件,凉山 17 件,广安 9 件,巴中 8 件,阿坝 7

件,南充 2 件,宜宾 2 件,资阳 1 件,雅安 1 件,遂宁和甘孜均无审结案件。

2007—2017年四川省各地两级法院审结对比

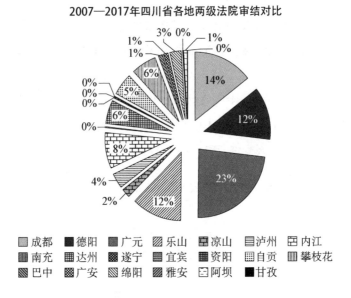

□成都	■德阳	▨广元	▨乐山	囲凉山	目泸州	田内江
□南充	皿达州	▨遂宁	目宜宾	▨资阳	囲自贡	皿攀枝花
▨巴中	▨广安	▧绵阳	▨雅安	囗阿坝	■甘孜	

(二) 法院破产审判专业化建设情况

1. 破产专业审判庭和合议庭建设情况

2016 年最高人民法院公布《关于在中级人民法院设立清算与企业破产审判庭的工作方案》,明确要求省会城市、副省级城市所在地中级人民法院应当设立清算与破产审判庭,其他中级人民法院是否设立清算与破产审判庭,由各省(区、市)高级人民法院会同省级机构编制部门,综合考虑经济社会发展水平、清算与破产案件数量、审判专业力量、破产管理人数量等因素,统筹安排。四川省法院积极落实该方案,加快破产审判庭和合议庭设置。截至 2017

年底,德阳、成都、攀枝花等 12 家中级法院以独立或加挂方式设立清算与企业破产审判庭。其中德阳中院是全国首家成立独立编制的破产清算审判庭;巴中、绵阳、广安、雅安、达州等地中级人民法院组建了破产审判专业合议庭。

2. 法官队伍建设情况

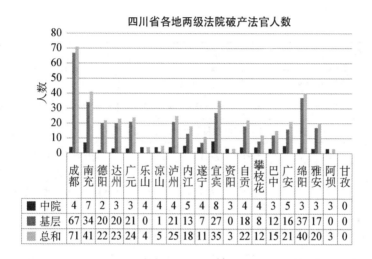

四川省各地两级法院破产法官人数

	成都	南充	德阳	达州	广元	乐山	凉山	泸州	内江	遂宁	宜宾	资阳	自贡	攀枝花	巴中	广安	绵阳	雅安	阿坝	甘孜
■ 中院	4	7	2	3	3	4	4	4	5	5	8	3	4	4	3	5	3	3	3	0
■ 基层	67	34	20	20	21	0	1	21	13	7	27	0	18	8	12	16	37	17	0	0
总和	71	41	22	23	24	4	5	25	18	12	35	3	22	12	15	21	40	20	3	0

根据问卷调查的统计数据,省内经济发达地区破产审判法官数量更多,也更注重业务学习、交流。

为了鼓励法官办理破产案件,省高院大力推动院庭长参与破产案件审理,成都、南充、内江、德阳等地两级法院院领导、庭长,均带头审理审结多件重大疑难复杂破产案件,其中南充中院院长亲自办理了该院第一起破产案件,带头示范效果明显。

(三) 破产审判考核机制探索

破产案件审理周期长、难度高、专业性强,讲究“开庭与开会相结合、裁判与谈判相结合"的工作方法,因此对法官专业能力和综合素质要求很高,法官普遍有畏难情绪,因此,各地也在探索、改革案件考核机制,鼓励法官破产审判积极性,如建立案件折抵机制,建立符合企业破产审判规律的特殊绩效考评制度,合理量化破产法官工作量等,均不失为有效激励。各地案件折抵激励机制如下:

法院	案件折抵机制
广安中级法院	1件破产案件折抵5件二审案件
德阳中级法院	破字、强清折抵25件;破申、清申折抵2件
广元中级法院	1件破产案件折抵10件普通案件
乐山中级法院	一般破产案件折算系数为4,+2,≤10;职工300人以上或上市公司破产案件折算系数为8,+2,≤15
雅安中级法院	破申裁定不予受理折抵1件普通案件,裁定受理折抵1.5件,破产审理共折抵14件
泸州中级法院	1件破产案件折抵5件普通案件
内江中级法院	1件破产案件折抵15件普通案件
遂宁中级法院	1件破产案件折抵20件二审案件
宜宾中级法院	1件破产案件折抵13件普通案件
资阳中级法院	1件破产案件折抵30件普通案件
自贡中级法院	1件破产案件折抵10件二审案件
攀枝花中级法院	1件破产案件折抵20件普通案件
巴中中级法院	1件破产案件折抵6件普通案件

成都中院、达州中院、凉山中院、绵阳中院、阿坝中院、甘孜中院暂无案件折抵机制,南充中院正在制定相关规定。

（四）各地法院规范破产审判的制度建设情况

为了提高破产审判质量，规范、指导破产审理中的法院、管理人职责，各中院积极总结经验，研究制定辖区内业务指导规范。

四川省中院制定的破产业务指导规范

成都中院	2016 年 10 月《企业破产案件机构管理人名册编制办法（试行）》 2016 年 10 月《成都市中级人民法院企业破产案件管理人分级管理办法（试行）》 2017 年 2 月《成都市中级人民法院执行案件移送破产审查操作规程（试行）》 2017 年 3 月《成都市中级人民法院破产案件管理人工作规范（试行）》 2017 年 3 月《成都市中级人民法院管理人报酬计取办法（试行）》
德阳中院	2017 年 6 月 15 日《德阳市破产管理人履职指引（试行）》 2017 年 12 月《德阳中院、德阳国税、德阳地税涉税事项诉非衔接合作办法》 2017 年 3—12 月《破产案件审判流程图》《破产案件时间流程节点及相关文书适用指南》《破产申请审查案件办理规程（试行）》《破产案件卷宗归档规程（试行）》《管理人廉洁公正履行职责告知书》
广安中院	2015、2016 年广安市委、市人民政府就广建集团、科塔案成立破产工作领导小组的文件
乐山中院	2017 年 5 月《审理破产案件指定管理人实施办法（试行）》及《四川省乐山市中级人民法院关于以竞争方式选任破产管理人的评选细则（试行）》 2018 年 4 月《关于通过网络司法拍卖平台处置企业破产财产的规程（试行）》 2018 年 5 月《破产案件立案审查规程（试行）》
泸州中院	2017 年 9 月 20 日《执行案件移送破产审查操作规程》
攀枝花中院	2013 年 6 月《攀枝花中级人民法院破产管理人指定实施办法》 2016 年 11 月 28 日《涉企案件协调处置工作联席会议纪要》
遂宁中院	2017 年 10 月 27 日《关于建立执行案件移送破产审查工作机制的意见》

雅安中院	2017 年 10 月 30 日《雅安市中级人民法院关于执行案件移送破产审查工作的操作规程(试行)》
宜宾中院	《关于执行案件移送破产审查的实施细则(试行)》 2018 年 3 月《宜宾市中级人民法院企业破产案件管理办法(试行)》的起草说明
资阳中院	2015 年 11 月 3 日《资阳市中级人民法院关于审理企业破产案件指定管理人实施办法(试行)》 2017 年 8 月 9 日《资阳市中级人民法院关于审理企业破产案件指定管理人实施办法(试行)》
自贡中院	2012 年 3 月《自贡市中级人民法院自贡市政府国有资产监督管理委员会关于建立国有企业破产清算工作联席会制度的通知》
达州中院	2017 年 5 月《达州市中级人民法院关于深入推进执行转破产专项审判活动的实施方案》

二、四川省企业破产审判存在的主要问题

1. 破产案件仍然存在"受理难"

破产案件"受理难"是全国普遍存在的问题,除了广东、江浙地区,各地法院对企业破产案件态度仍然较为保守。经调研,四川省破产案件数量仍然偏低,有些地方法院在企业破产法实施以来,在 10 年时间内从未受理过一起新案,这并不是当地不存在符合破产条件的企业。究其主要原因,一方面是因为破产法理念普及不够,政府、市场、当事人对破产仍心存抵触,未能充分认识到破产对于豁免债务、公平保护债权人、挽救危困企业的巨大价值,导致债权人、债务人不愿选择破产程序,极大影响了当事人申请主义下的破产案件受理数量;另一方面,法院、法官存在畏难情绪,不愿放开依

法受理途径。破产法是民商领域有效适用最少的一部法律,自2007年颁行以来,案件受理数不升反降,全国所有法院受理数一度跌落千余件每年,法官审判经验严重不足。要胜任破产审判工作,需要法官对民法、物权法、合同法、公司法、合伙企业法、证券法、税法等实体法律,以及民事诉讼法等程序法,乃至刑法都有所涉猎、了解、运用,因此破产案件对法官业务素养要求极高,法官畏难,办理破产案件的积极性受到严重影响。因为种种顾虑,法院不敢依法受理破产案件,既不符合破产法规定,也变相剥夺了债权人或债务人申请破产的权利,阻碍了破产法去产能、优化资源配置的市场作用。

2. 审判队伍专业化水平亟待提升

由于四川省企业破产案件总体数量较少,各地法院审理企业破产案件的机会不均,由此也导致审理能力不均衡现象突出。课题组经调研发现,虽有部分法院(如:德阳中院)多次成功办理了在全国范围具有影响力的重大破产案件,但更多的法院多年来没有受理过破产案件,更无从谈及提升专业能力。此外,还有部分法院设置了破产审判庭专门审理破产案件,专业化程度较高,而大部分法院将破产案件放在民商事审判部门进行审理,规范化程度也不够。上述诸多情况,产生了破产审判队伍专业化水平整体不高的现象,导致法院无法应对破产案件的审理要求。

3. "执转破"程序的适用不畅

在最高人民法院的推动下,四川省"执转破"工作虽初显成效,但案件总体偏少,工作中仍然面临不少问题,"执转破"适用过程中存在障碍,其功效发挥不足。一是当事人启动破产程序的动力不足。"执转破"的条件之一是需经被执行人或者有关该执行案件的任何一个申请执行人书面同意才能将该案件移送企业破产审查，但是在执行案件中，债务人没有破产动力，抵押债权人以及先查封的债权人因债权有保障，申请"执转破"的积极性不高，甚至对此持反对态度，而普通债权人则因后续受偿希望渺茫，也不太愿意启动破产程序。二是执行人员移送破产程序的积极性不高。部分执行法官对"执转破"的重要性认识不到位，在执行资源有限、执行案多人少矛盾突出和执行绩效考核多重压力下，不愿主动引导"执转破"，增加工作量。三是执行程序与企业破产程序衔接不畅。在调研座谈中，法官普遍反映《最高人民法院关于执行案件移送破产审查若干问题的指导意见》程序繁琐，涉及不同法院、不同部门的协调、衔接，常常出现法院之间或者执行部门和破产审判部门之间的互相推诿，极大影响了"执转破"程序的适用。

4. 破产案件审理繁简分流机制亟待建立

省高级法院及各地法院均未建立破产案件繁简分流、简案快审、繁案精审机制。但破产审理实践中，审限超过一年的企业破产案件是多数，其中不乏相当数量的无财产、无人员、无账册的"三无案件"。不区分案件繁简，适用同样的程序，导致程序延宕，极大降低了司法的效率，同时，高昂的时间成本使得相当一部分债权人、债务人对破产程序望而却步。破产程序要发挥其应有的价值，也应借鉴民事简易程序，建立案件繁简甄别、分流审判机制。

三、供给侧结构性改革背景下的破产审判完善建议

1. 普及破产法理念，畅通破产案件受理通道

破产审判具有依法促进市场主体再生或有序退出、优化社会

资源配置、完善优胜劣汰机制的独特功能,是保障供给侧结构性改革、推动化解过剩产能的重要司法途径。[①] 课题组认为在司法实践中应当加强破产法宣传,政府、市场、当事人、法院、全社会要转换理念,不再把破产作为"不吉利""失败"的代名词,要看到破产的保护本质和巨大市场价值,充分发挥破产案件审判对社会主义市场经济的调节作用。因此,人民法院需要加强对破产法的宣传,普及破产法市场出清和挽救企业的价值与理念;建议省高级法院在全省范围每年甄选具有典型意义的破产案件,对外公开发布,广为宣传破产程序在供给侧结构性改革中的重要作用。

同时,人民法院应当坚决落实破产案件审查、立案的程序保障制度。对于债权人、债务人等法定主体提出的破产申请材料,人民法院立案部门应当接收并出具书面凭证,根据《企业破产法》第八条的规定进行形式审查。立案部门经审查认为申请人提交的材料符合法律规定的,应按 2016 年 8 月 1 日起实施的《强制清算与破产案件类型及代字标准》,以"破申"作为案件类型代字编制案号,当场登记立案;认为不符合法律规定的,应予释明,并以书面形式一次性告知应当补充、补正的材料,补充、补正期间不计入审查期限。

法院审查是否受理时,应当严格依照《企业破产法》第二条规定的破产原因进行审查,不应以防范逃废债、无财产等其他非法定理由裁定不予受理。对于裁定不予受理的案件,上诉之后上级法院应严格依法审查是否符合受理条件,如果符合,应予纠正。

---

① 参见聂晶、方资:"供给侧改革背景下破产审判存在的问题及对策研究",载《河北法学》2018 年第 2 期。

2. 提高破产审判队伍的专业化程度

破产案件审判法官的专业水平决定着案件审理的法律效果和社会效果。四川区域内相关法院破产审判专业力量仍很薄弱,畏难与经验缺乏是普遍现象。即使在已经受理案件的法院,法官对破产程序不熟悉,无法对管理人工作形成有效指挥、监督。

对此,建议法院应注重破产审判的专业化建设,有条件的法院,尤其中级法院,应尽量建立专门的破产审判庭,基层法院组建破产审判合议庭;选任具有较好法学功底、具备一定审判经验、学习能力较强的法官,从事破产专门审判。法院应当强化破产法官的交流和学习,通过案例分享、考察学习、学术研讨、调研研究等多种方式,提升法官业务能力。

此外,调研反映,法官不愿承办破产案件,还因案件考核机制未能区别对待普通案件和破产案件。破产案件事务繁多、程序复杂、周期长,在没有合理激励机制的情况下,法官更愿意选择办理普通民商事案件。因此,建议法院内部改革考核机制,根据本地、本院情况,建立破产案件的专门考核制度,在工作量计算、考核标准等方面,对破产案件做特殊化考量,以此保护和提升法官承办破产案件的积极性。

3. 探索"执转破"程序的有效适用,加大"执转破"工作力度

据初步统计,在执行不能案件中符合执转破条件的案件数量非常庞大,但四川各地法院"执转破"案件数量非常少,这说明大量应当移送破产的执行案件并未移送。

执行部门和执行法官应当进一步加强对"执转破"的认识,要站在化解执行难、公平保护债权人利益的战略高度,充分重视执转破工作的意义。民事执行是个别清偿程序,企业为债务人时,债权人无法适用参与分配制度,清偿采用先后顺序原则,如企业资产不足以清偿所有债务,未进入该执行程序的其他债权人则很可能无法受偿,非常不公平。现实中也出现了执行程序拍卖企业资产,申请人分配拍卖款,但其他债权人无法受偿,从而出现大量债权人提出执行异议的情况,不仅未能化解执行难,反而引发更多的社会矛盾。执行法官在执行中,发现被执行企业符合破产条件的,应根据最高人民法院《关于执行案件移送破产审查若干问题的指导意见》移送破产程序。破产与执行都是强制实现债权的程序,破产程序属于概括执行程序,企业债务人的所有债权均可以在破产程序中通过债权申报与审查确认得到集中清偿,一个企业往往存在几十、上百乃至上千个债权,这也就意味着一个破产案件能够化解几十、上百乃至上千个执行案件;并且,破产程序是按比例受偿,不论债权先后,都可以依法按比例受偿,比单独的执行程序更为公平。因此,执行法官应树立起破产的理念,高度重视"执转破"的意义,并积极适用"执转破"程序。

法院执行局也可探索"执转破"案件的特殊化考核机制,对办理执行移送破产案件和办理单一的执行案件分别考核;考虑到"执转破"的程序特殊,也可探索在执行部门构建专门化的"执转破"团队,提高"执转破"的质量和效率。

此外,在座谈中,法院反映执行移送破产程序过于复杂,且经过执行程序的案件,进入破产程序后,依法还要进行财产调查、控制,而这些措施多数已经在执行程序中进行,没有必要再重复进行。因此在执行移送破产工作中,一方面要着力研究如何简化移送程序,提高移送效率,另一方面也应探索执行中如何将已进行的财产调查、控制措施高效衔接破产程序,让"执转破"程序的适用更为合理。

4. 建立破产案件简易审理程序,提升破产案件审理效率

按照《企业破产法》的规定,受理、指定管理人、通知已知债权人并予以公告(裁定受理之日起 25 日内)、管理人接管、债权申报(30日至 3 个月)、召开债权人会议(债权申报期限届满之日起 15 日)等程序,均无区别适用于所有破产案件,如此,实践中破产程序耗时至少数月。但调研发现,破产案件中其实存在大量的"无财产、无账册、无人员"的企业,此类"三无企业"并不必要每个程序按期走到。因此,甄别案件繁简、分流案件,探索简案快审、难案精审实为必要。

破产法虽没有关于简易程序的规定,但部分破产审判经验丰富的地区已经在进行案件繁简分流的尝试。浙江省高级人民法院,深圳中院,温州、瓯海、江苏吴江等地方法院,分别根据当地破产审判实际情况,就破产程序中的债权申报期限、债权人会议召开时间、会议形式、表决方式、送达等方面,探索如何简化审理程序,尽力缩短案件审理期限,已取得了良好的法律和社会效果。

四川省也在积极推进破产案件繁简分流,并进行了诸多有益探索,在实践中积累了宝贵的经验。四川省高级人民法院在《关于为推进我省供给侧结构性改革提供司法保障和服务的指导意见(企业破产重组)》中明确指出,要在申请受理审查和审理的各个阶段,向各利害关系人和管理人释明实行简易审的意义和相关程序安排,并针对案件具体情况,制定企业破产案件简易审工作方案,在债权申报期限、第一次债权人会议召开时间、债权人会议形式和表决方式、相关程序事项合并、送达方式和公告送达适用范围、衍生诉讼及相关诉讼工作安排等环节,切实体现简易审要求,依法合理缩减审理期限。要尊重债权人意思自治,对债权人会议确认或认可的缩短期限、简化或合并手续及处分权利的事项,只要不违反

法律禁止性规定,法院即应予认可,以减轻债权人和其他利害关系人的经济负担。①

课题组认为,四川省法院应当着力推动完善破产案件繁简分流和简易快速审理机制,包括:(1)建立破产案件难易程度的甄别机制。适用企业破产简易程序的前提应为案件本身事实清楚、债权债务关系明确、争议不大,在此基础上通过案件标的额大小对案件进行区分。同时制定排除适用简易程序的例外情形,如存在维稳隐患、适用破产重整程序以及其他情形。(2)建立破产案件审限内控机制。根据清算、重整、和解案件以及无产可破案件的各自法定流程、时间节点要求,实现程序和审限的控制。超期未结的,应说明原因和理由,并建立台账跟踪管理。(3)优化简易程序审判组织。简易程序应当实行独任制审判,且一审终审,节约司法资源,避免程序性损耗。简易企业破产案件的级别管辖应限于基层人民法院及其派出法庭。此外,还可以探索一次性接管、一次性和解、一次性财产分配等制度,缩短审理周期,简化办案程序。(4)简化、合并相关程序。对于适用简易审的破产案件,可以考虑程序的压缩或合并,在保障当事人权益的同时,提高效率。

第二章 管理人篇

管理人是负责实施对债务人财产的管理、处分、清算、重组与

---

① "四川高院关于为推进我省给供侧结构性改革提供司法保障和服务的指导意见(企业破产重组)[EB/OL].[2018－5－12]",载 http://www.zwjkey.com/onews.asp? ID＝18040,2019 年 4 月 12 日访问。

和解方案的拟订和执行等事务的专门机构。[①] 管理人是破产法中的重要制度，根据法律规定，债务人进入破产程序后，其行为能力便会受到各方面的限制，所有的经营行为以及破产财产的清理、处置、作价、分配均由管理人完成，可见，管理人在破产程序中发挥着极为关键的作用。

一、四川省管理人队伍建设现状

（一）管理人队伍情况

1. 管理人名册编制

《企业破产法》第二十四条规定，管理人可以由有关部门、机构的人员组成的清算组或者依法设立的律师事务所、会计师事务所、破产清算事务所等社会中介机构担任。人民法院根据债务人的实际情况，可以在征询有关社会中介机构的意见后，指定该机构具备相关专业知识并取得执业资格的人员担任管理人。破产是一个专业要求较高的工作，并不是所有律所、会计师事务所、破产清算事务所都能担任管理人，法律规定依法应当由具备专业能力者担任管理人。为此，最高人民法院颁布《关于审理企业破产案件指定管理人的规定》（以下简称《指定管理人规定》），明确管理人实行名册化管理，即根据本辖区律师事务所、会计师事务所、破产清算事务所等社会中介机构及专职从业人员数量和企业破产案件数量，由高级人民法院或中级人民法院编制本辖区管理人名册。凡是进入

---

① 李永军：《破产法律制度》，中国法制出版社 2000 年版，第 150 页。

名册者,可以担任,否则不能担任。

实践中,全国不少法院已经编制管理人名册,如:上海、河北等地高级人民法院统一编制了全省(直辖市)适用的管理人名册,深圳、福州等地中级人民法院也编制有本辖区的管理人名册。四川省既有高级人民法院编制的管理人名册,各中级法院也分别编制了当地管理人名册。据调研了解,四川省高院管理人名册共有入选机构 65 家。成都、绵阳、德阳、南充、自贡、资阳、内江、雅安、乐山、眉山、宜宾、泸州、广安、广元、遂宁、达州、凉山州、攀枝花等地 18 个中级人民法院也编制了本地的管理人名册,各中院名册管理人总数 204 家。① 总体而言,区域经济发展水平与入册管理人数量成正比关系,经济发达地区入册管理人更多,而民族偏远地区,如阿坝、甘孜等地,破产案件极少,管理人需求不高,未设置名册。

2. 管理人构成分析

高级法院管理人名册机构 65 家,其中,律师事务所 34 家、会计事务所 21 家、清算事务所 10 家。该名册的入选机构主要分布在经济较为发达地区,其中,宜宾当地机构入册 1 家,眉山 2 家,乐山 1 家,自贡 1 家,德阳 2 家,广元 2 家,泸州 1 家,绵阳 1 家,其余入册机构均是成都市的机构。机构类型上,律所最多,共 34 家,会计师事务所 21 家,破产清算事务所 10 家。

各地中院管理人名册仍以律师事务所为主,会计师事务所次之,清算事务所最少。除泸州、南充、内江外,其他 15 个中级法院

---

① 数据来源于人民法院诉讼资产网、四川高级人民法院网及各市中级人民法院官方网站公示信息,经收集、统计并结合问卷调查得出。

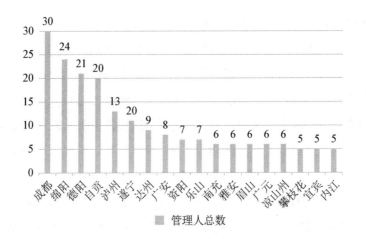

管理人总数

的管理人名册,律师事务所的比例均明显高于会计师事务所和清算事务所,成都、广安、遂宁、攀枝花等地律师事务所管理人数量在70％以上,宜宾的管理人只有律师事务所,没有其他性质的机构。遂宁、达州、广安、资阳、南充、雅安、攀枝花、宜宾等地没有清算事务所管理人。

目前,省内管理人全部为机构管理人,没有个人管理人。根据破产法规定,人民法院根据债务人的实际情况,可以在征询有关社会中介机构的意见后,指定该机构具备相关专业知识并取得执业资格的人员担任管理人。因此,法律允许特殊的个人担任管理人,这在经济发达地区,如江浙也已实现。但个人管理人对该个人的业务素质要求非常高,鉴于省内破产审判起步不久,管理人队伍尚处在发展、培育中,业务素质还有待提高,对个人管理人应持谨慎态度。

3. 分级管理情况

目前,全省管理人名册采取分级管理的只有成都市中级人民

成都市中级人民法院企业破产管理人三级分布

■一级管理人　■二级管理人　□三级管理人

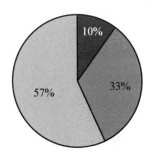

法院。成都市中院制定了《成都市中级人民法院企业破产案件管理人分级管理办法（试行）》，将管理人分为三级。其中一级管理人3名、二级管理人10名、三级管理人17名，该法院同步实行破产案件分级。商业银行、证券公司、保险公司等金融机构、上市公司、债务人财产价值总额1亿元以上的案件以及本辖区、本省或者全国范围内有较大社会影响的案件为一级案件；第二类案件为债务人财产价值总额在500万元（含本数）以上、1亿元以下的案件；第三类案件为债务人财产价值总额在500万元以下的案件。第一类破产案件原则上在一级管理人名册中摇号或竞争指定；第二类案件原则上在二级管理人名册中摇号；第三类案件原则上在三级管理人名册中摇号。分级管理有助于管理人业务能力提升，也有利于保证大案要案的办理，省高级法院和其他中级法院，可资借鉴。

4. 管理人入册标准

各地编制管理人名册时，均设置了入册标准，但各地标准不一。

以成都为例,申报入册条件为:在成都市辖区内依法设立、执业三年以上、有固定办公场所的律师事务所、会计师事务所、清算事务所等中介机构,排除了个人管理人的入选资格。此外,入册标准对管理人的机构规模、执业能力也设置了严格条件。如在机构规模方面,对人员数量、人员类型、办公场所、机构收入情况都有要求;在执业经验和能力方面尤为重视,如是否承办或参与办理过非诉企业兼并、收购、重组、改制、上市业务,是否曾经被人民法院指定为破产案件管理人、清算组;也非常重视破产问题的研究能力,是否就破产相关问题在市级以上刊物发表过文章或在专业会议上作过经验交流等,也作为入选评分项目。

经调研,总体而言各地法院都设立了一定标准,在执业人数、执业年限、执业场所、执业能力、注册资本、机构规模、专业素养、执业经验等多个方面都有相应要求,并据此评分。有的地区还对不同性质机构的入册,分别设立了不同的要求和标准。比如对会计师事务所入册,有的法院要求其在行业协会 2015 年度综合评级等级为 A 级以上;对破产清算事务所,则要求该机构内部必须具有法律、会计师或经营管理者方面的人才。调研也发现,个别地区没有明确的入册标准,如眉山市中级人民法院。根据法院公告,凡在眉山市辖区内注册的律师事务所、会计师事务所、破产清算事务所等社会中介机构及在眉山市辖区内设有分支机构的异地机构均可自愿提出入册申请,法院将进行综合考量并择优选取。法院考量的主要方面为执业业绩、能力、专业水准、规模、办理企业破产案件的经验等,但未公示具体评价标准和分值分布。

（二）管理人履职情况

1. 管理人指定方式

根据最高人民法院《关于审理企业破产案件指定管理人的规定》，法院指定管理人，一般应从本地管理人名册中指定。商业银行、证券公司、保险公司等金融机构或者在全国范围有重大影响、法律关系复杂、债务人财产分散的企业破产案件，法院可以邀请编入各地管理人参与竞争，择优指定管理人。因此，管理人指定方式主要有随机摇号指定和竞争指定。

目前，四川省内各地破产案件，多数通过随机摇号指定，即在本地管理人名册摇号，或者在同类管理人中轮候指定；部分重大、复杂案件，多采取竞争方式，采取竞争方式指定管理人的，一般在全国范围内邀请，外地知名管理人也多次参与竞争或被指定。根据成都中院的统计数据，成都中院分级管理人名册自 2017 年 1 月运行至 2018 年 8 月，竞争指定只有 1 次，其余均为名册中摇号指定。其中，一级管理人 3 家，已被指定四轮；二级 10 家，已被指定两轮，第三轮已经指定了 5 家；三级 17 家，已经指定两轮，第三轮指定了 3 家。另，无产可破案件实行在全部名册中通摇方式，已被指定一轮，第二轮已经指定 22 家。

除摇号和竞争指定管理人之外，还有一种较为特殊的指定方式，即清算组担任管理人模式。《企业破产法》和最高院《关于审理企业破产案件指定管理人的规定》规定，清算组可以为管理人，法院可以从政府有关部门、编入管理人名册的社会中介机构、金融资产管理公司中指定清算组成员，人民银行及金融监督管理机构可以派人参加清算组。实务中有的破产案件具有重大影响或与当地经济、政治密切相关,当地政府或监管部门大多要求参与破产,该类案件采用清算组模式较多,清算组一般由政府有关人员、监管部门和专业管理人组成,法院再指定各方共同组成的清算组为破产管理人。

2. 管理人的履职管理与淘汰机制

各地对管理人入册较为重视,但入册之后的履职管理和淘汰机制不够健全。以成都市为例,成都中院《管理人分级管理办法(试行)》第七条规定,法院对管理人实行晋级、降级和淘汰制度。综合考核结果排名前两名的三级管理人可以晋升为二级管理人,排名第一的二级管理人可以晋升为一级管理人。排名末位的一级管理人应当降为二级管理人,排名最后两位的二级管理人应当降为三级管理人。综合考核结果排名最后两位的三级管理人应当淘汰。经考核为不合格的管理人应当淘汰。法院对管理人履行职责情况进行综合考核,并对同级管理人按照综合考核得分高低进行排序,综合考核结果将作为决定管理人晋级、降级或者淘汰的主要依据。管理人的晋级、降级、淘汰由本院评审委员会决定。以上管理人履职考核机制仍较为原则,考核标准和程序还有待进一步明确。截至目前,尚没有对管理人进行考核、奖处的事例。

(三) 管理人协会现状

管理人已经成为一种行业,但由于长期以来对破产法重视不足,管理人业务水平良莠不齐,职业素质和能力有待提高。管理人行业协会正是为了实现管理人的自律与自治而成立。全国范围内已有越来越多的城市成立管理人协会。自广州成立全国第一家管理人协会以来,沈阳、南京、无锡、常德、台州、深圳、厦门、温州、济南、杭州等地都设立了市级管理人协会,河北省等还成立了省级管理人协会。管理人协会在服务破产管理人、推动行业自治、规范建设等领域,尤其在推动同行互助、设立破产清算公益基金方面,起到了重要推动作用。

目前,四川省还未成立省级管理人协会。2017 年 7 月,成都市成立了省内第一家管理人协会。成都市管理人协会是在成都中院的推动、指导下,由管理人机构自愿组成的地方性、非营利性、联合性社会组织。成都市破产管理人协会现有会员 30 家,主要职能为:加强同行业合作,构建管理人交流平台,组织会员开展业务培训、经验交流,建立、健全破产管理人行业自律规则等。

协会接受成都市民政局和成都市中级人民法院的监督管理,并接受成都市中级人民法院的业务指导,是全国为数不多的以法院为主管单位的破产管理人协会。此外,根据问卷调查,四川省内江市也成立了管理人协会。

(四) 破产费用保障基金

企业破产都面临资不抵债,而破产是成本极高的程序,很多破产案件无产可破,破产费用和管理人报酬都无法支付,导致企业破产难。为了解决这一问题,各地都在探索、建立破产保障基金。该基金又被称为破产援助基金,或者破产费用基金,主要目的就是补偿无产可破案件的管理人,让企业能顺利进入破产程序。

2016 年底,四川省政府批准了启动破产管理人援助基金试点工作的建议方案。按照方案要求,破产管理人援助基金由省级财政资金和从"有产可破"的案件管理人收取的报酬中提取一定比例费用的方式组成，省级财政注资总额度 500 万元，实行专户管理，该基金将有效解决破产案件中管理人报酬等破产费用不足的问题，但对于如何拨付基金，尚未建立健全相应制度。

成都市管理人协会已经制定了《破产清算公益基金管理办法》，正积极筹建破产清算公益基金。根据该管理办法，该基金资金主要来源为两部分，来源一为管理人报酬提取。管理人在办理成都市两级法院破产案件时取得的报酬，将分段收取，如 50 万元—100 万元部分收取 1%；100 万元—300 万元部分收取 3%；300 万元以上部分收取 5%。来源二为政府财政补贴、社会捐赠、公益基金孳息等。基金的使用范围为企业破产清算案件，不包含重整、和解案件。补贴标准最低 3 万元，最高不超过 10 万元。基金为推动成都市管理人协会会员承办无产可破、"执转破"等案件相关工作的顺利开展，推动成都破产管理人行业的良性发展，提供了保障和支撑，但该办法至今并未实际实施、运行。

二、四川省管理人建设的主要问题

（一）管理人素质参差不齐，业务能力亟待提高

破产案件涉及社会、经济、法律等方面，法律事务与非法律事务并重，妥善处置破产案件，需要管理人具备法律、金融、投融资、国家和地方政策等知识，对管理人专业知识和业务能力要求极高，同时还需要管理人具备谈判、沟通、协调等综合能力。目前，四川省内本土部分管理人履职水平已经够胜任较为疑难、复杂的破产案件，但是管理人整体执业水平不高、能力参差不齐的情况较为突

出。调研发现,有的管理人甚至不熟悉案件流程,对于管理人具体职能、工作不清楚,有的管理人对业务问题处置不合理甚至不合法,遇到重大复杂案件,无力研究解决,拖延、懈怠,导致破产程序推进缓慢。

导致管理人水平参差不齐现象的原因很多,一方面,部分管理人履职工作态度不端。部分管理人既不通过多种渠道和方法努力提升自身破产法理论素养,亦不愿意在破产实践中积极积累实践经验,"不懂就问,问了照做,做了就忘"的情况并不罕见;另一方面,大部分企业破产案件选择的是随机指定管理人模式,使得不同管理人的办案机会有多有寡、难易有别,导致不同管理人积累的实务经验有所不同,进而导致其参与竞争式选拔指定的机会也不一样;此外,破产案件周期长、成本高,所获管理人报酬并不理想,极大降低了管理人办理破产案件的积极性,也导致管理人不愿投入更多时间、精力和成本办好案件。

(二) 管理人跨区域执业受限,竞争不充分

在管理人的指定方式上,我省对于管理人的选任没有出台具体的操作方法,各地法院在指定管理人时操作差异较大。从调研情况来看,省法院和多地中级法院都编制了管理人名册,因绝大部分破产案件都集中在中级法院或者基层法院管辖,各法院在指定、选任管理人时,更倾向于在当地管理人名册中(一般是中级人民法院建立的名册)选择,少有从省法院管理人名册中指定,这就导致各地级市的管理人流动性不足,一般只做本地案件,不利于管理人的充分竞争和优胜劣汰。

此外,一些重大复杂的破产案件,法院更愿意采用全国范围内

公开招标的方式,竞争选任破产管理人。由于江浙、广东以及全国连锁知名律所等管理人,从事破产业务时间较长,经验更丰富,本地管理人才刚刚起步,经验能力方面尚无法与之竞争,因此,全国范围的竞争指定,本地管理人往往难以胜出。虽然此种方式有利于案件的办理,但却大大降低了本地管理人锻炼队伍、提升业务能力的机会。

(三)管理人报酬保障机制不够完善

根据最高法院司法解释,管理人报酬是根据债务人最终清偿的财产价值总额按比例计算提取,但根据调查,即使是在经济发达、破产审判先进的地区,仍然有超过一半的案件属于无产可破,这意味着有超过一半的破产案件,几乎是不会有管理人报酬或者管理人报酬很低。而办理破产案件需团队工作,耗费成本少则几万,高达上百万,部分案件管理人所获报酬入不敷出,严重影响管理人工作积极性和业务提升动力。目前四川省和成都均有计划成立破产管理人援助基金,但该基金迟迟没有运行。从江浙等地经验来看,破产管理人援助基金非常必要,也势在必行。

(四)当地管理人行业自治组织作用未能发挥

虽然有的地区成立了管理人协会,但通过考察协会工作情况发现,协会活动形式单一,一般就是数月开展一次管理人培训,据不少管理人反映,有的培训内容也与当地管理人情况脱节,管理人收获不大。除培训外,管理人协会在其他涉及业务素养提升、管理人之间交流互动、协会与有关部门协调磋商、争取更好执业环境、创设实施援助基金等方面,基本没有实质性作为。同时,协会对会员的监督、自律方面也疏于管理。从当前状况来看，当地管理人协会自治能力仍然与发达地区存在较大差距，省内管理人仍各行其是，协会作用弱化，未能建立相应行业职业规范，这已经成为管理人群体发展的瓶颈。

三、完善四川省管理人制度的建议

（一）实行管理人履职考核，倒逼管理人执业规范化

目前，四川省范围内只有成都市中级人民法院对破产管理人设立了分级标准，同时对管理人实行晋级、降级和淘汰制度，并规定了一定的量化考核条件，但尚无具体、明确的考核标准。考核机制的缺乏，将导致管理人失去竞争活力、承办案件时挑肥拣瘦、履职懈怠，甚至道德风险和违法风险都将被放大。省内或各地中院应当尽早制定管理人考核制度，在管理人队伍中实现优胜劣汰，改变目前管理人有进不出，一评定终身的局面，逐步倒逼管理人执业的规范化和履职能力提高。

可借鉴其他法院的成熟经验，建立管理人案件考评和年度考核机制。以案件考评为基础，年度考核为目标，案件考评可作为管理人报酬扣减的依据，年度考核可作为管理人升降级、增补及除名的依据。管理人案件考评，由承办破产案件的合议庭在案件终结后，根据管理人的工作质效，综合评定，可以采用一案一评。年度考核可以考量承办案件结案率、个案案件质量等，考核结果可作为管理人名册动态调整、管理的依据。

（二）鼓励管理人省内跨区执业，促进有效竞争

四川范围内管理人队伍整体发展不均衡，有的管理人素质已经较高，能胜任多数破产案件，而有的管理人甚至没有任何实践经验。目前除了部分大案要案采用全国范围内竞争指定外，多数案件仍然限于在承办法院本地名册中指定，比如德阳法院一般在德阳的名册中指定，成都法院在成都的名册中指定，一般不会在跨区域名册中指定。部分管理人为了拓宽业务领域，不得不在不同地区设立分公司或者分所，采取分公司、分所入册当地管理人名册的方式，获得当地指定机会。限定区域指定，将导致只要入册，就能坐等指定的现象，不利于管理人竞争和提高素质。

课题组建议，一方面，疑难重大的案件，至少在全省范围放开管理人市场，只要进入省法院管理人名册和省内各地管理人名册中的机构，都有参与案件的机会，不限于在本地名册中指定，如此可以形成管理人的有效竞争，促进管理人业务能力提升和优胜劣汰；但是，此种方式可能也将导致强者愈强，弱者愈弱，本地管理人队伍得不到成长甚至萎缩，而有的案件具有属地便利性，更适合当地管理人承办，故在放开竞争的同时，也要注意培养本地管理人队伍，有些普通案件可以直接在当地名册中指定。与此同时，可以从全省层面制定疑难重大破产案件标准，此类案件应当放开市场，允许竞争；其他普通案件，可以由本地管理人办理。并且，鼓励省内经验丰富的管理人与当地管理人联合办案，以强带弱，实现经验优势和区域优势的结合，保障案件办理质量，也帮助当地管理人快速成长。

对于特别疑难复杂的案件，则可以考虑全国竞争指定，在更广

的范围内，指定经验、能力更好的管理人办理案件。实务中，浙江省破产案件已向全国管理人市场开放；江苏省也有多起破产案件指定外地管理人，为取消管理人地域限制提供了实践支撑。

（三）尽快建立管理人援助基金，保障管理人市场持续健康发展

无力支付破产费用的僵尸企业往往无法进入破产程序解决企业问题，而管理人毕竟是营利性机构，没有管理人报酬，也无法调动管理人工作积极性，费用的缺乏，最终会影响破产法去产能的效果。建立管理人援助基金或破产费用保障基金，可以为此类企业提供破产费用支持，适当的管理人报酬补贴，也可以缓解管理人承办此类案件不积极的矛盾。

管理人援助基金具有公益性质，在最高人民法院的积极倡导下，省外不少地方已经成立了此类基金。基金的资金一般有三个来源：政府财政部门拨付的专项资金、从破产案件管理人报酬中提取一定比例的资金、社会机构或个人捐助资金。2016 年底，四川省政府批准了启动破产管理人援助基金试点工作的建议方案。按照方案要求，破产管理人援助基金由省级财政资金和从"有产可破"的案件管理人收取的报酬中提取一定比例费用的方式组成，省级财政注资总额度 500 万元。但该方案公布近两年来，未见成立、拨款的有关报道。省内各地市州的个别地方也建立了破产基金，主要适用于本地范围内的无产可破的案件。缺乏费用但影响较大的破产案件，多数采用的是当地政府垫资破产的非常态案件方式。课题组建议，一是要真正落实省级基金，让基金有效运转起来，并起到示范作用；二是要扩大资金来源，允许社会捐赠；三是除了建

立省级基金,还可以在破产需求较大,经济较为发达的地区,设立各级基金,以满足各地所需,同时,地方基金与省级基金也可互为补充;四是研究、确定有产可破案件的管理人报酬提取比例和提取上限,以及拨付补贴标准和条件,规范基金的使用。

(四) 加强管理人协会的建设,强化行业自治和管理

在协会建设方面,建议建立健全的两级管理人协会。省级管理人协会目前尚未建立,条件成熟时,可以考虑建立,省协会的范围可以省法院管理人、省内各地法院名册中的管理人为主,主要实现全省的管理人自治。有条件、经济发展较好的地区,也可以成立市州级管理人协会,形成两级管理人协会的构建。管理人协会作用发挥还应当大力加强,在行业自治、管理方面,建议管理人采用拓宽业务能力提升渠道;除了当前唯一采用的邀请外地专家、管理人讲座之外,还可以开展研讨、行业交流、委托培训学习等多元化方式,满足会员的学习要求,要努力在行业内形成学习、研讨的良好氛围,鼓励会员提高业务能力和办案技巧,提升管理人的专业水准。协会在管理人操作规范和职业规范方面目前尚无作为,但规范化已迫在眉睫。据调研了解,本省市场化破产业务刚刚开始起步,管理人在案件办理流程、工作方式、文书撰写等方面多有不规范之处,比如有的管理人不熟悉法律规定和业务操作,将债权表提交表决;有的管理人不尽职,不向法院报告案件进展和履职状况,法院无法有效监督指导案件;有的案件滋生道德风险,管理人与大债权人、投资人有利益勾连,或债权审查标准过宽,损害其他债权人利益,在聘用其他中介机构时不公开公正公平等。建议管理人协会应尽快调研、制定行业操作规范以及职业伦理规范,通过自律

惩戒措施约束成员规范执业。同时,管理人协会在整合律师与会计师专业队伍,推动建立当地府院联动长效机制,加强各地协会、行业之间的沟通交流,加强与法院的链接等方面还大有可为,应积极作为,真正发挥协会的作用。

第三章　政府篇

一、政府在破产中的职能转变

《企业破产法(试行)》实施期间,政府在国有企业破产中起到了主导作用。当时的政府虽是以国有资产所有者的身份参与国有企业破产程序,但在是否破产、如何安置职工、如何清偿债务等重大问题上直接参与甚至控盘。此时的破产被称为政策性破产,当时国家受计划经济体制影响还很大,破产不可避免的带有浓厚的行政色彩,政府作为权力中心往往在法院司法权之外操控破产。2007年《企业破产法》作为市场化破产的基本法律颁行,统一了公有、非公有的全部企业法人的破产。在市场化破产背景下,政府职能发生重大转变,行政职能远离企业经营,不再通过破产程序直接配置资源,国有企业的破产也转变为一种企业的自主行为。政府与法院,行政权与司法权各司其责、各行其道,破产程序回归为一项司法程序,由法院主导,市场化的管理人参与,政府不再擅自干预破产。这种转变,具有重大的历史意义,是我国市场经济发展与法制建设完善的具体体现。

二、市场化破产中的政府缺位

破产案件的处理虽然主要是一种司法程序,但其涉的利益冲突尖锐,要解决的问题错综复杂,利益群体众多,对整个社会而言,本质上是一项解决重大社会问题的程序。破产案件的处理,固然是法院、管理人按照司法程序依法处理,但许多问题仅凭法院、管理人之力难以解决,需要政府积极发挥管理职能和服务职能。主要原因在于:(一)司法权难以完全解决破产引发的社会问题。汉密尔顿曾说:"司法权在构成国家权力体系的立法权、行政权和司法权中是最弱的一个权力。"①司法权的本质属性是判断权,以公平、正义为价值取向,具有被动性、中立性特征。司法权的特性决定了法院在破产案件中调配、整合市场资源,处理重大社会事务上的局限性。比如在职工安置、企业风险处置、招募引进投资人、税费减免、信用修复、为破产企业提供特殊政策帮扶等问题上,仅凭法院难以统筹解决,而这些重大问题解决不好,破产程序难以完成,或者即使完成,也难以真正达到僵尸企业出清、危困企业重生的目的。企业破产除了法律问题,还有众多衍生社会问题,行政权具有主动性和扩张性,以高效为价值取向,行政管理可以贯穿社会生活的各方面,政府在破产中的职能发挥空间较大,尤其在职工安置、金融监管、工商税务、公安消防、规划建设、招商引资等方面具有司法机关不具备的资源优势。破产是为了解决企业生存困境及

---

① [美]汉密尔顿、杰伊、麦迪逊:《联邦党人文集》,程逢如等译,商务印书馆1980年版,第391页。

由此带来的重大社会问题,政府可以在破产司法程序外部,发挥公共服务和社会管理职能,为市场化破产创造条件。

然而,经过市场经济的洗礼,政府经历了从政策性破产中的行政权主导到市场化破产中的"自由"退出,当前多数地方政府已经不再愿意参与到破产中来,一来在观念上,政府认为破产是司法程序,由法院处理即可,行政权无需介入;二来在过去的政策性破产中,政府也充分认识、体会到破产是各种纠纷、矛盾集中的"烫手山芋",不愿主动介入;三是政府更为看重当地经济发展,"企业破产"对政府来说意味着经济不景气、职工下岗,引发不稳定的社会风险,对政府经济管理绩效造成负面影响。

据调研了解,省内政府职能部门对于现行破产法的立法与司法认识不够深入,一是未能认识到破产法服务于中央供给侧结构改革中的作用;二是政府及相关部门官员普遍认为,破产是司法程序,是法院一家的事情,与政府无关;三是不了解破产法已经转变为市场化的破产制度,缺乏破产是企业依法退出、挽救困境企业的新破产法的立法理念,观念仍停留在1986年政策性国有企业破产层面,认为破产只是国有企业清理的手段和工具。总之,除了个别涉及当地重大维稳、利益的破产案件外,各级各地政府在破产中基本缺位。

三、政府在破产中的作用发挥

企业破产法坚持以市场化、法治化为原则,但理顺司法与行政的关系,明确各自的权力边界具有重要现实意义。在实践中,既要避免行政权对破产审判的不当干预,也要避免政府对破产工作完全撒手不管,将破产所有问题推给法院和管理人。政府要有所为,有所不为,既不缺位,也不越位,与法院、管理人协力处理好破产中的重大社会问题。

(一) 建立企业破产风险预警系统

企业风险增大往往都会出现一些非正常现象,比如税收减少甚至欠税、欠薪导致劳动争议增多、诉讼纠纷多、负债增加、企业失信等,政府的工商、税务等部门频繁与企业打交道,能够及时发现问题。政府可以牵头,整理、关注企业欠税、欠薪、失信等数据和情况,分析预判企业经营风险,甄别僵尸企业,及时提出预警。

(二) 建立府院联动,助力破产程序

政府可以与法院共同达成府院联动机制,长效化、常态化对企业破产提供政策支持、部门协调等帮助。"府院联动"中的"府"指政府,"院"指法院,"府院联动"机制,就是指由政府牵头,各部门联动,法院主导,建立由政府主导风险控制与事务协调,法院主导司法程序,整合司法资源和行政资源,协力处理企业破产问题的工作机制。在具体的工作机制上,可以考虑在省或各市、县区建立府院联动机制,颁布相关指导意见或工作制度,组建破产工作协调领导小组,由政府、法院、公安、司法、土地、规划、建设、房管、人社、税务、市场管理等部门的主要负责人为成员,加强府院协同,司法权与行政权各司其职,协力企业破产,解决破产重整工作中遇到的非法律困难。

政府可以建立破产状态下的行政许可和行政审批特办机制。当前法律规定的与企业有关的各项行政许可和行政审批,都建立

在企业正常经营状态基础上,对于进入破产状态的企业,正常的行政许可或审批手续可能带来诸多不便,甚至会影响破产程序的进行。比如,不少破产企业资料不齐甚至遗失,正常状态下不具备办理完税证明或者其他行政手续的条件;又比如,在房地产企业破产中,资产拍卖或引入重整投资人后,涉及到资产过户、复工复建行政审批等手续办理困难等问题。如能通过府院联动,协调办理,甚至特事特办,将有助于企业清算或者重整。

政府可以协助重整企业信用修复。在存续型重整中,企业的法律主体还是原来的法人,仍会受原法人信用评价的影响,但事实上重整后的企业,之前的债权债务关系了结,法人的股东、经营都可能是全新的,再沿用原企业信用体系,企业的融资、经营、发展等都将受到极大局限,而现有制度规范并未考虑到此类企业的信用如何修复的问题。比如,企业重整后组织机构代码不变更,重整企业不能启用新的信用记录,税务系统信用修复难。在破产程序中,税务部门申报税收债权,如清偿率不足100%,欠税会被计入企业应纳税所得额,由重整后的企业继续清偿,增加了投资人风险,如税务机关能豁免欠税,则企业重整成功的可能性会更高。又比如,法院执行系统信用修复难。破产企业往往都被列入失信人,重整后企业不能消除失信人,将影响企业资质认定、招投标等正常经营活动。

税收政策应当与企业破产法有效衔接。税收征管法对破产企业税收处理未做特别规定,实践中,破产企业的税收优惠绝大部分只能作为案件处理,没有形成系统、稳定的税收优惠政策体系。不少地方政府坚持,企业欠缴的税款发生在抵押、质押或财产留置之前的,税收先于抵押权、质权、留置权执行,这与破产法规定矛盾。

此外,破产企业在便捷化办理企业注销上,也需要政府协调。在重整程序中,政府的协助更为紧迫和必要。进入破产重整的企业,有的拥有优质资产,有的经营能力尚在,有的具有良好的市场前景,但企业资不抵债后,缺乏资源整合的能力,无法依靠自身力量重新激活企业活力。进入重整程序后,司法程序只能依法清理债务、招募投资人,法院与管理人在引入投资人、获取新的融资、维稳安置等方面都是短板,而政府能够提供更有力的支持。无产可破案件缺乏破产费用,无法支付管理人报酬等问题,也需要通过建立破产援助基金等方式来解决。这些问题,都离不开政府的支持。

总之,破产案件的处理虽然主要是一种司法程序,但其涉及的利益冲突尖锐,要解决的问题错综复杂,对整个社会而言,本质上是一项解决重大社会问题的程序。破产案件的处理,固然是法院、管理人按照司法程序依法处理,但许多问题仅凭法院、管理人之力难以解决,需要政府积极发挥管理职能和服务职能。政府各职能部门和法院相互协调、信息互通,要调动政府行政力量,在企业破产的提前预防、及时救助、有序退市等方面,协助法院司法出清僵尸企业,淘汰落后产能,推动供给侧结构性改革。

第四章 结语

近年来,受经济结构调整、淘汰落后产能的影响,陷入困境的企业逐年增多,全国各地法院受理的破产案件均呈递增态势。破产法实施的十余年,四川的破产审判取得了一些成绩,也呈现出市场化、常态化的发展趋势,但同时也要看到,四川省在破产审判、管理人执业、政府服务等方面均还存在诸多不足之处，与发达地区相比，也还存在较大差距。课题组希望通过调研，回顾过去、总结经验、发现问题、提出建议，为四川破产实践提供必要的理论支撑和实践指引，让破产审判能更好地为供给侧结构性改革和地方经济发展服务。

破产债权确认诉讼的实务解构及规则续造
——以 S 省 511 份生效裁判文书为研究样本

符荣华[①]

一、具象：破产债权确认诉讼审理中存在的突出问题

本文选取 S 省 2014 年—2018 年截止 6 月 30 日总计 511 份破产债权确认诉讼生效裁判文书，时间跨度近五年，且距制度创设达七年，应为制度运行成熟稳定之际，地域囊括 S 省经济水平、司法能力各异的各个地区，以求全面真实地反映该制度在 S 省的实施情况，样本均来源于中国裁判文书网。通过对样本的分析，发现破产债权确认诉讼在审理中存在以下突出问题：

（一）案件审理质量不高，当事人满意度差

1. 当事人对判决结果的认可度和接受度不高

当事人服判息诉率是体现裁判文书可接受性、法官释法析理能力的重要指标。在所调研的 430 件一审案件中，以判决结案的

---

① 作者简介：符荣华，男，西南政法大学法学学士，成都市成华区人民法院民二庭庭长。

239 件,上诉 74 件,判决上诉率达 31％,服判息诉率仅 81.2％,距离 S 省高院"两个一流"考核指标中设定的不允许值 92％相差 10.8 个百分点,反映出当事人对于审判结果满意度不高。

2. 案件质量指标不理想,审判公正有待加强

在 81 件上诉案件中,撤回上诉 6 件,维持原判 59 件,改判 15 件,发回重审 1 件,改发率达 19.8％,远高于其他类型民事案件。分析改发的原因,除因出现新事实、新证据的 2 件,以及因法官认识偏差、计算错误而认定债权数额有误的 7 件外,剩余 7 件均与法官的专业素质息息相关。其中有 1 件系一审法院未处理债权人关于确认购房款本金为优先权的主张而被发回重审;另外 6 件则是因为违背破产法有关"个别清偿无效"条款支持了原告的给付主张而被改判。前述有违破产法基本原理的裁判深刻反映出部分法官破产审判经验不足、专业素养欠缺的问题。

3. 诉讼费收费标准不统一,压抑当事人维权行为

分析发现,目前 S 省法院对于该类案件诉讼费用收取标准很不统一,既有按照财产案件根据诉讼标的计算诉讼费,也有按照确认之诉按件收取 50 至 100 元诉讼费。此类案件往往讼争债权数额巨大,若按前者计算诉讼费则动辄上万甚至数十万元,在权衡高昂的诉讼费用以及较低的破产债权受偿率后,诸多债权人对起诉确认债权望而却步,在调研的 430 件一审案件中,原告限期未缴纳诉讼费而被裁定按撤诉处理的有 89 件,比例高达 20.7％。

(二) 案件审理效率低,不符合破产效率原则

1. 审理时间过长,难以满足破产程序的效率要求

为更客观反映问题,此处选取 313 件判决结案的案件为分析

样本。样本案件平均审理时间为 197 天,最短的 14 天,最长甚至达 6 年,距离 S 省高院确定的"一流值 60 天、不允许值 80 天"的要求相去甚远;从各时间段的分布情况看,低于一个月的 45 件,超过一个月不满三个月的 75 件,超过三个月不满六个月的 86 件,超过六个月不满一年的 83 件,超过一年的 24 件,案件审理超过六个月的比例达 34.2%。虽然该类案件有其复杂性和专业性,但鉴于此类案件几乎不存在文书送达障碍,超过 6 个月的平均审理时间明显过长。同时,异议债权处理的拖延会导致破产法律关系长时间处于不确定状态,既影响破产程序的进程,也不利于及时保障当事人的财产权益。

2. 异议人起诉的期限偏长,法官面临适法尴尬的局面

实践中,管理人在处理债权异议的同时,会告知异议人不服的须在一定期限内起诉,因《企业破产法》未对该期限予以明确规定,管理人一般会根据情况确定其为 7 天、15 天、1 个月不等。分析样本案件发现[①],大部分异议人并未严格遵守管理人确定的起诉期限,且起诉距债权人会议核查债权表的时间普遍偏长:起诉的平均间隔时间为 41 天,最短的 1 天,最长的达 8 个月;从各时间段分布情况看,在 15 日内起诉的 18 件,15 日至 30 日内的 49 件,30 日至 60 日内的 67 件,60 日以上的 11 件,超过 60 日起诉的比例达 53.8%。同时,样本中有部分被告提出原告的起诉已超过管理人确定的起诉期限应当驳回其诉请的抗辩,但裁判文书中并未有明确回应的内容。与相关法官访谈得知,因管理人确定的起诉期限

---

① 注:因部分裁判文书中未明确债权人会议核查债权表的时间,故仅就其中提及了上述时间的 145 份判决书进行分析。

并未有法律明确规定,且案涉争议涉及债权人实体权益,故即使觉得异议人的起诉过分拖延,法官也不会直接驳回其诉请,而依然根据审理情况作出裁判。

(三) 诉讼不平衡现象突出,当事人诉讼能力差异较大

一是从起诉的主体上看,以债权人起诉为主。511 件案件中债权人起诉的 475 件,达到 94.0%①,反映出债权人强烈的起诉意愿。而与之相反的是债务人,因其在破产程序中难获实益且基于诉讼成本的考虑,债务人起诉的意愿不强,仅有 36 件;同时,该 36 件也主要集中在和解及重整程序,共有 30 件,反映出债务人在和解及重整程序中具有强烈的独立诉求。二是从起诉针对的对象看,确认己方债权占绝对数量。债权人作为原告的 277 件判决案件中,275 件都属于债权人对自己的债权有异议提起诉讼。由于受举证能力的限制以及对诉讼收益与诉讼成本的考量,债权人往往无意于针对他人债权起诉,样本中仅有 2 件系针对他人的债权即认为该债权不属于破产债权而起诉。三是从起诉指向的内容看,以确认债权是否存在及数额为主。在 313 件判决案件中,原告要求确认债权是否存在的 137 件,确认债权数额 118 件,确认债权优先权的 43 件,兼有确认债权存在、债权数额或优先权的 15 件。

值得注意的是,各当事人在诉讼中的诉讼能力也存在较大差异。一是考察债权人与债务人作为原告的胜诉率,债务人的胜诉率明显高于债权人。前述 36 件债务人起诉的案件中,均支持或部

---

① 其余 36 件中,债务人对债权数额有异议的 20 件,对债权存在与否有异议的 11 件,对是否享有优先权有异议的 5 件。

分支持债务人的诉请,胜诉率达 100%,远远高于债权人起诉 41.9% 的胜诉率。反映出债务人作为争议债权的当事人,具备较强的诉讼能力。二是考察针对他人债权起诉的案件,其胜诉难度极大。样本中仅有的 2 件案件,均以原告的败诉告终。通过考察裁判文书中当事人的举证情况,认定事实的证据均由被告方提出,异议人往往难以提供有力证据支撑其异议,按照谁主张谁举证的原则,异议人不得不承受举证不力的不利后果。举证难、胜诉难等问题严重影响了债权人对他人债权的监督意愿,导致债权人核查债权流于形式。

(四) 案件处理的不规范现象突出,严重影响司法权威

1. 形式上存在着诉讼主体列明混乱

这主要体现在债权人作为原告的情况下对被告的列明方式不统一。样本案件大多数是将债务人列为被告、管理人作为诉讼代表人,但也存在列债务人为被告而未列作为诉讼代表人的管理人的情况,也有直接将管理人列为被告,或将债务人和管理人列为共同被告,或将诉讼代表人和债务人法定代表人同时列明的情况。当事人的称谓、列明方式体现了各主体的诉讼地位,以及对应的诉讼权利与义务,列明方式的混乱反映出不同地区、不同法院对破产案件各主体作用性质、诉讼资格、法律地位的认识存在偏差。

同时对债务人的诉讼代表人的表述亦是五花八门,有的表述成管理人的负责人(个人),有的表述成破产管理人,有的直接将管理人或管理人的负责人作为诉讼主体罗列。

2. 实体上对有执行名义债权的处理方式不统一

值得注意的是,实践中存在管理人对有执行名义债权本身不

予确认的情况,主要体现在对裁判文书中的利息、孳息部分不予认可,对裁判文书确认享有优先权的债权直接确认为普通债权。

针对管理人不认可有执行名义债权而起诉的,法院的处理方式大相径庭:有的直接以属于重复诉讼而驳回起诉,有的则认为债权人对管理人制作的债权表有异议起诉是破产法赋予的权利,也是破产债权确认诉讼的应有之义,并不违反"一事不再理"原则,进而作出相应的实体判决。

二、解构:破产债权确认诉讼司法乱象背后的矛盾解读

(一)当事人对破产资源的争夺加剧与立法回应的力度不够之间的矛盾

一方面,破产程序属于债务人所有债权债务的集中清理程序,且法律赋予了债务人在经历该概括性清偿程序后,即使存在未足额清偿的债务,债务人对此也享有豁免权,即不再负有清偿的义务。[①] 因此,从某种意义上讲,破产程序也是债权人获得清偿的最后机会。其中,破产债权即是债权人参与破产程序的依据。破产债权的性质和数额,决定了债权人在破产程序中表决权的大小、表决组别、清偿顺序等,并最终影响到债权的实际清偿比例。[②] 鉴于破产债权对债权人在破产程序中权益实现的重要意义,且《企业破产法》已明确规定由法院对有异议的破产债权进行最终裁决,因

---

① 《企业破产法》第九十四条、第一百零六条均明确规定,重整计划、和解协议执行完毕后,相应减免的债务即不再清偿。
② 参见蒋振林:《论破产债权》,华东政法大学硕士学位论文,2005 年。

此,大量的破产债权确认纠纷涌入法院已不可避免。S 省受理的该类纠纷也从 2014 年的 46 件飙升到 2018 年截至 6 月 30 日的 153 件,折射出当事人之间对于有限破产资源的争夺愈加强烈。

但另一方面,针对破产衍生诉讼的审理程序而言,《企业破产法》除在第二十一条、第二十五条针对集中管辖、管理人的诉讼代表权等作出少量特别规定外,其余仅通过第四条进行了简单的兜底性规定,即"本法没有规定的,适用民事诉讼法的规定"。然而,普通的民事诉讼程序系为解决民事实体争议而设置,注重两造之间的激烈对抗,法官只需进行居中裁判,但破产债权确认诉讼虽有确认实体权利义务的内容,但其更直接和主要的作用在于快速有效的化解争议,为后续破产程序扫清障碍,实现当事人及社会的最大价值,二者的价值取向存在差异。[①] 同时破产债权确认诉讼具体审理程序的推进也与债权人的信息掌握情况和举证能力、管理人的履职能力以及债务人权利受限等因素息息相关。因此,前述单纯可以援引民事诉讼程序的规定显然无法适应破产债权确认诉讼的审理实际,也无法满足实务中当事人多元化的程序需求,客观上也导致了部分案件久拖不决、针对他人债权异议少且胜诉难度大等问题,消解了破产债权确认诉讼应有的功能。

(二) 具体适用规则的供给不足与裁判尺度统一间的矛盾

裁判尺度的统一有赖于明确具体的规则供给。但查阅《企业破产法》的规定,其关于破产债权确认诉讼的规定只有第四十八条及第五十八条两条,其显然无法涵盖实务中纷繁复杂的适用情形,

---

[①] 张芳芳、林敏聪:"论我国破产债权确认诉讼制度",载《政法学刊》2017 年第 6 期。

难以为司法裁判提供明确而具体的裁判规则。具体如依据《企业破产法》第五十八条的规定,债务人、债权人对债权表记载的债权有异议的,可以向受理破产申请的法院起诉。如此简单粗陋的规定难以回避如下问题:一是关于债权人的界定问题,即未经申报,或者虽已申报但尚未被审查确认的债权人,是否有权起诉。二是关于异议对象即债权的界定问题,即债权人能否对自己未经申报的其他债权直接起诉,债权人能否对他人债权提出异议并起诉①,受异议系有名义的债权该如何处理等。三是诉讼主体的列明问题,即不同主体(债权人、债务人或同时)提起诉讼时该如何列明其各自的诉讼地位,该问题牵扯到债务人的主体资格以及其诉讼代表权的行使,管理人在诉讼中的角色定位等问题。四是提起诉讼的程序问题,即是否应将依法申报、已经过管理人的异议处置程序等作为提起诉讼的前提要件。五是提起诉讼的期限问题,即是否对债权人提起诉讼的时间进行限定、如何设定以及超出期限起诉的法律后果等。

上述列及的问题,依据前述笔者对本省相关生效裁判文书的梳理,大部分已在司法实务中显露,但《企业破产法》均未予以明确规定,且学术界也未就部分关键问题达成共识,导致法官不得不在缺乏统一具体的规则指引下进行裁判,如此也就难以避免司法实务中出现前述提及的在审理过程中暴露出的有关程序及实体上的种种不规范现象,这既不利于对当事人合法权益的统一保护,也损害了法院自身的司法公信力。同时,结合笔者的办案经验以及与

---

① 虽然理论上就债权人是否有权对他人债权提出异议并起诉存在争议,但持否定观点仅为个别,且实务中普遍持肯定态度,故在本文中不再对其进行赘述。

其他法官的交流访谈,由于缺乏相应法律规定的支持,针对诉讼中如起诉期限过长等有悖破产程序的行为,法院难以进行有效规制。

(三)纠纷快速规范处理与专业化审判队伍缺失之间的矛盾

破产债权确认诉讼作为破产衍生诉讼,基于其本身的专业性和复杂性以及近年来大幅攀升的态势,迫切需要一支熟悉破产业务的专业法官进行审理。但就 S 省法院目前的审判队伍配置来看,其尚不能达到该要求。具体来说,一是相关破产审判经验积累不足。S 省作为西部欠发达省份,其破产审判工作本身起步就较晚,伴随供给侧改革的深入推进,S 省法院受理的破产案件自 2015年才开始大幅增长,并突破了一百件大关①,但体量上仍与西部发达省份存在较大差距,案件数量较少且起步较晚客观上影响了破产审判法官相关审理经验的积累。二是专业化审判力量不足。目前 S 省下辖的 21 个市州只有 8 家中级法院先后成立了专门的破产清算庭,大部分基层法院甚至缺乏专门破产审判人员,同时,即使是破产清算庭的法官也难以专司破产审判工作,如 C 市中院即使作为副省级省会城市法院,其破产庭法官还需要审理诸如公司法、买卖合同等其他类型的案件。

三、续造:完善破产债权确认诉讼制度的具体规则设计

现行有关破产债权确认诉讼的规则体系已难以适应司法实践

---

① S省于 2015 年收案首次突破 100 件,达到 174 件,此后均维持在每年 150 件左右。

的客观需要，迫切需要进行进一步细化完善以弥合与实务之间的罅隙。同时，前述司法实务中暴露出的种种问题，也与相关人员对诉讼性质认识上的偏差及忽略该诉讼依附于破产程序而具有的公益性、效率性等有关。因此，笔者将在厘清相关理念的基础上，结合司法实务中存在的问题，就完善具体规则设计提出相应的对策建议。

（一）明确诉讼主体地位

1. 破产债权确认诉讼的性质厘清

根据当事人提出诉的内容和目的的不同，诉可以分为给付之诉、形成之诉和确认之诉。[①] 针对破产债权确认诉讼属于哪种性质的诉讼，学界主要有以下三种观点：一是认为其属于为得到破产性执行而获取执行名义的给付之诉；二是认为其属于达到消灭异议效果，形成债权之效力为目的的形成之诉；三是认为其属于主张特定权利关系存在与否并要求法院予以确认的确认之诉。[②]

对此笔者认为，依照《企业破产法》及相关司法解释的规定，债务人在破产程序中不得对债权人进行个别清偿，即使债权人已主张偿还责任的，法院也应引导其变更诉请为确认债权，因此其不可能为以给付为内容的给付之诉，同时，该诉讼虽有消灭异议的效果，但其目的仍在于确认债权，故其非形成之诉，而属于确认之诉。[③] 破产债权确认诉讼属于确认之诉，已成为当前的主流观点。

---

① 参见田平安主编：《民事诉讼法学（第三版）》，法律出版社 2013 年版，第 237 页。

② 参见张秋月：《论破产程序中的破产债权确认诉讼》，西南政法大学硕士学位论文，2015 年。

③ 参见刘子平："破产债权确认诉讼制度研究"，载《法律适用》2007 年第 10 期。

厘清破产债权确认诉讼的性质对于明确诉讼标的、确定适格当事人等具有重要意义。

2. 适格当事人的确定

当事人适格是指当事人在进行具体诉讼中依法应具有的法律关系资格或权利义务地位,简言之,即有诉讼实施权之当事人资格。[①] 在破产债权确认诉讼中,主要存在有债务人、债权人以及管理人三方主体。债权人,特别是受异议债权的债权人,依照前述当事人适格理论,其作为诉讼标的的主体且在破产程序中的权利能力并不受限,故其诉讼主体资格在理论及实务上均不存在争议。争议主要集中在债务人以及管理人的主体资格上。有观点从债务人能力受限的角度,认为债务人破产后,即丧失了对破产财产的管理权和处分权,不应当也没必要赋予债务人诉讼的权利。[②] 此时应由管理人代替债务人进行诉讼。也有观点从债权表的角度出发,认为管理人作为债权表的编制主体,在债权人、债务人对债权表记载的债权有异议的情况下,破产债权人均为适格被告。[③] 该观点同时还运用当事人适格的延伸理论作为其观点的理论支撑。即诉讼标的之主体通常为适格当事人,虽非诉讼标的主体,但就该诉讼标的之权利或法律关系有管理权或处分权者,也视为适格的当事人。[④] 司法实务中也有认可管理人的主体地位而直接列管理

---

① 陈荣宗、林庆苗:《民事诉讼法论》,三民书局(台湾)出版社 1996 年版,第 167 页。

② 参见朱春河:"破产债权的确认与确认诉讼——兼论债权确认诉讼中的当事人适格",载《韶关学院学报·社会科学》2006 年 4 月。王中泉:"论新破产法中债权表的异议诉讼——新破产法第 58 条之解析",载《中南大学学报(社会科学版)》2008 年 8 月,第 14 卷第 4 期。

③ 张芳芳、林敏聪:"论我国破产债权确认诉讼制度",载《政法学刊》2017 年第 6 期。

④ 陈计男:《民事诉讼法论》,三民书局(台湾)出版社 1994 年版,第 94 页。

人为原被告的做法。

针对前述否认债务人诉讼主体地位而确认管理人为适格当事人的观点,笔者存有不同意见:(1)针对债务人的主体地位,笔者认为其应作为诉讼主体参与诉讼。理由为债务人在破产程序中具有独立的主体地位,特别是破产重整及和解的程序设置,均是在承认债务人主体资格的前提下展开,且从前述样本中反映出债务人不仅有独立诉求,且其诉求的合理性即胜诉的机会也很大。同时,从避免追究破产责任的角度,也应允许债务人对管理人编制的债权表享有独立的诉求。

(2)针对管理人的诉讼地位,笔者认为其不应成为适格当事人。具体理由有:一是由于破产债权确认诉讼的性质为确认之诉,债务人才是案涉争议债权的主体,系实质上的当事人,管理人虽然基于对破产财产的管理和处分权而获得形式上当事人的资格,但在实质当事人并不缺位的情况下,不能由管理人直接取代债务人的诉讼地位。[①] 二是通过考察《企业破产法》规定管理人可直接以自己名义诉讼的情形,无论是撤销、确认处分行为无效还是追回债务人财产,其均是直接指向破产财产,且债务人及相关当事人一般缺乏起诉的动因,为保持破产财产增值或避免不当减损,基于管理人对破产财产的代表管理职责,立法不得不赋予管理人自主起诉的权利。但这并不适用于破产债权确认诉讼,因为管理人作为债权表的编制主体,其意志已在编制债权表的过程中予以充分体现,提出异议或起诉的责任往往被抛向债权人或债务人。同时,债权确认虽然客观上可能通过减少负债的方式而提高破产财产的

---

① 周晨黠:《论破产程序中债权确认的方式》,上海交通大学硕士学位论文,2015 年。

清偿率,但其并不会对破产财产产生直接影响,由管理人直接作为适格当事人也与管理人作为破产财产代表的定位不符。

此外,还有一种不得不考虑的情形,即债权人对他人债权提出异议的情形。在该情形下,虽然其他债权人与债务人才是争议债权的主体,但考察我国的债权确认体系,管理人在审查并编制债权表后,虽然需要经过债权人会议核查,但债权人会议并不具备否决某项债权的职权,因此受异议的债权人往往缺乏主动提起诉讼的内在动因,而债权人要想实现其异议目的只能通过主动起诉的方式才能实现。[①] 虽然常规情况下,异议债权人并不享有诉权,但因在破产程序中,每一项债权的不当确认都会影响到其他债权人的利益实现,故在受异议的债权人或债务人怠于通过起诉确认该异议债权的情况下,可借鉴第三人撤销权、债权人代位权的立法目的,即允许权利人为保护自身合法权利干预债务人与其他债权人的法律关系,[②]赋予异议债权人起诉的资格。

3. 具体情况下的诉讼主体列明

在解决了适格当事人的问题后,下面笔者对具体类型下诉讼主体的列明做一简单阐释,同时并对本文第一部分有关主体列明中不规范的地方做一简单回应,具体如下:(1)在债权人针对自身债权提出异议并起诉时,将该债权人列为原告,债务人列为被告,管理人作为债务人的诉讼代表人,此时若有其他债权人就该债权亦提出异议,其可被列为有利害关系的第三人参加诉讼。(2)在债务人对某项债权提出异议并起诉时,将债务人列为原告,受异议的

---

① 许胜锋:《破产债权确认制度若干问题研究》,吉林大学硕士学位论文,2010 年。

② 周晨黠:《论破产程序中债权确认的方式》,上海交通大学硕士学位论文,2015 年。

债权人列为被告。此时,如依然允许管理人代表债务人参与诉讼,则既可能会出现管理人自己否定自己确认的债权的情形,同时债务人独立诉讼意志也难以保证,故应对管理人的诉讼代表权进行限制,具体可由债务人的法定代表人或股东会另行委托代理人参加诉讼。同样的,如有其他债权人就该债权亦提出异议,其可被列为有利害关系的第三人参加诉讼。(3)债权人对他人债权提出异议并起诉时,参照第三人撤销权诉讼中的做法,将该债权人列为原告,债务人及受异议的债权人即异议债权的当事人列为被告,管理人作为债务人的代理人,此时如有其他债权人就该债权亦提出异议,其可被列为共同原告参加诉讼。

(二) 完善相应程序设计

1. 程序设计时公益性、效率性的考量

破产债权确认诉讼并不是单纯的两造之间的私益纠纷,而关涉到所有破产参与主体的利益。因为无论是债务人还是债权人提起的诉讼,其在诉讼中获取的利益并不完整,其因诉讼所可能产生的排除异议债权的存在或优先性质而带来的利益最终归属于破产财团,而该债权人只享有依据其债权数额在整个破产财产中所占的比例获得分配利益。[①] 同时,破产债权确认诉讼中两造之间的对抗也是相对的,特别是在管理人作为债务人的诉讼代表人参加诉讼的场合,其诉讼实质上即为债权人与管理人之间的争讼,鉴于

[①] 参见朱春河:"破产债权的确认与确认诉讼——兼论债权确认诉讼中的当事人适格",载《韶关学院学报・社会科学》2006 年 4 月。王中泉:"论新破产法中债权表的异议诉讼——新破产法第 58 条之解析",载《中南大学学报(社会科学版)》2008 年 8 月,第 14 卷第 4 期。

管理人本身即代表着全体债权人的利益,故普通民事诉讼中两造间根本对立的态势也有所折扣。因此,在完善相应的制度设计时应充分考虑其诉讼的公益性质,以实现诉讼风险与诉讼收益上的平衡。

效率是对破产程序的基本要求。因为进入破产程序的债务人往往陷于一种瘫痪状态,即属于所谓的"病危企业",既难以对其资产进行有效管理,也难以使其资产保值增值,破产财产极易散失或贬值。因此,快速推进破产程序有利于最大限度地维护债务人价值,保护全体债权人的利益。破产债权确认诉讼作为破产衍生诉讼,其当然应当考量效率因素。如若一味追求对破产程序内外所有债权人的同等保护而忽视了对诉讼效率的追求,不仅会因为债权人债权数额的悬而未决而难以形成债权人一致行动的基础,难以作出相应的重大决定,同时也会造成破产程序的拖延,增加破产费用,最终损害到全体债权人的利益。① 为此,联合国国际贸易法委员会在《破产法立法指南》中指出:"如果在破产程序期间发生对破产债权的争议,一种快速解决的机制十分重要,它可确保破产程序高效和有条不紊地进行。"②因此,在完善相应的制度设计时,在保障异议主体程序权利的基础上,应注重完善力求提高诉讼效率的诉讼规则。

2. 完善起诉条件设置

(1) 明确起诉责任

针对债权人、债务人对债权表中的债权有异议时谁负有起诉责任的问题,虽然《企业破产法》没有明确规定,但因异议的效果通

① 贺丹:"有争议破产债权的确认——兼论我国新'企业破产法'的完善",载《甘肃政法学院学报》2008 年 9 月第 5 期。
② 联合国国际贸易委员会:《破产法立法指南(中文本)》,2006 年版,第 231 页。

常需要主动起诉才能实现,故实务中仍然遵循着谁异议谁起诉的原则。值得注意的是,实务中有债权人因其有名义债权未得到管理人认可而起诉的现象,这显然有违一事不再理的原则。对此,笔者认为,虽然实践中认可管理人可对有名义债权进行审查,但应仅限于相关生效法律文书是否真实、是否经过申请执行时效等形式上的审查,即使管理人出于勤勉尽责而对生效法律文书进行实质审查并发现确有错误的,基于生效法律文书的既判力和对司法权威的维护,管理人不应该也不能对该有名义债权进行直接调整或不予确认。对于管理人存在上述行为的,法院在裁定驳回债权人起诉的同时,还应当责令管理人予以纠正。因此,针对有名义债权,管理人应当对生效法律文书确定的内容进行如实登记,其他债权人、债务人对此有异议的,或管理人认为有错误的,可通过依法提起第三人撤销之诉或申请再审的方式申请撤销或不予执行。①

(2) 明确起诉前置要件

一是除明确规定不需申报外,该债权需已依法进行了申报。因《企业破产法》已明确规定,债权人未申报债权的,不得行使相应的权利,故将申报作为提起诉讼的前置要件已成为共识。当然,《企业破产法》明确规定不需要进行申报的除外,具体如职工债权等。

同时,实务中还存在债权人就其尚未经申报的债权直接提起诉讼的,对此,笔者认为因该债权未经申报,缺乏相应的起诉要件,故应裁定不予受理,已经受理的应驳回其起诉。

---

① 参见周杰发布的微信文章:《破产程序中对经生效法律文书确认债权之审查问题辨析》。

二是已经管理人调查并公示或审查后编入债权表。基于管理人地位的中立性和专业性，《企业破产法》赋予了管理人对申报债权的审查权和对职工债权的主动调查权，这既有利于保护债权人和债务人的利益，也符合破产效率的要求。因此，已经申报但尚未经过管理人审查、调查的债权，因此时债权人、债务人与管理人有关该债权的争议尚未产生，故不能直接提起诉讼。

实践中，存在有债权人、债务人在管理人公示之前或编制正式债权表之前即直接向法院起诉，对此，笔者认为，管理人编制的债权表及职工债权公示清单是管理人行使审查职权的最终成果，在此之前的程序则仍然属于管理人尚在履行法定的债权审查阶段，故此时债权人和债务人不能起诉。该观点也得到了最高院相关判例的支持。

三是已经向管理人提出异议，且对管理人的异议处理不予认可。针对起诉之前是否需要先向管理人提出异议，《企业破产法》第五十八条对此并未作出明确规定，但基于破产效率原则的考虑，若该异议经管理人审查后即可得到解决，则实在无通过诉讼予以解决的必要，同时，其也符合《企业破产法》第四十八条关于对职工债权异议的处理程序。

值得注意的是，虽然基于效率考虑，将该异议先行处置程序作为诉讼前置要件，但实践中，由于管理人自身工作规范性的差异，对于相关异议处理结果并不总是具有规范的形式，故司法实务中对该要件的审查不应过严，即只要经征询管理人意见后能够确认该异议已经管理人进行处理或未在合理时间内处理即可。当然，规范的做法还是应对异议的提起、管理人对异议的回复及回复期限等均作出明确规定。

（3）明确起诉期间及相应法律后果

规定起诉期间有利于督促异议人及时向法院起诉，促使该受异议的债权尽快得到最终确认。考察其他主要国家或地区的立法，其均规定了明确的起诉（异议）期间。如我国台湾地区规定了应在第一次债权人会议结束前向法庭提出，日本规定在送达债权审查决定 1 个月的不变期间内起诉，英国规定在接到债权书面审查通知 21 个工作日内向法院申请等。[①]

遗憾的是，《企业破产法》对此并未作出相关规定。为此，有学者主张应适用民法有关诉讼时效的规定。[②] 对此，笔者存在不同意见：首先，诉讼时效适用的对象为债权请求权，而债权确认诉讼为确认之诉，并不属于债权请求权的范畴；[③]同时，《民法总则》规定的诉讼时效为三年，且还存在时效中断、中止的情形，这就意味着受异议债权将在很长一段期间内（甚至可能在破产程序终结后）都处于悬而未决的状态，这显然难以适应破产程序的效率要求。鉴于适用诉讼时效的期间太长且存在前述罗列的诸多问题，实践中也有法院主张参照《企业破产法》第六十四条即有关请求撤销债权人会议决议的期限的规定，要求异议人在债权人会议核查债权结束后 15 天内起诉。

笔者认为，就起诉期间的设定，既不可能如诉讼时效一般漫长，也不能单纯认为越短越好，其必须考虑如下因素：一是充分保障债权人对破产债权的核查监督权。虽然《企业破产法》规定债权人会议核查债权表，但实际操作中债权人一般难以在债权人会议

---

① 张芳芳、林敏聪："论我国破产债权确认诉讼制度"，载《政法学刊》2017 年第 6 期。
② 王欣新："论破产债权的确认程序"，载《法律适用》2018 年第 1 期。
③ 参见沈志先主编：《破产案件审理实务》，法律出版社 2013 年版。

上完成对所有债权的核查,其往往需要会后查阅相关债权申报材料后才能完成对相关债权的核查工作,进而确定是否存在异议。此时,若期限过短则容易导致债权人在来不及提出异议的情况下即被管理人申请法院裁定确认,从而丧失相应的异议权。二是该期间应留有必要的异议期间。前已所述,异议人在起诉之前需经管理人对异议人进行先行处理,实践中,针对自身债权,异议人与管理人一般在编制债权表的过程中即已经进行了充分的沟通,此时该异议实际已经过管理人的审查复核。但针对他人债权,特别是在该他人债权的当事人不存在异议的情况下,则需要预留管理人对该异议进行重新复核的时间。依据上述分析并结合笔者的相关审理经验,笔者认为,将起诉期间设定为一个月较为合适。同时,为确保破产程序的快速顺利推进,该期间的性质应参照除斥期间的规定,确定为不变期间,且异议人一旦未在该期间内起诉,法院则可以直接裁定不予受理,若受理则裁定驳回起诉。

(4) 统一诉讼费收费标准

司法实务中关于该类案件诉讼费收费标准不统一、不合理,既不利于当事人权益的维护,客观上也制约了其制度功能的发挥。为此,基于该类案件所具有的公益性,为平衡异议人诉讼预期收益与诉讼风险之间的差异,同时促使债权人更好地发挥其监督职能,笔者建议该类案件的诉讼费应统一参照非财产案件的收费标准进行按件收取,该标准同时也符合该类案件属确认之诉的认定。

3. 完善审理程序

前已论及,单纯援引民事诉讼程序难以适应破产债权确认诉讼审理实际,因此,有必要结合实际审理情况对其进行进一步重构完善,以实现公正基础上效率的最大保障。

（1）审理程序的选择：应以简易程序为原则

民事诉讼专设简易程序即是在确保纠纷公正解决的基础上，通过简化起诉、答辩及庭前准备等方式以实现纠纷的快速化解，其与破产债权确认诉讼的审理原则不谋而合。因此，除涉及到针对有名义债权的确认及其他依照法律不得适用简易程序的情形外，原则上均应适用简易程序。同时，针对受中级人民法院管辖的破产案件，在审理相关破产衍生诉讼时也可以通过指定管辖的方式，将其交由下级基层法院通过简易程序审理。①

（2）法院角色的重构：职权主义的适用

基于破产债权确认诉讼具有的公益性，当事人主义、辩论原则所依赖的"个人行为、个人负责"机制在破产程序事项审理中并不存在，而应由法官依职权主义探知作出判断。② 同时，适用法院职权主义既有利于诉讼程序的推进，实现程序效率，也能更好地平衡各当事人之间的举证能力，实现实质公平。具体来说，一是要合理分配当事人举证责任。针对不同的纠纷类型，通过衡量双方当事人取证能力的强弱、距离证据的远近等因素合理分配取证责任，特别是针对债权人对他人债权提出的异议，强化被异议债权当事人的举证责任。二是主动依职权调查事实真相。根据案件审理情况，责令相关当事人提供或主动调取与争议债权相关的证据，如申报材料、债务人相关记账凭证、财务报表以及破产程序中取得的有关债务人的审计评估报告等，同时还应强化管理人对异议债权的审查说明义务，积极引导当事人就有关争议债权的争议焦点进行

---

① 周晨黠：《论破产程序中债权确认的方式》，上海交通大学硕士学位论文，2015 年。
② 韩长印、郑金玉："民事诉讼程序之于破产案件适用"，载《法学研究》2007 年第 2 期。

充分举证和辩论。

（三）加强专业审判队伍培育

破产债权确认诉讼作为破产衍生诉讼，基于其本身的专业性和复杂性以及近年来大幅攀升的态势，迫切需要一支熟悉破产业务的专业法官进行审理。为此，应进一步加强破产专业审判队伍的培育，对有条件的法院，加快组建专门的破产审判庭或破产审判团队，配齐配强专业审判人员；积极落实最高法院要求，对破产案件进行单独考核，细化完善相应的绩效考评体系，切实调动破产审判法官的积极性。加强对破产案件及破产衍生诉讼的经验总结，定期分析案件审理过程中存在的共性问题，特别是针对裁判文书中存在的各种有关主体列明、诉讼代表人表述中存在的不规范问题，通过发布典型案例、编制裁判文书样式、出台相关指导性文件的方式，提升破产债权确认诉讼审理的规范化水平，切实增强破产法官的审理水平。

主题研讨

论债务人的后续破产重整申请权

——基于某制药有限公司破产案引发的思考

华梦丹[①]

前　言

2007 年颁布的《企业破产法》(以下简称《企业破产法》)全面引进并尽可能完善了破产重整制度。由此以后,《企业破产法》最主要的意义不再是给企业一个"死"法,而是尽可能地让具有破产原因的企业摆脱困境得以再生。破产重整制度的引入使破产法的立法理念发生转变,从传统的债务清理主义到以"拯救破产企业"为核心、兼顾债权债务清理的双轨制模式。

虽然新颁行的《企业破产法》进步不小,但在这十年的实施过程中,也暴露出不少问题。本文就《企业破产法》第七十条关于破产重整程序申请主体之规定的缺陷和漏洞展开了研究。本文的研究对象是债务人的后续重整申请权。所谓的"债务人的后续破产重整申请权"主要是指在债务人自行申请破产清算情况下,在人民

---

① 作者简介:华梦丹,女,四川大学法学硕士,浙江和义观达律师事务所专职律师。

法院裁定受理破产申请后、宣告破产前,债务人再向人民法院申请转入重整程序的权利。

本文在写作和研究过程中遇到的最大困难就是基本没有直接研究此问题的文献材料,法学理论界对于此问题的研究几乎处于真空状态。即使破产法领域的个别专家,如李永军教授、王卫国教授等在个人专著或者文章中偶尔有只字片语提及,也大多只是抛出问题,并没有给予具体的解决方法和思路。李永军教授在其专著《破产法——理论与规范研究》中就提到关于债务人和债权人后续破产申请权及其有关限制条件的问题是我国目前破产法的真空领域,亟需解决。同时李教授还提出我们现有破产法对申请主体的规定不具有周延性,直接导致地方各级法院因为理解不同,同案不同判的司法混乱现象层出不穷。王卫国教授也在其文章中论述了我国破产法关于重整申请权的立法混乱直接限制了重整制度在我国发挥应有的功能和作用。威海中级人民法院在研究破产法实施过程中,对司法实践中遇到的相关问题开展专项调研,其结论为确定债务人的后续破产重整申请权是必要的,并从司法实践的角度阐述了确认此权利的重要原因,但该调研报告的缺陷是没有理论支撑。从比较法的视野看,如美国、英国、日本等已经在立法上完全放开,由法律明确赋予债务人该项权利。特别是美国,几乎将债务人的重整申请权的限制条件完全去除,以鼓励危机企业把握重整的最佳时机,避免因强制清算对社会造成一系列不良影响。

本文一共分为三大部分。第一部分在简要介绍我国重整制度的概念和重大意义的基础上,引入笔者亲自参与的某制药有限公司破产一案,说明本文选择研究债务人后续破产重整权的直接原因——我国《企业破产法》第七十条存在重大漏洞,强调赋予债务人后续重整申请权非同寻常的现实意义。第二部分论述就此问题目前为止国内外的立法现状，分析目前立法的利弊情况，主要分析关于此问题的立法空白。第三部分，结合具体案例和相关研究情况，提出自己对目前为止《企业破产法》关于债务人的后续破产重整申请权应当如何规定的理解及依据。

一、选题价值及相关背景

(一)重整和后续破产重整权的概念

本文所研讨的"重整"是指《企业破产法》第八章规定的重整制度，但该章并没有对重整下一个明确的定义。学理上对此有不同的理解和解释：(1)李永军教授认为，重整是指针对具有法律规定的破产原因或破产原因之虞的债务人，由于其还有再生希望，而对其实施的旨在挽救该破产企业的一系列积极程序。[①] (2)王卫国教授认为，重整是指在企业资不抵债，不能清偿到期债务的情况下，为了保护企业的继续营业价值，使债务人能够摆脱现有困境走向复兴，依照破产法规定的法定程序，使债务人再建复兴的制度。[②] (3)李曙光教授认为，我国的破产重整制度是指，出现财务危机的企业，在人民法院的主导下，根据利害关系人的申请，在允许其继续营业的基础上，提出重整计划，通过各利益相关者的参与，经债权人表决通过，法院裁定确认，重整计划得以生效和实施

① 李永军：《破产法律制度研究》，中国法制出版社 1999 年版，第 388 页。
② 王卫国：《破产法》，人民出版社 2001 年版，第 226 页。

之后,重整程序结束。①

通过分析以上学者对破产重整概念的不同理解,可以发现,其差异点主要在于不同学者对破产重整的主要目的的着眼点不同,有的学者认为帮债务人清理债权债务是重整的主要目的;有的认为清理债权债务只是重整诸多目的中的其中一种,重整的主要目的在于拯救危机企业。笔者更赞同后一种观点。从破产法立法史来看,重整制度是最晚出现在各国破产法中的一项制度,其出现的客观条件及社会背景深受经济全球化的影响。一个企业的破产已经不单单是其自身被市场淘汰那么简单,由于各种错杂的关系,往往牵一发而动全身,发生多米诺骨牌效应,对社会产生一系列不良影响,甚至影响社会安定。这就迫使破产法的立法目的从保护债权人公平受偿的私权利为中心转变到以保障社会利益、平衡各方利益的"公权利"为中心。虽然清理债权债务是重整必不可少的手段和目的,但不是首要目的,也绝不是唯一的目的。如果只是单纯地清理债权债务,而不对企业的经营管理、投资权益等全方面作出调整,企业还是无法适应当下多变的经济坏境,很快会再一次陷入危机。所以重整制度的目的应结合企业债权债务清理及破产企业挽救两方面展开。因此,笔者认为,我国的重整制度是指,在债务人具有法律规定的重整条件时,经法律规定具有重整申请权的相关利害关系人的申请,在法院的主持下,经过一系列法定程序,在各种法律措施的保护下,让破产企业在继续经营的基础上,通过债权债务的清理、生产经营的整顿、新战略投资人的引入等各种有效手段,从根本上消除破产原因,使破产企业恢复生机的制度。

---

① 李曙光:《破产法的转型》,法律出版社 2013 年版,第 63 页。

本文所研究的"债务人的后续破产重整申请权"指的是在债务人自行申请破产清算情况下,法院裁定受理后,宣告破产前,再向法院申请转入重整程序的权利。理论上,债务人的后续破产重整申请权应当包括在债权人申请破产清算时,法院裁定受理后、宣告破产前,债务人再申请重整的权利。但《企业破产法》第七十条第二款已经对第二种情况作出明确的规定,不在本次的研究范围之内,所以本文中所述的债务人的后续破产重整申请权仅指第一种情况。

(二) 案情介绍

本问题的发现起源于笔者在 2016 年 12 月参与的某制药有限公司破产清算案。基本案情如下:该制药有限公司系成都某上市公司的一家绝对控股子公司。2015 年底该上市公司由于税收问题涉嫌重大刑事犯罪,法定代表人及所有涉案高级管理人员均被刑事拘留,整个公司一夜之间人去楼空。由于母公司的飞来横祸,使原本经营状况良好的制药有限公司无法面对大量债权人的恐慌性挤兑。债权人纷纷向法院起诉,查封、冻结了该制药有限公司的所有银行账户、土地房产、车辆、库存货物等财产,执行了该制药有限公司所有现金、银行存款、易变现资产等,导致公司无法维持继续经营,被迫停产接近一年。走投无路之下,笔者所在的律师团队接受该制药有限公司的委托,处理该公司的破产清算事务。2017 年 1 月,当地法院正式裁定该制药有限公司(以下称"债务人")进入破产清算程序。

由于债务人是当地最大的制药企业,且该企业的经营状况一直良好,其产品在市场上处于供小于求的状态,债务人被迫停产也并非自身问题，而是受到母公司的影响，且如真通过破产清算退出市场，将会有大批职工失业。基于上述各种理由，政府牵头成立清算小组，在对公司资产负债进行全面清算的同时，努力招商引资，希望为企业注入新的力量，使其"起死回生"。在政府和清算小组的共同努力之下，该公司于 2017 年 2 月接受成都某集团的委托，逐渐恢复生产。同时，该集团投入复工资金，并且垫付了停产期间所欠的职工工资。

经过三个月的实践，该集团极其看好债务人的发展前景，有意愿成为战略投资人，帮企业渡过困境。此时出现的问题该集团不愿意直接收购，因为债务人在外有将近 6 亿的负债，而债务人目前所有的资产评估值人民币仅为 2 亿，处于严重资不抵债的状态。且资产中应收债权部分大多是关联公司的欠款，几乎没有回收的希望。相信任何一个理性的投资人都不愿意全盘接手别人留下的"烂摊子"，但基于债务人良好的发展前景，该集团愿意进行重整并购，即以战略投资人的身份在破产重整中以债务人减本免息为前提实施并购，不愿意直接代债务人清偿所有负债，重整工作一度陷入僵局。

经过债务人、管理人和政府有关部门几个月的共同努力，本案终于出现转机。由此，管理人面临一个理论上的困境：如何尽快使债务人从破产清算程序转入重整程序，问题也由此暴露。根据《企业破产法》第七十条①，转化程序需要满足两个条件：一是，进入清

---

① 《企业破产法》第七十条，债务人或者债权人可以依照本法规定，直接向人民法院申请对债务人进行重整。债权人申请对债务人进行破产清算的，在人民法院受理破产申请后，宣告债务人破产前，债务人或者出资额占债务人注册资本十分之一以上的出资人，可以向人民法院申请重整。

算程序是由债权人申请的;二是,债务人或者达到一定出资比例的出资人有权提出申请。而本案债务人进入破产清算程序是债务人自己申请的,并非债权人申请的,法律没有规定债务人自己申请破产清算后,还可以转到重整程序。当地法院就以法律没有明文规定为理由,驳回了重整申请。

(三) 研究债务人后续重整申请权的理论价值与现实意义

如上所述,其实摆在债务人面前的只有两条路:一是继续破产清算,最后企业注销。这样做,对企业来说,意味着永久退出市场;对政府来说,损失了一家大企业,当地的制药企业将群龙无首;对几百名职工来说,意味着失业;对广大债权人来说,其债权只能获得最低程度的保障。由于债务人在此之前将所有的土地房产、生产设备,都全部抵押给银行,该银行受偿后,几乎没有剩余资产。基于制药企业的特殊性,其他财产主要是知识产权、药品 GMP 证书等无形资产,如果直接清算,该企业的资产将大大缩水。对战略投资人而言,虽然其可以通过破产清算程序竞拍债务人的资产,竞拍成功后就地成立一家新公司,不仅支付的收购成本最低,也不需要承担债务人的任何债务,但是由此将无法直接取得药品 GMP资质等。后续复建,即使使用原来的土地厂房、机器设备、技术人员,相关资质也必须重新申请,申请周期大概耗时至少一到两年。也就是说在这两年时光内,必须要保证所有专业技术人员到位、所有设备设施都符合要求,接受药品监督管理局的随时抽查,且在GMP 资质申请下来以前,公司不能生产销售药品,也就意味着新公司要面对两年没有任何收入,但必须承担各岗位员工在岗的工资,保证设备设施随时达到标准所需的所有费用等。此办法于各方不利,显然不是本案的最佳选择。二是终结本次清算程序,然后直接提起重整。要采取此方式,先得按照《企业破产法》第一百零八条规定①终结破产程序。而终结破产程序的三种条件,该制药公司并不满足。战略投资人不愿意为债务人提供担保,更不可能代债务人清偿所有债务,此案因此陷入僵局。

笔者想通过此案具体形象地展示研究债务人的后续重整申请权及其限制条件的重大现实意义。当然研究此问题不仅具有现实意义,还具有很大的理论价值。主要体现在以下两方面:

1. 破产法关于重整申请主体的规定亟待完善

从这个案例中可以看出,我国破产法对重整的申请主体的规定还有巨大的漏洞。《企业破产法》第七十条规定不具有概念周延性,无法覆盖所有的情况,很多实际问题得不到解决,其中的制药有限公司破产案就是一个典型。债务人申请破产清算后,在法院宣告破产前,能否再提出重整申请? 如果不能,那么其原理和依据是什么? 此外,债权人申请破产清算后,能否仍由其再提出重整申请? 出资人可以在债权人提起的清算程序中申请重整,那在债务人提起的清算程序中是否还享有该权利? 这些问题都属于立法空白,暴露出《企业破产法》第七十条存在严重的漏洞和很多不足之处,亟待完善。

2. 最大限度地发挥重整制度的功能,促进重整制度在我国的发展

重整制度的价值在于,通过"私权自治"和"国家强制力适当干

---

① 《企业破产法》第一百零八条,破产宣告前,有下列情况之一的,人民法院应当裁定终结破产程序,并予以公告:(一)第三人为债务人提供足额担保或者为债务人清偿全部到期债务的;(二)债务人已清偿全部到期债务的。

涉"的双重手段,调和各利益相关者的利益冲突,将司法程序作为积极挽救已经陷入困境、具有破产原因的企业的工具,力图使债务人能够继续经营,而不是被迫退出市场、强制清算。同时,相比于破产清算,重整制度能大幅度提高债权人的受偿比例,也能有效地防止具有再生希望的企业解散,以及由此引发的大批工人失业、社会不安定等一系列问题,使破产企业从其无法承受的大量债务中解脱出来,获得重生,实现各方利益最大化。因此重整制度在对危机企业的拯救作用上具有明显优越性。破产和解制度虽然也具有使债务人豁免部分债务的功能,但基于其本身制度设计和救济手段的局限性,对破产企业的拯救作用是消极、有限的,最后企业很多还是免不了走向灭亡的命运。如果对重整的申请权加以不必要的限制,重整制度相较于清算制度的优越性及重整的价值得不到充分体现,引入重整制度的价值也将大幅度下降。本文对重整申请主体及相关条件进行研究,力图对现有立法提出建议,去除一些没有必要的限制条件,将重整制度的功能发挥到最大。

新《企业破产法》虽然正式引入了重整制度,但整部破产法还是以破产清算为主,对重整制度的规定只有一章共二十四条,显然无法满足现实的需求。本文尝试通过研究债务人的后续破产重整申请权这一问题,审视我国目前破产重整制度立法的不足,完善相关重整制度的规定,增强重整制度的可操作性,进而推动我们进一步思考,更全面、客观地结合我国国情,推动重整制度在我国的发展。

二、国内外立法现状及利弊分析

(一) 国内立法现状

我国 1986 年颁布的《中华人民共和国企业破产法(试行)》在一定程度上可以认为是我国第一部正式确立破产重整制度的法律。但当时将该制度命名为"整顿",而不是重整,且只适用于国有企业。整顿制度有着浓厚的行政干预色彩,可以说是主管部门对临近破产的国有企业的一种挽救措施。虽然之后 1991 年的《民事诉讼法》中的"企业法人还债程序",一定程度上解决了国有企业以外的企业法人的破产问题,但该法关于企业整顿的规定仅两条,显然远远不能满足现实的需要。2002 年最高人民法院《关于审理企业破产案件若干问题的规定》,细化了整顿制度的有关规定,但还是没有实质性的创新和突破。且司法解释受自身效力的局限性,无法代替具有更大效力的法律。1993 年《公司法》出台后,加之1997 年金融危机的影响,我国出现了大批公司破产的情况。国际上一些大型跨国公司的破产对各国经济的一系列消极影响也给我们敲响了警钟:出台一部能够更快、更好地预防和挽救危机企业的破产法实在必要、紧迫。破产法立法的呼声越来越大。直到 2006 年,破产法正式颁布,借鉴了国际上关于破产的先进立法制度和理念,专章规定了破产重整制度,使得我国的破产法不再是一部企业的死亡法,而是破产企业的保护法。

虽然新破产法取得了不小的进步,但在十年的实施过程中也暴露出不少的问题。该法关于债务人的后续重整申请权最直接的规定只有第七十条,该条文规定债权人申请债权破产清算的,债务人和有一定比例的出资人可以在人民法院受理破产申请后、宣告债务人破产前申请重整。但是该条文并没有直接否定债务人自行申请破产清算时,债务人再向人民法院申请从清算程序转到重整程序的权利。该条文对债务人的此种后续破产重整申请权持保留态度,既不明文规定禁止,也不明确表示赞成,而是采取不置可否的态度,避免直接面对这一问题。

除此之外,《最高人民法院关于〈中华人民共和国企业破产法〉施行时尚未审结的企业破产案件适用法律若干问题的规定》第一条第三项①对此问题也有所规定。该条文是我国目前为止唯一正面肯定债务人的后续破产重整权的法律条文。虽然该规定明确确认了债务人后续重整申请权,明文规定了即使是债务人申请的破产清算程序,债务人再申请转重整程序,人民法院也应该受理。但此规定的局限在于只适用于新《企业破产法》生效前尚未审结的企业破产案件。这个规定适用条件的限制直接导致实践操作中大部分人"逆向推理"认为债务人的后续破产重整申请权只可发生在新《企业破产法》施行前受理的案件中,对之后受理的案件不应适用,显然这种理解方式不符合逻辑。

---

① 《最高人民法院关于〈中华人民共和国企业破产法〉施行时尚未审结的企业破产案件适用法律若干问题的规定》第一条:债权人、债务人或者出资人向人民法院提出重整或者和解申请,符合下列条件之一的,人民法院应予受理:(一)债权人申请破产清算的案件,债务人或者出资人于债务人被宣告破产前提出重整申请,且符合企业破产法第七十条第二款的规定;(二)债权人申请破产清算的案件,债权人于债务人被宣告破产前提出重整申请,且符合企业破产法关于债权人直接向人民法院申请重整的规定;(三)债务人申请破产清算的案件,债务人于被宣告破产前提出重整申请,且符合企业破产法关于债务人直接向人民法院申请重整的规定;(四)债务人依据企业破产法第九十五条的规定申请和解。

（二）国外立法模式分析

1. 美国的破产重整立法

对于破产重整制度的立法，目前全世界最先进最发达最具有影响力当属美国。中国 2007 年的《企业破产法》有很大部分是借鉴了美国破产法。所以要研究重整制度申请主体的相关问题，研究美国破产法的相关规定很有必要。

美国破产法规定，债务人可以随时提出破产重整的申请，对于破产清算、重整、和解三种程序转换的条件，美国破产法的规定相当宽松。可以说，债务人享有从破产清算程序转到破产重整程序的权利是肯定的、无条件的、绝对的权利。[①] 只要企业根据实际需要，觉得有必要通过重整对企业的债权债务、投资人利益等进行调整时，就可以启动重整程序，几乎没有其他外部条件的限制。虽然这很直观地体现了美国破产法以拯救破产企业为首要目的的价值理念，但不能完全忽略债权人的利益。为了防止企业滥用重整制度损害债权人权利，美国破产法也采取了一定措施，比如对债务人提出重整计划的时间进行限制，以防止其无限期拖延；再比如，加强了债权人对重整程序的参与程度和监督权利等。可以说，从1938 年美国通过"钱德勒法案"正式确立重整制度至今，经过反反复复几次修改以平衡债权人和债务人的利益，改变重整成功率低的局面，也从未对债务人的重整申请权加以限制。

美国破产法将重整制度置于整个破产体系的核心地位，对重整程序的启动放的很宽，债务人可以随时申请破产重整，也可以随

---

① 李永军：《破产法——理论与规范研究》，中国政法大学出版社 2013 年版，第 342 页。

时转换程序,没有前提条件限制。① 美国破产法不止对债务人自行申请破产没有多加限制条件,反而还设计了一系列措施鼓励已经具备破产原因的企业把握住重整的最佳时机,及时进行重整。例如,为了消除债务人提出重整后,其经营管理权会被管理人所取代的顾虑,美国破产法 DIP 制度默认公司的原经营团队继续管理公司。

可见美国破产法整个的立法趋势是在可以适用破产重整的情况下,尽可能的使企业重整,而不是清算。美国破产法不但肯定债务人的后续破产重整申请权,并且把该申请权的时限要求放的很宽,债务人可以随时提出重整。在"自愿重整"时,债务人甚至不需要证明自己已经具有资不抵债、停止支付等破产原因。

2. 英国的破产重整立法

英国的破产法只规定了破产清算程序和破产和解程序,其重整程序规定在公司法中。英国重整制度确定的申请主体有五种,一是债务人自身,此时没有任何限制条件;二是公司的董事,可以根据有关规定向公司和公司的债权人提起重整建议;三是管理人,在存在有效管理令的情况下可以提起重整;四是清算人,在公司解散时可以申请重整;五是债权人,在企业陷入清偿不能时可以提出申请。② 相比于其他四种主体的申请条件,债务人自身提起的重整最为宽松,几乎没有任何条件的限制,程序的启动不需要向法院申请,也不以债务人不能清偿到期债务或者资不抵债为条件,债务

① 齐明:"我国破产法中自愿破产原则的反思与重构",载《东北师大学报》2010 年第 4 期。
② 张海征:"英国破产重整制度及其借鉴",载《政治与法律》2010 年第 9 期。

人有陷入资不抵债之虞就可以启动重整程序,无需法院批准,只需将重整方案以及管理人起草的报告提交法院备案即可。英国破产法案这样规定的原理在于:相比于其他人,债务人自身无疑是最了解自己的财产状况和经营情况的,把重整的启动权交给债务人自己,更有利于债务人把握重整的最佳时机,避免因为程序繁琐导致过分迟延而丧失对有重生希望的企业的拯救时机,同时也节约了时间,提高了效率,尽可能大的发挥重整的积极作用。

3. 日本的破产重整立法

日本同我国一样都属于成文法国家,日本的破产立法对我国的影响也是其他国家所不能相比较的。日本关于破产的规定分散在四部法律中,分别是《和解法》《民事再生法》《公司再生法》和《破产法》。其中《和解法》已于1999年废止。由于历史的局限性,其他三部法律的规定有很多相互重合和矛盾的地方,所以我国对日本破产法的借鉴上也是弃其糟粕,取其精华。日本没有"重整"这一说法,但日本《公司更生法》中的"公司更生"与"重整"最为类似,学界普遍认为日本破产法中"更生"指的就是破产重整,本文也就日本《公司更生法》关于公司更生的申请主体及限制条件展开研究。该法对重整制度的规定结合了大陆法系和英美法系的优点。前者侧重于保护债权人,后者强调对债务人的拯救。该法规定,在公司具有重整原因时,有两类主体可以申请重整,一是公司自身,即债务人,其提出重整申请没有时间或其他任何条件的限制;二是一定比例的债权人可以提出重整申请。该法的直接目的是帮助经济上存在危机的企业渡过难关,使其通过重整程序,继续经营下去。

（三）破产法的价值取向及目前立法的利弊分析

新《企业破产法》相比之前的破产法①最大的亮点之一莫过于提出并且尽可能地完善了企业破产重整程序。该法规定的重整程序有两个主要作用，一是通过债务重整，减本免息，使企业摆脱破产困境，获得重生；二是将债权人债权的实现程度建立在债务人能够成功重整的前提下，在一定程度上使债务人和债权人的利益保持一致，使债务人的继续运营价值得以保留，使债权人获得比在债务人强制清算的条件下更好的清偿结果。② 正是因为新破产法规定了重整程序，使《企业破产法》不单单是企业的"死法"，其立法倾向更偏向于使企业起死回生。从破产法发展的轨迹来看，破产法的立法宗旨从传统的"使债权人得到公平的受偿"到"拯救债务人和保护债权人利益"再到兼顾社会利益不断发生变化。对于具有重整希望的企业，法律鼓励破产企业尽可能适用重整而不是清算，这样更有利于保障社会利益。我国现代破产法扩大重整程序的立法趋势在以下几种制度中都有不同程度的体现：

1. 重整原因更宽松。《企业破产法》第二条第一款规定的两种情形是破产清算、和解、重整三种程序开始的共同原因。但重整原因与清算、和解程序的区别在于，多了《企业破产法》第二条第二款规定的"明显丧失清偿能力"这一原因。也就是说我国破产法对于重整程序开始的原因更宽泛，不需要证明债务过限，停止支付

---

① 主要包括 1986 年的《企业破产法（试行）》，1991 年的《民事诉讼法》第十九章企业破产还债程序及相关司法解释，2002 年最高人民法院《关于审理企业破产案件若干问题的规定》等。

② 赵柯："新旧破产法之比较"，载《人民司法》2016 年第 12 期。

等，只要有财务危机就可以申请重整。

2. 程序启动多元化。重整申请可以由债务人或者债权人直接提出，也可以在符合一定条件时，由出资人提出，而和解申请只能由债务人自己提出。至于清算申请，根据《企业破产法》第七条①可以由债权人、债务人、负清算责任的人提出。但负清算责任的人提出破产清算更像是一种义务，而不是权利。比较看来，重整程序的申请主体最多。

3. 程序优先化。从《企业破产法》第十九条②的规定可以看出破产法规定的三种程序优先于一般的民事执行程序，而从《企业破产法》第七十条第二款③可以看出重整程序优先于清算程序。

4. 担保物权限制化。"物权优先于债权"是传统民法的原则，虽然破产程序是特殊的程序，但清算程序和和解程序都没有突破这一原则。在清算程序与和解程序中，担保物权人依然可以行使其担保物权，不受程序的限制。但是在重整程序中，为了更加积极有效地挽救危机企业，重整程序的效力及于担保物权。根据《企业破产法》第七十五条，重整期间，担保物权受到限制，以保持破产企业财产的完整性，为债务人后续恢复生产等提供条件。

破产法的对重整制度如此"偏爱"，其背后体现的价值取向是

①《企业破产法》第七条，债务人有本法第二条规定的情形，可以向人民法院提出重整、和解或者破产清算申请。债务人不能清偿到期债务，债权人可以向人民法院提出对债务人进行重整或者破产清算的申请。企业法人已解散但未清算或者未清算完毕，资产不足以清偿债务的，依法负有清算责任的人应当向人民法院申请破产清算。

②《企业破产法》第十九条，人民法院受理破产申请后，有关债务人财产的保全措施应当解除，执行程序应当中止。

③《企业破产法》第七十条，债权人申请对债务人进行破产清算的，在人民法院受理破产申请后，宣告债务人破产前，债务人或者出资额占债务人注册资本十分之一以上的出资人，可以向人民法院申请重整。

越来越注重保障社会利益,挽救具有重整希望企业的同时保障债权人利益。破产法在一定意义上是破产企业的保护伞。虽然《企业破产法》第七十条对债务人的后续破产重整申请权不加以明文规定,有利于防止企业"假破产、真躲债"等道德风险的发生,但也大大减弱了重整制度的功能。

从国外立法模式分析,在重整程序中,美国和英国均采用了"债务人中心"的模式,债务人在重整程序的启动、推进、重整计划的制定和执行都起到主要甚至决定性作用。而我国是采用"法院中心,兼顾债务人和管理人"的模式,即重整程序的启动、重整程序的推进、重整计划的批准都由法院决定,司法权介入很深,债务人只有提请法院受理破产重整,提起法院批准重整计划等权利,管理人在债务人被裁定进入重整程序后,接管债务人,行使管理人各项法定职权。美国和英国是判例法系国家,采当事人主义模式,在破产程序中更注重当事人的意思自治和发挥当事人的主观能动性,所以只要债务人符合重整的客观条件,并具有重整的愿望,法院不会多加干涉。虽然我国系大陆法系国家,采职权主义模式,但追求最大限度的发挥重整程序的优越性,挽救危机企业的动机是一致的。所以在重整程序中,我国应坚持在法院监督下的当事人自治模式。一方面充分尊重债权人和债务人的意思自治,只要在不违反法律的强制性规定和公序良俗的条件下,对债权人和债务人共同作出的决定不加以过多的干涉;另一方面,若在债权人和债务人或者债权人之间不能达成一致意见,以及债权人会议决议违法或者显然不公平时,法院行使监督权,由法院最后把关。

三、问题的解决及方案的构想

(一) 肯定债务人后续重整申请权及相关理由

回到最开始的那个案例,如若机械地适用第七十条第二款之规定,对债务人重整申请权的前置程序进行严格限制,势必人为堵塞重整程序与破产清算程序之间的转换通道,难以避免债务人归于消亡的法律后果,背离现代破产法积极拯救企业的立法价值。某制药有限公司,一个具备重整的客观条件和主观的强烈愿望、有很大的可能性得以继续生存的企业将被迫面临强制清算,最后造成有意愿成为战略投资人的企业放弃重整,普通债权人的清偿比例几乎为零,五百多名员工要下岗失业,当地的制药企业将群龙无首等一系列消极影响。由此可以看出,赋予债务人的后续重整申请权是很有必要,且更加合理的。该观点的支撑理由在于以下四大点。

1. 私法领域应充分尊重当事人的意思自治

虽然《企业破产法》没有直接肯定债务人的后续重整申请权,但也没有明文禁止。在法律空白时研究债务人是否应该享有该权利首先要研究的是《企业破产法》的性质,即其属于公法还是私法。

首先,破产还债是破产法最直接的功能,是包括破产清算、重整、和解在内的所有破产程序的核心内容之一。《企业破产法》的直接作用,是使具有国家强制力保障的"债",在债务人具备资不抵债等破产原因出现时获得最终公平实现,维护全体债权人和债务人的合法权益。而"债"属于民商事主体"私权利"的范畴,所以《企业破产法》的核心在于保障广大债权人和债务人的私权利。

其次，包括我国在内的世界各国的通行做法都认为，破产法规定的三种程序的启动都是以私权启动为核心的。但是，现行《企业破产法》将私权启动作为破产程序的唯一启动途径，也就是说破产程序的启动，必须由法律规定的主体，如债权人、债务人或者出资人申请，否则即使债务人已经具备破产原因，包括政府和法院在内的任何公权力机构都无权启动破产程序。由此看出破产程序的处置属于私权的范畴，《企业破产法》属于私法。

但我国是职权主义国家，我国破产程序中法院处于核心主导位置，主导着程序的进展，拥有重大事项的决定权，再加上《企业破产法》保护的利益不仅仅是私权利，还具有保障市场经济的正常运行、维护正常的市场关系和市场制度等功能。再加上我国目前经济发展程度的限制，很多时候需要政府出面招商引资帮助企业摆脱困境，破产程序中公权力干预程度很深。比如本案就是由政府牵头成立清算小组，并由招商局出面向社会招商引资，引入战略投资人成都某集团有限公司。因此我国的《企业破产法》在某种程度上稍带有公法属性，行政干预色彩并没有完全去除。但结合到具体条款第七十条，阐述的债权人、债务人和达到一定比例的出资人的重整申请权，是民商事主体的私权利。私法领域讲究权利本位，私法精神的具体内容是在权利本位的基础上，以私权自治、私权平等和私权神圣来实现个体权利。[1] 所以按照私法的一般原理，"法无明文禁止即可为"，只要《企业破产法》没有明文禁止债务人的后续重整申请，债务人就应当享有该权利。重整申请权均是企业自

---

① 刘勇："破产法的私法精神确是及原因分析"，载《法学论坛》2006 年 12 月刊。

主权的范围,即便是第三方潜在合作者拟对债务人的债务进行担保或者偿还,也是投资主体对财产权的一种处置行动,本质上是私权行使的范围,如果不违反法律强制规定和社会公共利益,在有益于挽救企业的情况下,受案法院就没有干涉的理由。此时,受案法院应更多地关注重整方案的现实性,着重对重整的必要性和可行性进行审查。在进入破产清算程序后,被人民法院宣告破产前,发现企业还有挽救的余地,重整成功的可能性很大,并且保障债务人、债权人、职工等各项利益都大于破产强制清算,大部分债权人和债务人都没有异议的前提下,从清算程序转到重整程序无疑是可行的,并且此时从清算程序转到重整程序能够实现利益最大化,是债权人、债务人及广大利益相关者的共同选择和迫切愿望。至于谁出资、谁申请启动重整程序不应作为审查的重点。

2.《企业破产法》第七十条第二款的规定不具有排他性

除此以外,笔者认为第七十条第二款是建议性规定,不具有排他效力。其目的是挽救有再生希望的企业,给债务人善意的提醒和建议:即使债务人陷入经济危机,具备破产原因,债权人也向法院提出了申请,但如果债务人还具有挽救希望,具有重整的客观条件,债务人可以向法院申请从清算程序转到重整程序。总之,该条文只是提醒债务人在债权人申请破产清算时有权申请破产重整,但没有强制债务人必须要行使该权利,也没有限制只有在债权人申请破产清算的前提下,债务人才具有这种权利。该条文还有一项价值不容忽视,即从立法层面肯定了我国破产清算程序和重整程序是可以相互转换的。

所以笔者认为《企业破产法》第七十条第二款的立法原意是尽可能扩大重整制度的适用情形,而不是限制。此注意性规定背后蕴含的价值取向是:债权人和债务人都有破产清算申请权和破产重整申请权。如果债权人申请破产清算,且人民法院受理破产申请后,此时债务人的破产重整申请权会不会因为债权人的破产清算申请被受理而消灭呢? 第七十条第二款给出了否定答案。债权人的破产清算申请权与债务人的破产重整申请权存在一定程度矛盾的情况下,法律选择优先保障债务人的破产重整申请权,甚至不需要征得债权人的同意。此处也可以看出重整程序优于清算程序的立法理念。既然在债权人的破产清算申请权与债务人的破产重整申请权矛盾时,法律都优先保障重整申请权。那么在债务人自己行使破产清算申请权后,又行使重整申请权的,人民法院更没有任何理由驳回债务人的申请。

3. 国内外破产法的价值取向已经发生变化

破产法的历史使命是保障债权人公平受偿,甚至不惜以牺牲企业为代价。但随着资本主义市场的不断变化,一个企业的消亡往往会产生"牵一发而动全身"的一系列不良影响。随之,破产法的理念也从传统的"保障债权人利益最大化"转换到"拯救具有重整希望的企业"、保障债权人及各利益相关者合法权利的双轨制。而重整制度因为具有能够维持债务人的继续经营价值,平衡担保物权人、税收债权、职工债权等优先债权和普通债权人利益等优点,被世界各国公认为是预防企业被强制清算、退出市场最为有力的制度。减少重整申请的限制性条件,尽可能扩大重整的适用范围,是世界各国破产法的立法趋势。鉴于破产重整相较于破产清算和破产和解的优越性,各国破产法立法都鼓励债务人在能够重整的情况下尽量选择重整,不会因为申请主体的问题而人为堵塞债务人从清算程序转到重整程序的通道。

从我国破产法规定的破产重整与破产清算、破产和解的启动原因的差别也可以看出我国破产立法的倾向。《企业破产法》第二条第一款规定了破产清算、重整、和解程序开始的三个共同原因。国际上对破产原因主要有两个衡量标准,即现金流量标准与资产负债标准。前者是指只要债务人不能清偿到期债务就认为具有破产原因,不论其资产负债的总体情况。后者是指企业的总资产小于总负债,即资不抵债时,认为企业具有破产原因。[①] 而我国的《企业破产法》第二条第一款采用的是"现金流量标准"加"资产负债标准"。我国采用这种标准作为破产原因的基本理念是:企业法人是独立的民事主体,企业以其全部资产为债权人利益担保,出资人仅承担有限责任。当企业不能清偿到期债务,并且资不抵债时,债权人的利益已经受到了不能足额清偿的危险,随时都有可能因为债务人停止支付而严重危害债权人利益,引起社会秩序的不稳定。我国作为一个有健全市场法制的国家,是决不允许资不抵债的企业以债权人权益无法得到保障和可能导致市场经济秩序混乱为赌注,继续经营的。但即便我国对破产原因有如此严苛的规定,对破产重整仍"特殊对待"。从《企业破产法》第二条第二款[②]之规定可以看出,只要企业具有不能清偿债务的可能性时就可以申请重整,这比破产清算和破产和解启动的条件宽松很多。从此可以看出,我国破产法同世界破产法的立法趋势是一致的,即承认破产重整的优越性,在合理范围内扩大破产重整的适用范围,将挽救具

---

① 李永军:"破产法的程序结构与利益平衡机制",载《政法论坛(中国政法大学学报)》2007年第1期。

② 《企业破产法》第二条第二款,企业法人有前款规定情形,或者有明显丧失清偿能力的,可以依照本法规定进行重整。

有重整希望的危机企业作为首要目的。结合我国破产法的立法精神，在债务人具有破产重整的原因和重整成功的客观条件时，加以其他不必要的规定来限制债务人的后续破产重整申请权是违背破产法立法初衷的。

　　4. 否定债务人的后续重整申请权对防止道德风险的作用不大

　　我国破产法之所以没有直接肯定债务人的后续重整申请权，主要是为了防止债务人"假破产，真躲债"损害债权人利益。但实际上，这样的立法模式不能起到降低这种道德风险的作用。如果债务人启动破产程序的初衷就是"躲债"，那么有很多方式可以实现这一目的。比如债务人可以在进入破产程序前，收购一家债权人的债权，并要求该债权人代持，然后由该债权人的名义向法院申请破产清算。待法院裁定债务人进入清算程序后，债务人仍可以在清算程序的"庇佑"下进行一系列损害债权人利益的行为，比如利用信息不对称，通过第三方大量低价收购在外债权，待能够实际控制整个债权人会议后，再根据《企业破产法》第七十条第二款的规定申请转入重整程序，然后用最快的时间通过操控债权人会议的方式通过重整计划，债务人依旧可以达到"躲债"的目的。所以笔者认为既然法律确认了在债权人申请破产清算时的债务人的后续重整申请权，那么限制债务人自行提出破产清算时的后续重整申请权对于道德风险的防范作用甚微。否定债务人的后续重整申请权反而让那些因为客观情况的突然改变而具有了重整的客观条件和强烈的主观愿望的企业"夭折"，而对那些一开始就想通过破产程序躲债的企业没有任何约束力和威慑力。

(二) 对债务人后续重整申请权的限制

1. 给予债权人相应的决定权和监督权

综合上述几点理由,笔者认为承认债务人的后续重整申请权有重大现实意义,但还是建议对该权利加以一定限制。如果不对此权利进行任何限制,容易导致大量企业利用这一规则"假破产、真逃债",具有很大的道德风险,损害债权人利益。比如已经资不抵债的企业先向人民法院申请破产清算,但它真实目的并不是清算,由于它知道自己具有随时"刹车"的权利,即从清算程序转到重整程序,不会走到清算拍卖那一步。此时法院的一纸破产裁定书将是它与各大债权人谈判减本免息的筹码。大多数债权人都能预估到如果一旦债务人破产清算自己的受偿比例,如果这时出现一家资产公司或者其他人愿意以高出强制清算比例的金额收购债权,债权人会迫不及待地转让自己手上的"烫手山芋"。但如果收购方一开始就被债务人所控制,那么在债权人低价转让债权后,债务人就申请转入重整程序,达到了不强制清算,且减本免息的目的,大大地损害了债权人的权利。所以出于对债权人利益的保护,应该对该权利加以一定的限制。笔者认为对债务人的后续重整申请权的限制可以比照债权人对重整计划(草案)的表决方法,赋予债权人一定的决定权,具体限制条件主要有以下两个:一是时间限制:只能在债权申报期满后,被宣告破产申请前行使;二是债权人表决情况的限制:要得到在债权申报期内申报的无财产担保的普通债权人过半数,并且其代表的债权额占无财产担保债权总额的三分之二以上同意。

2. 平衡债权人和债务人的利益

在破产案件中,存在着各种利害关系人之间的利益冲突,其中债权人和债务人的利益冲突最为突出。破产法的立法是一门平衡的艺术,整部破产法的制度设计无不体现着寻求债务人、债权人及其他利益相关者的平衡。在破产重整程序中,债务人希望通过债权人退让、减本免息、延长清偿债务的时间等各种方式给自己"喘息"的机会,使企业慢慢走上正轨,而这些都与债权人的利益相违背。法律赋予债务人后续重整申请权而使债务人能够把握机会,度过危机。但同时为了防止债务人滥用此权利,"假破产,真躲债"损害债权人的合法权利,法律应该赋予债权人一定的监督权和决定权,平衡两者之间的利益。笔者认为债权人监督此权利的方式可以参照债权人对重整计划(草案)的表决方式。

根据《企业破产法》第八十二条和八十四条规定,对重整计划(草案)的表决,要分为担保债权组、税收债权组、职工债权组、普通债权组进行表决。且需要出席会议的同一表决组的债权人过半数同意,并且其所代表的债权额占该组债权总额的三分之二以上的,重整计划草案才能得以通过。笔者认为这两条对此处有一定的借鉴作用,但不能全盘接收。首先,职工债权与税收债权组不必对破产企业的清算转重整程序进行表决,因为其相对普通债权具有优先性,清算转重整程序不会对这两种债权产生实质性损害。至于担保债权组,因为其享有担保债权,即使企业破产清算,其对相应的债权也享有优先受偿权,反而进入重整程序后,其担保权在重整期间不能行使,大部分的担保债权人都不会同意破产企业从清算程序转到重整程序。如果赋予担保债权人对债务人后续重整申请权的否决权,那么债务人的后续重整很难得到这一表决组的通过,债务人的后续重整申请权即使获得了法律的确认,实践中也多数行不通,可操作性很低。《企业破产法》第八十五条规定,如果重整计划草案涉及出资人权益调整的,出资人也要参与表决。笔者认为对于清算程序转破产程序的表决,不必经过出资人同意。因为一旦企业具备了破产原因,进入破产清算的话,出资人基本上已经不具有任何利益,我国的破产清算原因采用的是现金流量标准加资产负债标准。企业进入破产清算后,企业的所有资产用于分配给债权人都远远不足,出资人权益更没办法得到保障。反而此时从清算程序转入重整程序,债权人放弃一定的债权,企业继续营业,重整成功的话,出资人的权益才有可能得到实现。所以于出资人而言,其此时的利益与公司的利益是紧紧地捆绑在一起,趋于一致的,从清算程序转重整程序于出资人有利无害,出资人一般不会反对。而且公司的独立人格是法律拟制的,其权利的行使往往掌握在公司的决策层手中,即股东会。股东会的成员就是由出资人组成。所以当债务人行使后续破产重整申请权时,往往是股东会表决通过的,也就是征得了出资人认可的,再表决一次实属浪费时间成本和人力成本,没有必要。所以只赋予普通债权组的债权人对债务人的后续重整申请的表决权最为妥当。一是因为债务人该权利的行使是否恰当对该债权组的影响最大,给予该表决组一定的决定权有利于平衡各方利益;二是简化后续重整申请的通过程序,为了企业的重生复兴,转化程序的表决程序不宜太繁琐。

但由于在破产程序中,破产管理人一直不断在接收债权人的申报,债权人的数量和债权额是不断滚动的,不是固定的,所以我们必须确定一个时间点,目的在于锁定债权人的数量和债权额度。这个时间点选在债权申报期满之日刚刚好。虽然根据《企业破产法》第四十四条，在法院受理破产申请时对破产企业享有债权的债权人，就可以按照《企业破产法》的规定行使权利，即使没有在债权申报期内申报，也可以补充申报。虽然可以补充申报，但只有在债权申报期限内申报的债权人才具有最完整的《企业破产法》赋予债权人的权利。如果对于债务人的后续重整申请权的行使时间太长，只要债务人被裁定进入破产清算程序后、被宣告破产之前，任一时间都可以，那么即使限制了必须有对重整计划（草案）有表决权的无财产担保的债权数额三分之二以上的债权人同意，债务人可以在债权申报期内，申报的债权数额还不是很多，或者已申报的债权大多数受自己控制的时候，立刻提起重整申请，架空其他债权人的该项权利，使该限制形同虚设。如果对该时间规定过短，即必须等所有债权人申报债权，再经过债权人同意，则会大大降低重整效率，使整个重整程序拖得很长，使企业的成本不断增加，可能错过重整的最佳时机。

综上所述，笔者认为债务人的后续破产重整申请权于法有据，只要加以一定的限制条件，最大限度地防止道德风险的产生，赋予债务人后续重整申请权，于债务人、债权人和各方利益相关人有利。

打破"囚徒困境": 股东破产申请权利与义务的教义学解释和裁判规则建构

江 铮 韩晓先①

2019 年 7 月份以来,最高人民法院和国家有关部委对完善企业退出机制、优化企业营商环境提出了一系列的指导意见,制定了多项改革方案。2019 年 7 月 3 日,最高人民法院周强院长在全国法院民商事审判工作会议中强调要进一步加强破产审判工作,以处置"僵尸企业"为重点,推动完善市场主体救治和退出机制,促进企业优胜劣汰和市场资源高效配置。② 2019 年 7 月 14 日,国家发改委发布《优化营商环境条例(征求意见稿)》,指出要营造稳定公平透明、可预期的营商环境,依法加强股权权益保护,特别是中小股东权益保护。2019 年 7 月 16 日,国家发改委、最高人民法院、工信部等 13 个部门联合发布《加快完善市场主体退出制度改革方案》,提出要完善市场主体清算机制和企业破产启动与审理程序,强化市场主体履行清算义务的责任等意见。而本文正是基于完善

---

① 作者简介:江铮,男,中国青年政治学院法学学士、四川大学在读法律硕士,现任成都市青白江区人民法院民二庭副庭长;韩晓先,男,现任成都市青白江区人民法院民一庭副庭长。
② 孙航:"充分发挥民商事审判职能作用为经济高质量发展提供高水平司法服务和保障",载《人民法院报》2019 年 7 月 4 日第 1 版。

企业退出机制、优化企业营商环境的现实考虑,试图从法教义学的角度,对股东申请破产权利与义务进行讨论,希望对当下的司法实践和立法研究有一定的助益。

一、问题：如何打破无人申请破产的"囚徒困境"

债权人和债务人均不愿申请破产,是我国当前破产审判实践中的突出难题。债权人总寄希望于债务人能够进行个别全额清偿,而债务人也另有打算。各方都在追求自己的利益最大化,但却不自觉地陷入到所谓的"囚徒困境"[①]之中：债务人本可通过破产免除部分债务,债权人亦可得到部分清偿,但因彼此的利益算计都不申请破产,结果债务人的债务规模越来越大、经营越来越困难,甚至出现"人走楼空"无法清算的情况,进而导致不仅债务人的债务未得以免除,反而使得债权人的利益遭受了无法挽回的伤害。这种满盘皆输的结果无疑直接制约了《企业破产法》(以下简称《企业破产法》)在防范化解企业债务风险、保护债权人及时公平清偿利益、确保企业有序退出等方面的功能实现,而打破这种"囚徒困境"的一个现实路径就是在当前的法律框架内对破产申请人的范围进行适当地扩张。如何扩张,先从一个案例说起。

2013年4月,A、B、C三家公司共同出资6000万元成立有限责任公司D,分别持股16%、50%、34%。D公司成立后,股东长期对抗,经营管理发生严重困难,且连年巨额亏损,经法院强制执行

[①] "囚徒困境"是博弈论中非零和博弈的典型例子,反映出的深刻问题是个体的理性有时可能导致集体的非理性,最终的选择既不是双方利益的最佳选择,也损害了集体的利益。

仍然无法清偿到期债务。基于 D 公司出现的僵局情形,A 公司于
2018 年 11 月向法院提起公司解散诉讼。2019 年 2 月,法院作出
强制解散 D 公司的判决。但判决生效后,因股东对抗,无法就公
司清算事宜达成一致,D 公司迟迟未成立清算组进行清算,D 公司
的债权人也不愿申请 D 公司进行破产清算。2019 年 4 月,A 公司
根据《企业破产法》第七条第三款规定,向法院申请对 D 公司进行
破产清算。

　　该案例显然已满足"企业法人已解散但未清算或者未清算完
毕"和"资产不足以清偿债务"这两个前提条件,问题在于 A 公司
作为 D 公司的股东之一,是否属于"依法负有清算责任的人"的范
畴,有没有申请破产清算的义务? 在债权人和债务人均不申请破
产的情况下,能不能采用明确股东破产清算义务的方式把债务人
推入到破产程序中? 如果可以,其义务的基础规范为何? 正当性
与合理性在哪? 股东承担破产申请义务的具体规则又是什么? 对
于这些问题,全国人民代表大会常务委员会法制工作委员会在其
编著的《中华人民共和国企业破产法释义》一书中没有直接给出答
案[1],在经典教科书如韩长印教授的《破产法学》中也没有对此进
行讨论[2]。唯一可以确定的是,公司清算过程中的清算组属于第
三款规定的范畴,但《企业破产法》对清算责任人的概念和范围尚
没有明确的界定。这给破产审判实践造成了类似于上述案例中的
困扰,并直接体现在破产法第七条的三款规定适用的极不平衡局
面。如下图所示,在中国裁判文书网中,以"与破产有关的纠纷"为

---

① 全国人民代表大会常务委员会法制工作委员会:《中华人民共和国企业破产法释
　义》,法律出版社 2006 年版,第 19—20 页。
② 韩长印:《破产法学》,中国政法大学出版社 2016 年版,第 43 页。

案由,分别以三款规定作为法律依据的检索结果差异很大,第二款的适用案件占比是第三款的 20 倍。

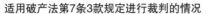

适用破产法第7条3款规定进行裁判的情况

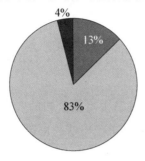

■ 第一款债务人　□ 第二款债权　■ 第三款清算责任人

　　为解决因无人提出破产申请而影响债务公平清偿的问题,有学者认为应采取对"债务人"进行扩大解释或者增加申请破产权利主体的方式,明确债务人的股东、法定代表人、董事等均应在债务人丧失清偿能力时负有申请破产的义务①。但本文不认可这种解释方式,本文认为应坚持在同一部法律中对相同概念作出相同解释的原则,不应为了解决某个问题而对特定概念进行扩大解释。本文拟采用法教义学的立场,在不突破现行法的基础上,梳理现行的《中华人民共和国民法总则》(以下简称《民法总则》)、《企业破产法》、《中华人民共和国公司法》(以下简称《公司法》)、《中华人民共和国侵权责任法》(以下简称《侵权责任法》)和最高人民法院指导性案例的裁判要旨,对《企业破产法》第七条第三款规定的"依法负

---

① 汤维建：《破产程序与破产立法研究》,人民法院出版社 2001 年版,第 4 页；白江："公司不能或资不抵债时申请破产的义务与责任",载《华东政法大学学报》2008 年第 1 期。

有清算责任的人"进行解释,并在此基础上建构出有限责任公司的股东在公司解散后的破产申请义务与责任的裁判规则。本文讨论的对象是有限责任公司的股东,下文所称的公司特指有限责任公司。

二、探究:股东破产申请权利与义务的教义学解释

本文研究认为,明确有限责任公司的股东作为清算责任人在公司解散后仍享有或承担破产申请的权利与义务具有充分的法律依据和法理基础,与域外破产法实践经验相符,也有利于打破现实中的"囚徒困境"、保护中小投资者和债权人的合法权益,是防范和化解企业债务风险、优化企业营商环境的有效途径。

(一) 股东属于法定的清算责任人

1.《公司法》及司法解释、指导性案例有明确规定

现行《公司法》第 183 条规定,公司应当在法定的解散事由出现之日起十五日内成立清算组进行清算,其中有限责任公司的清算组由股东组成。对于违反该条规定的法律责任,《最高人民法院关于适用〈中华人民共和国公司法〉若干问题的规定(二)》(以下简称《公司法解释(二)》)第十八条、第二十条规定,若股东怠于履行清算义务,未在法定期限内成立清算组开始清算或者未经清算即办理注销登记,给债权人造成损害的,股东应当对债权人承担赔偿责任。最高人民法院于 2012 年 9 月 18 日发布的第 9 号指导性案例即"上海存亮贸易有限公司诉蒋志东、王卫明等买卖合同纠纷案",进一步指出有限责任公司的股东应当依法在公司被吊销营业执照

后履行清算义务,不能以其不是实际控制人或者未实际参加公司经营管理为由,免除清算义务①。

实际上,最高人民法院对《企业破产法》第七条第三款所指的"依法负有清算责任的人"进行过范围界定,其主要表述有:"包括未清算完毕情形下已经成立的清算组,以及应清算但未清算情形下依法负有启动清算程序的清算义务人,即有限责任公司全体股东,或者股份有限公司董事和控股股东"以及"包括企业法人解散后自行清算或强制清算中成立的清算组,以及企业法人解散应当清算但未组成清算组开始清算时的企业的出资人等清算义务人"②,即包括两类群体:一是清算组,二为清算义务人,即有限责任公司的股东和股份有限公司的董事、控股股东,前者是特指已经清算但未清算完毕的情形,后者是指应当清算但未清算的情形。

上述清算组、清算义务人和清算责任人在概念上有一定的联系,但又有实质上的区别。清算组是在清算程序中负责具体清算事务的组织,可能由股东或者法院指定的人组成,亦称之为清算人;清算义务人是基于其与公司的特定法律关系而在公司出现解散事由后依法负有组织清算组、启动清算程序义务的民事主体,当清算义务人直接担任清算组成员进行清算时,两者发生主体竞合;清算责任人是破产法所创设的概念,主要承担在法定情形下向法院申请破产清算的责任,包括清算组和清算义务人。股东的清算

---

① 最高人民法院:《最高人民法院指导性案例(2011 年 12 月—2016 年 5 月)》,人民出版社 2016 年版,第 33—35 页。

② 最高人民法院民事审判第二庭:《最高人民法院关于企业破产法司法解释理解与适用——破产法解释(一)、破产法解释(二)》,人民法院出版社 2017 年版,第 81 页、第 575 页、第 601 页。

义务与股东权利有相关关系,强调股东享有公司法赋予的权利与负担设定的义务之间的一致性与平衡性。而清算责任与清算义务具有广义上的一致性,在狭义上清算责任更强调清算行为的强制性和不履行清算义务引起的不利法律后果。

2.《民法总则》第七十条并未否认股东的清算义务

2017 年 10 月 1 日起施行的《民法总则》涉及到大量公司法领域的规定,目前对两者不一致时适用《民法总则》还是《公司法》的规定尚有争议。按照最高人民法院审判委员会刘贵祥专委于 2019 年 7 月 3 日在全国法院民商事审判工作会议上的讲话,《民法总则》与《公司法》的关系是一般法与民商事特别法的关系,两者不一致时,应当适用《公司法》的规定。《民法总则》第七十条第二款的前半句定义清算义务人为"法人的董事、理事等执行机构或者决策机构的成员",这反映了当前公司法逐渐从股东会中心主义转为董事会中心主义的发展趋势。但该款后半句"法律、行政法规另有规定的,依照其规定"给予了当前《公司法》及其司法解释的适用空间,并未否定股东的清算义务与责任。不过在今后的司法实践中,应当明确《民法总则》第七十条创设的第三类清算责任人,即公司的董事、理事等的清算义务。

(二)明确股东的破产申请权利与义务不宜附加其他条件

从法教义学的分析角度,本文认为给股东申请破产添设过多前置条件并不符合法律原意,也不利于实现债务企业的有序退出。

1. 任一股东均可申请已解散的公司破产

首先,从文义解释的角度,《公司法》第一百八十三条和《公司法解释(二)》第十八条、第二十条都没有对股东的清算义务附加股权份额、表决权比例等条件。而且《公司法》第三十七条、第四十三条规定，股东会有权对公司合并、分立、解散、清算或者变更公司形式作出决议，其中公司合并、分立、解散或者变更公司形式的决议必须经代表 2/3 以上表决权的股东通过，但唯独没有对通过清算公司决议的表决权比例作出强制性规定。

其次，从体系解释的角度，《企业破产法》第七条的三款条文分别规定了债务人、债权人、清算责任人的申请资格，这显然是互不相属的关系。如果对第三款清算责任人的股东数量、股权份额、表决权比例作出要求，将不可避免地与第一款规定相互冲突：若全体股东就破产清算事宜能够达成一致，则完全可以由债务人自己根据《企业破产法》第七条第一款的规定来申请破产，大可不必专门作出第三款的规定。

再次，从目的解释的角度，《企业破产法》第七条第三款的立法目的是为了顺利处置已出现管理僵局的"僵尸企业"，避免因股东对抗或实际控制人下落不明等情况导致无法清算。出于保护中小投资者和债权人的权益的目的，明确其中的个别股东申请公司破产清算，应是《企业破产法》第七条第三款的应有之义。

最后，从类推解释的角度，强制清算与破产清算在法理上具有一定的共通性，都是为了解决公司自行清算不能问题。《公司法解释(二)》第七条和《最高人民法院关于审理公司强制清算案件工作座谈会纪要》第七条规定，公司逾期不进行清算或拖延清算，若债权人未提起清算申请，股东可以提起强制清算申请。最高人民法院特别指出现行法律没有规定一定持股比例之下或一定持股时间以内的股东可以不履行清算义务，应该赋予任何股东提起强制清算的权利,股东的强制清算申请权不应当受持股比例的限制①。这一规定以及规定背后的法理应可以适用于破产清算中,任一股东均可以并应当及时申请已解散的公司破产。

2. 股东可不经强制清算程序而直接申请破产清算

有观点认为,在公司未自行清算的情况下,股东应先申请强制清算,若清算过程中发现公司资不抵债,再由清算组向法院申请破产清算。这种观点本身是符合《公司法》及其司法解释规定的,但若股东申请强制清算时就已有证据证明公司达到破产界限时,再严格适用这套程序便有僵化适法之嫌,也不符合立法原意。从强制清算和破产清算制度的设计目的来看,强制清算程序是以全额清偿债务为前提的,而破产清算是因债务人资不抵债从而按照公平受偿的原则进行清偿债务。《企业破产法》第七条第三款"依法负有清算责任的人应当向人民法院申请破产清算"的"应当"既是对清算责任人的义务规定,也可以理解为债务人资不抵债时排除适用强制清算的程序要求。而且如果非要给股东申请破产清算设置一个强制清算的前置程序也是对司法资源的浪费,为简化程序,节省司法资源与诉讼时间,更好地保障债权人的合法权益,应当明确股东可不经强制清算程序而直接申请破产清算。而且根据最高人民法院的观点,人民法院收到强制清算申请时就已有证据证明公司已经达到或极可能达到破产界限的,应驳回当事人申请,告知其另循破产途径解决②。

---

① 最高人民法院民事审判第二庭:《最高人民法院关于公司法解释(三)、清算纪要理解与适用》,人民法院出版社 2016 年版,第 480 页。
② 最高人民法院民事审判第二庭编著:《最高人民法院关于公司法解释(三)、清算纪要理解与适用(注释版)》,人民法院出版社 2016 年版,第 499 页。

3. 不附条件地明确股东的破产申请权利与义务既不会破坏公司的人合性基础，也不会损害债权人的合法权益

保护有限责任公司的人合性基础是公司法的宗旨和目的，而保护债权人的合法权益是破产法的宗旨和目的。根据《企业破产法》第七条第三款规定，股东申请公司破产清算必须同时符合3个条件：公司已经解散；公司未成立清算组开始清算；公司资不抵债即已出现破产原因。在如此严格的条件限定下，不设持股比例、股东会决议等条件地明确股东的破产申请义务不会损害有限责任公司的人合性基础，不会出现因为持有微小股权的股东随意申请破产而给公司稳定经营造成破坏的情况。因为此时公司已经解散，人合性基础已经丧失。尤其是在强制解散的场合，人民法院已经用生效判决否定了公司的人合性。若此时再考虑是否损害公司的人合性，而不允许股东申请公司破产，显然会与强制解散的判决发生冲突。此外，明确股东的破产申请义务也不会损害债权人的合法权益。对债权人而言，在债务人已经被解散又具备破产原因的情况下，最好的债权保护方式就是尽快启动破产程序，在破产法的框架内公平受偿，以避免出现债务人转移财产、出资人侵吞财产等导致债权人权益受损的情形。

（三）明确股东的破产申请权利与义务具有比较法基础

域外国家对破产申请主体的资格限制较少，除债权人、债务人外，具有类似债务人地位的准债务人，例如董事、理事、股东等也享有破产申请权。而且准债务人提出破产申请一般不需要理事会或董事会作出决议，也不需要以多数人提出，一个人就可以提出破产申请。在法定情况下，准债务人如违背义务，不依法提出破产申

请,则给予法律处罚①。

日本破产法规定,债务人"不能清偿"或"资不抵债"时,除了债权人和债务人(《日本破产法》第十八条第一款)以外,法人的理事、董事、有限责任公司的业务执行社员②、清算人等都具有申请开始破产程序的权利(《日本破产法》第十九条第一款、二款)③。其中的清算人类似我国的清算组,由业务执行社员、章程规定的人、经半数社员同意确定的人员担任(《日本公司法》第六百四十七条第一款),发现公司财产明显不足以清偿债务的,应及时申请开始破产程序,否则须对公司连带承担由此造成的损害赔偿责任(《日本公司法》第六百五十二条)。在公司更生程序中,债务人有可能具备破产原因事实时,表决权占 1/10 以上的股东可以申请开始公司更生程序(《日本公司更生法》第十七条第二款第二项)。

德国破产法规定,如果债务人是法人或无法律人格的公司,债务人代表机关的任何一员(董事、经营主管)、任何负个人责任的股东、公司已经清算时的任何清算人,都可以为债务人提出申请(《德国破产法》第十五条第一款第一句)④。德国破产法还规定了债务人一方的破产申请义务,如果法人机关违反它的申请义务,对于因此造成的损失,除债务人外,其他人也要以私人财产承担责任。拖延申请的申请义务人还必须补偿债权人的程序费用预付款或者自

---

① 王欣新:《破产法》,中国人民大学出版社 2007 年版,第 65 页。

② 日本公司法将有限责任公司的股东称为"社员",所谓"业务执行社员"是指有限责任公司依据章程设立的代表公司执行业务的股东,担任业务执行社员并无人数、出资额、表决权等方面的特别要求。

③ [日]山本和彦:《日本倒产处理法入门》,法律出版社 2016 年版,第 12 页。

④ [德]莱因哈德·波克:《德国破产法导论》,北京大学出版社 2014 年版,第 40 页。

已支付预付款。

英国破产法规定,当公司无力清偿债务,公司或董事、任何一个或多个债权人、一个或多个责任分摊人、已进入自愿清算阶段的官方接管人等(1986 年《英国破产法》第一百二十四条)都可以申请启动破产清算程序。其中的责任分摊人包括公司过去和现在的股东,只要在提出申请前 18 个月中至少有 6 个月持有该公司股份的股东即可申请清算令[①]。

(四) 司法实践中已有股东申请公司破产清算的先例

在援引《企业破产法》第七条第三款作出裁判的案例中,绝大部分都是清算组在强制清算或自行清算过程中发现资不抵债,然后申请法院进入破产程序的案例。但也有股东申请公司破产的先例。

第一,广州市中级人民法院作出的(2017)粤 01 破 85－1 号民事裁定。该案申请人广州市东建实业集团有限公司系被申请人广州市东建南洋经贸发展有限公司的股东之一,在公司已被吊销营业执照且严重资不抵债的情况下,向法院提出的破产清算申请得到了法院的支持。

第二,徐根才所著《破产法实践指南》记载的浙江省江山市人民法院受理的浙江天龙包装材料有限公司破产清算案。该案申请人江山南方水泥有限公司系被申请人浙江天龙包装材料有限公司的股东之一,在公司被强制解散又无资产可供分配的情况下,其提

---

① ［英］费奥娜·拖米:《英国公司和个人破产法》,汤维建、刘静译,北京大学出版社 2010 年版,第 173 页。

出的破产申请得到了法院支持[1]。

第三,北京市第二中级人民法院作出的(2014)二中破预初字第 01348 号民事裁定。该案申请人连云港如意集团股份有限公司系被申请人长江农业开发有限公司的股东之一,虽因不能提交资不抵债的相关证据而未被受理。但在该案中,其裁定明确了"连云港公司系长江农业公司的股东之一,系长江农业公司的清算责任人",肯定了申请人的主体资格。

(五) 明确股东破产申请权利与义务是现实所需、共赢之举

明确股东的破产申请权利与义务除了有利于打破无人申请破产的"囚徒困境",还有非常重大的现实意义,是共赢之举。

1. 有利于保护中小投资者利益,优化和改善营商环境

优化和改善企业营商环境是当前民商事审判工作的重点所在。根据世界银行每年发布的《营商环境报告》,"保护少数投资者""办理破产"是其中两项重要的考核指标,对少数投资者的司法保护程度越高,在企业治理中的权利越大,运行破产程序的时间越短、成本越低,则得分越高[2]。而在大股东故意拖延申请破产清算的情况下,明确中小股东即少数投资者的破产申请权利和义务,可以有效地避免其继续遭受"大股东压迫",保护其投资权益。这也可以倒逼控股股东更加重视中小股东在公司经营管理中的作用,形成良性互动。而且不设其他条件地赋予中小股东破产申请权,

---

[1] 徐根才:《破产法实践指南》,法律出版社 2018 年版,第 34 页。
[2] 世界银行:Doing Business, https://chinese. doingbusiness. org/zh/doingbusiness,最后访问时间 2019 年 7 月 7 日。

也将极大地减少破产程序运行时间,节约诉讼成本,有助于优化和改善企业营商环境。

2. 有利于维护债权人合法权益,防范和化解债务风险

债权人的合法权益是破产法所关注的重点。对债权人合法权益的保护,就是使债务人以其最大的偿还债务能力,最大限度地满足债权人的利益①。现实中的一些债务企业早已出现财务困难,丧失清偿债务的能力,却隐瞒债务或虚构债权,大肆举债,导致债务规模越来越大,严重损害债权人合法权益。明确股东的破产申请义务与责任,也可以督促股东及时申请企业破产清算,减小企业的债务规模,防范和化解债务人的债务风险,避免给债权人利益造成程度更为严重的损害。

3. 有利于处置"僵尸企业",确保企业有序退出市场

在破产审判中运用法治手段化解产能过剩、淘汰"僵尸企业"是确保企业有序退出市场的重要方式,对促进供给侧结构性改革目的的实现有重要作用。相对于"僵尸企业"的庞大存量和巨额增量,全国法院受理的破产案件数量可谓是"九牛一毛"。据媒体报道,2017 年上半年全国各地工商部门吊销企业 45.6 万户②,而全国法院 2017 年审结的企业破产案仅有 6257 件③。现实中很多企

---

① 全国人民代表大会常务委员会法制工作委员会:《中华人民共和国企业破产法释义》,法律出版社 2006 年版,第 12 页。

② 人民网:"2017 上半年各地吊销'僵尸企业'45.6 万户",2017.8.28(2019.7.7),http://leaders. people. com. cn/n1/2017/0809/c58278-29459397. html,最后访问时间 2019 年 7 月 7 日。

③ "全国法院 2017 年审结企业破产案 6257 件",载《经济日报》,https://baijiahao. baidu. com/s? id=15941959468082329388&wfr=spider&for=pc,最后访问时间 2019 年 7 月 7 日。

业被吊销执照都是由于其长期未开展经营,甚至"人去楼空"。而明确股东尤其是中小股东的破产申请义务,无疑给处置"僵尸企业"提供了一个有力抓手和突破口,在大股东去向不明的情形下,通过督促小股东申请破产的方式推动破产程序的进行,从而确保企业有序地退出市场,为市场经济运行创造良好的环境。

三、规则:股东破产申请权利与义务的边界

上文从法教义学的立场,对股东作为清算责任人的破产申请义务进行了解释,明确了股东破产清算义务的理论可行性和现实必要性。为了保护中小投资者的合法利益,避免股东清算责任和破产申请义务的过分扩大,还需要对义务边界进行讨论。

如前所述,除非作为清算组成员,股东并不负担执行具体清算事务的职责。根据《公司法》及其司法解释的规定,股东作为清算义务人的主要义务在于认真保管公司主要财产、账册、重要文件等,公司出现解散事由后,及时选任清算组成员、启动清算程序;公司未能在法定期限内成立清算组开始清算,债权人亦未申请清算的,则应积极向法院申请强制清算,若公司已达到破产界限的,还应当作为清算责任人向法院申请破产清算;清算组成立或管理人选定后,股东还应积极配合清算事宜。这些义务并不区分其所持股权的比例以及是否参与公司经营,不因不是实际控制人或者未实际参加公司经营管理而得以免除。但在把握这些清算义务和责任,认定股东应当对债权人的损失承担赔偿责任时,应当严格按照《公司法解释(二)》第十八条、第十九条、第二十条、第二十一条以及《侵权责任法》《民法总则》的相关规定,做到以下四点:

第一，股东承担赔偿责任的前提是怠于履行清算义务，即可以作为却不作为。如果股东已经积极履行了选任清算组成员、申请强制清算等义务，不能自行清算是公司实际控制人原因造成，并不存在故意拖延、据不配合清算等行为的，则不构成怠于履行清算义务。第二，缺少侵权行为与损害后果之间的因果关系可以阻却股东的损害赔偿责任。若股东本身就不掌握公司主要财产、账册、重要文件，也不存在破坏公司财产、销毁账册等行为，并没有直接导致"无法进行清算"的后果，亦不承担损害赔偿责任。第三，股东可以提出诉讼时效抗辩。债权人对股东的损害赔偿请求权仍属于债权请求权的范畴，根据《民法总则》的规定，可以适用 3 年的诉讼时效。根据《公司法》第一百八十三条规定，公司应当在法定的解散事由出现之日起十五日内成立清算组进行清算。股东提出时效抗辩的，应当自债权人知道或应当知道公司出现法定解散事由之日起算诉讼时效。第四，准确把握举证责任的公平分配。股东对债权人造成的损害在性质上属于过错责任，按照《侵权责任法》的一般规定，权利人应当对构成侵权的行为、损害事实、因果关系和过错要件承担举证责任。但因债权人通常对债务人的内部治理和经营管理并不了解，在某些场合适用过错推定更具有合理性和公平性，例如在认定股东是否存在怠于履行清算义务的事实时，应由股东对自己积极履行清算义务的事实承担举证责任，否则就推定过错的存在。

结合本文研究，现归纳提炼股东破产申请权利与义务的裁判规则如下：

第一条 【股东的清算义务】有限责任公司的股东依法负有自行组织清算、申请强制清算和破产清算的义务，应当在公司出现法定的解散事由后积极履行清算义务,不能以其不是实际控制人或者未实际参加公司经营管理为由,免除清算义务。

第二条 【强制清算与破产清算的衔接】有限责任公司已解散但未清算,且资产不足以清偿债务,其股东有权依照《企业破产法》第七条第三款规定申请公司破产清算。

股东依据相关规定申请强制清算,立案审查时就已有证据证明公司已经达到破产界限的,人民法院应当驳回股东的强制清算申请,告知其依照第一款规定申请破产清算。

第三条 【有权提起破产清算的股东范围】有限责任公司的股东依法申请破产清算的,不受持股比例和持续持股时间的限制。

第四条 【破产申请书与证据】股东向人民法院提出破产申请,除应当提交《企业破产法》第八条规定的破产申请书与证据以外,还应提交债务人已经发生解散事由以及对债务人享有股权的有关证据。

第五条 【股东侵权诉讼的举证责任】有限责任公司的股东怠于履行自行清算、强制清算或破产清算义务,债权人向股东主张侵权损害赔偿的,股东应当就其积极履行清算义务的事实以及其行为与损害之间不存在因果关系承担举证责任。

第六条 【股东侵权诉讼的诉讼时效】债权人因股东怠于履行清算义务而产生的赔偿损失请求权的诉讼时效期间,从其知道或者应当知道公司出现法定解散事由之日的第 16 日起计算。

浅谈预重整及其在我国的发展现状

曹爱武　　尤子谦[①]

一、预重整理论与价值分析

(一) 预重整的基本内容

预重整(prepackaged bankruptcy)是 20 世纪 80 年代在美国破产实践中发展起来的一种重整模式,后被美国破产法典接受并予以制度化。2005 年美国破产法修订后进一步加大了司法重整程序的难度,很多债务企业纷纷转向预重整制度,这在客观上也促进了预重整制度的发展。迄今为止,美国制定了最完善的预重整规则,并且在司法实践中运用得也最广泛。

从内容上来说,预重整是指发生经济困境的债务企业主动与债权人就企业复苏与债务清理方案进行谈判,并就谈判结果制订重整方案。该方案在获得大多数债权人表决同意后,将该方案提交法院确认,以使得该方案能够约束所有人,特别是那些反对的债

① 作者简介:曹爱武,男,四川豪诚企业清算事务所有限公司董事长、中国政法大学破产法与企业重组研究中心研究员;尤子谦,男,西南财经大学法律硕士、执业律师。

权人。从程序上来说,预重整是将法庭外谈判取得的谈判结果通过司法重整的方式进行确认,预重整是法庭外谈判和司法重整的衔接程序。

(二) 美国预重整的主要规则

美国预重整的法律规制体系主要包括联邦破产法、联邦破产程序规则、各州破产法院预重整的司法判例以及各个破产法院制定的预重整指引。

联邦破产法第 1102 条(b)、1121 条(a)和 1126 条[①]是预重整的主要规则。第 1121 条(a)规定:债务人可以在向法院提出破产申请的同时一并提出已经制作好的重整计划,也可以在主动申请破产或被申请破产后随时提交重整计划。而预重整制度最重要的一则规定在第 1126 条(b),该条款一方面对预重整程序进行了单独许可,另一方面也对预重整期间的信息披露和征集投票程序提出了要求,主要内容为:如果重整申请人在重整申请以前已经制定重整计划,并按照破产法及相关法律的规定对其进行了征集投票,且信息披露充分,那么债权人或股东在重整申请之前表达的接受或拒绝重整计划的意见,将被认为是对重组计划进行了接受或拒绝。破产规则第 3018 条(b)[②]则对预重整征集投票的程序做了进一步明确,是对联邦破产法的补充。

美国一些州的破产法院制定了自己的预重整规则,比如说纽

---

① 参见《美国破产法》第 1102 条 b 款、第 1121 条 a 款、第 1126 条。
② 参见《美国联邦破产规则》第 3018 条 b 款。

约南区破产法院预重整程序指引[①]、加利福利亚南区破产法院预重整指引[②]等。虽然这些法院制定的文件只是某一类程序的指引,不一定强迫当事人和法院必须适用,但是它让预重整程序化,从而更具操作性,确保了法院和当事人在程序理解上的一致性。这使得预重整的参与人知道在哪一阶段应该要做哪些事情,减少了因程序而产生的分歧,进而推动了债务企业通过预重整方式来实现重整。

(三) 预重整、庭外重组、司法重整的关系

庭外重组的内容可以概括为谈判,其本质是一种私力救济;司法重整的内容可以概括为谈判和审查,其本质是一种司法救济。如果没有预重整制度的衔接,庭外重组和司法重整就原本是两个彼此独立、互不干涉的程序。实务中,债务企业在面临困境时,通常会主动寻求谈判,甚至已经形成了债务重组方案,却因其它原因谈判失败,导致之前取得的谈判成果付之东流,债务企业不得不进入司法重整。司法重整管理人又会按照破产法的规定组织谈判,在规定时间内制定出能尽可能满足各方利益的重整计划,交由法庭裁决。而事实上,在司法重整的谈判阶段,又会再次重复庭外重组的谈判工作,导致重整效率的下降。

预重整制度兼具法庭外的意思自治和法庭内的司法审查,是庭外谈判和庭内审查的混合体。一方面,它整合了庭外谈判和庭

---

① Procedural Guidelines for Prepackaged Chapter 11 Cases in the United States Bankruptcy Court for the Southern District of New York.

② Local Rules of The United States Bankruptcy Court for the Southern District of California, Guidelines for Prepackaged.

内审查的内容,合并相同的工作内容,让庭内和庭外不再重复相同的工作,从而提高了债务企业的重组效率;另一方面,它把既有的庭外重组谈判延伸到了法庭内,把既有的庭内审查规则延伸到了法庭外。预重整是这两个程序的衔接器,让庭外谈判和庭内审查不再是两个彼此独立的程序,从而降低了债务企业的重组成本。

下图是三种程序的关系图:

```
    谈判              谈判+审查
   庭外重组           司法重整

      庭外谈判   庭内审查
         预重整
```

预重整第一阶段是庭外谈判,由债权人、债务人就破产重整企业的相关债权债务达成协议,形成最初的重整计划;第二阶段则是司法重整阶段,主要是由法院对第一阶段的重整计划进行确认。其主要特点归纳如下:①申请司法重整之前,债务人已经与债权人进行商谈,并就谈判结果形成预重整计划;②预重整计划已经按照相关程序进行表决,且获得相当部分债权人的赞成票;③在申请司法重整时,将预重整方案一并提交;④法院快速对预重整方案进行审查并确认,并使之对所有人产生效力。

美国 Stephen H. Case 和 Mitchell A. Harwood 教授在一项调查中将预重整和司法重整程序进行比较,并认为两者最大的区别在于向法院申请适用破产法第 11 章的时间:司法重整程序第一步就需要按破产法 11 章的规定提起重整申请;而在预重整程序中,则是在第 4 步才需要向法院申请适用第 11 章破产重整程序[1]。

两者的区别,如下图:

Classic	Prepackaged
1. File chapter 11 petition	1. Arrive at chapter I 1 plan
2. Arrive at chapter 11 plan	2. Circulate disclosure materials
3. Circulate disclosure materials	3. Creditors and shareholders vote
4. Creditors and shareholders vote	4. File chapter 11 petition
5. Confirmation hearing	5. Confirmation hearing
6. Consummation	6. Consummation

(四) 预重整的价值分析

预重整从诞生之初就是为了解决庭外重组与司法重整的衔接问题,这是其自身的优势所在。但是任何一项制度都无法最优化地解决各方的利益冲突。从这方面来说,预重整也有自身的局限性。

1. 预重整的优势

预重整的精髓在于发挥私人自治谈判的效率优势,在进入司法重整之前达成协议,缩短审理时间,减少对债务企业正常经营的负面影响,提前司法重整中的谈判时间,弥补司法重整的缺陷。

---

[1] Stephen H. Case and Mitchell A. Harwood, *Current Issues in Prepackaged Chapter 11 Plans of Reorganization and Using the Federal Declatory Judgment Act for Instant Reorganizations*, Ann. Surv. Am. L. ,1991.

其优势主要体现在以下几个方面：

	1989	1990	1991	1992	1993	1994	1995	1996	1997	1998	1999	2000	2001	2002	2003	2004	2005
司法重整	1004	776	743	516	507	720	917	881	905	672	780	688	668	550	742	500	579
预重整	287	182	108	71	178	84	75	148	102	120	274	213	279	191	149	140	211

预重整与司法重整时间平均值比较

第一,耗时短,成本低。在司法重整程序中需成立债权人会议,还有股东和利害关系人的参加,流程复杂,人数众多,耗时较长,并且会产生一系列费用,如管理人费、律师费、财会审计人员等费用。而在预重整程序中,债务企业在庭外谈判阶段就已经同债权人达成了预重整方案,在投票征集意见之后一并向法院提交,而法院在司法重整阶段则只需要对信息披露情况和征集投票的程序进行审查。预重整阶段设立的债权人委员会也可以在司法重整程序中继续担任,而不必重新设立①。根据 Betker 教授对美国 1986 年至 1993 年期间运用预重整模式进行重整的 49 家公司进行实证研究的结果表明,自法院收到重整申请之日起至重整计划被法院批准,平均时间为 2.5 个月;在重整花费方面,整个重整过程所花费的成本(包括律师费、财会专家费等)为申请破产前企业资产的

———————

① 参见《美国破产法》第 1102 条(b)(1)。

2.8%[①],将这些数据与司法重整的统计数据对比之后得出的结果,证实了预重整模式花费的时间和资本远远低于司法重整。而根据 BRD 数据库对美国 1989 至 2005 年期间重整案例的数据的统计,也可以直观地看出,预重整较司法重整所花费的时间更短[②]。

第二,不丧失控制权,商业影响较小。在司法重整中,债务企业的经营和财务状况,要受到法院、债权人的监督,债务企业由管理人接任。企业不仅要面对经营上的风险,还要面对丧失控制权的风险[③]。而预重整程序启动则非常便捷,不必经过法院的立案审查,法院也不会在庭外谈判阶段介入企业的经营管理,最大限度保留债务企业的自主运营权利,企业的管理层也可以根据客观需要自由灵活地处理相关经营事务,保证企业的正常经营。按我国《企业破产法》规定,"开弓没有回头箭",一旦重整不成功,则有可能进入破产清算,因此债务企业不敢轻易启动司法重整程序。而且在司法重整期间,企业普遍会面临着客户和供应商的不信任,企业核心员工的动荡以及消费者的脱离,导致企业出现商业信誉的风险,重整周期越长,该风险会逐步加剧。如今,自媒体等通信发达,信息流通的速度更快,这种风险更会成倍地放大。而预重整所花费的时间较短,风险则进一步缩小,债权人会认为企业的财务状况还没有特别严重,也愿意给企业喘息的机会,坐下来谈判。

---

① Brian L. Betker, *An Empirical Examination of Prepackaged Bankruptcy*, Vol. 24, No. 1, 3 - 18, 1995.

② 数据来源 BRD、胡利玲:《困境企业拯救的法律机制研究》,中国政法大学出版社 2009 年版,第 295 页。

③ David G. Epstein 等:《美国破产法》,韩长印等译,中国政法大学出版社 2003 年版,第 837 页。

第三,解决"钳制"问题,约束所有债权人。参加庭外重组谈判各方的利益诉求不同。假设某债务企业有 5 个债权人,且清偿顺序相同,其中 4 家债权人已经同意了重整方案,而第 5 家债权人不同意该方案,他对债务企业的请求权仍然保持不变,那么就有可能牺牲前 4 家债权人的利益,而让第 5 家债权人获利。如果前 4 家债权人约定必须以所有债权人同意为前提,那么第 5 家债权人的不同意决定则会阻碍整个谈判结果的进行。在债务结构越复杂、债权人越多的案件中,就会有更多的"钉子户"来钳制整个谈判结果的达成。预重整在这种情况下就显示了其优越性,对于这些顽固的"钉子户",可以启动司法重整程序,使得对大多数债权人发生效力的预重整计划,也对这些少数"钉子户"发生效力[①]。

第四,信息披露要求更严格。在预重整模式下,只有当债权人全面了解了企业相关的经营、财务状况后,才会提供与债务企业谈判的空间。因此,债务企业一般都会主动向债权人披露企业相关信息,以争取和债权人坐下来协商谈判的机会,让债权人相信企业仍具有拯救的价值。而在美国破产法上,预重整相较于司法重整则有着更严格的信息披露要求[②]。在司法重整程序中,异议债权人在收到法院要求企业披露的信息说明后,债务企业才能要求债权人对重整计划进行表决,也就是说在司法重整程序中,如果债务企业披露信息不充分,法院随时可以要求债务企业补充披露材料;而预重整则与之相反,债务企业可以在法院审查信息披露情况之前,请求债权人对预重整方案进行表决,而后再由法院审查信息披

---

① 齐砺杰:《破产重整制度的比较研究》,中国社会科学出版社 2016 年版,第 202 页。
② 胡利玲:《困境企业拯救的法律机制研究》,中国政法大学出版社 2009 年版,第 220 页。

露是否充分,如果法院认定信息披露不够充分,则会导致预重整方案不被法院通过,而在这种情况下,一般是不能通过债务企业补充披露信息来挽救的。这反而促进债务企业更加注重信息披露的充分程度,以免在司法重整阶段"落人口实"而影响全局。

2. 预重整的局限

第一,适用范围有限。预重整期间的主要内容是谈判,对于债权结构复杂、债权人人数众多的企业,各方的利益分歧点更大,通过商业谈判很难形成较为统一的意见,因此预重整较为适合处理债权结构简单、债权人人数较少的企业①。同时,如果债务企业在谈判过程中缺乏主导能力,那么整个谈判过程将会呈现出胶着状态,很难取得有效的谈判结果。由此引申出来一个条件,就是在预重整阶段,债务企业必须至少征得一个类别的债权组的同意,或者能取得主债权人的绝对同意,否则债务企业很难在整个谈判过程中取得主导地位,谈判就很容易陷入僵局,预重整也就失去了其价值,反而加大了债务企业的时间成本②。

第二,庭外谈判阶段,对债务企业无"破产保护"。在司法重整程序中可以自动暂停执行,让债务人的资产暂停被债权人执行,给其他债权人公平清偿的机会。而预重整在法庭外谈判阶段则无法获得这样的保护,债务人的财产随时面临被执行和处置的风险,其他债权人可能随时提出强制执行债务人财产或提前申请破产,影响重整计划的推进和参与重组谈判方的最终清偿。

---

① 齐砺杰:《破产重整制度的比较研究》,中国社会科学出版社 2016 年版,第 202—203 页。

② 胡利玲:《困境企业拯救的法律机制研究》,中国政法大学出版社 2009 年版,第 296 页。

第三,缺乏对预重整计划的可行性审查,企业容易再次陷入重整。Lopucki 和 Kalin 教授在某项调查中发现,很多反复重整的企业都有着曾经有过运用预重整程序的前科[①]。分析认为,在预重整程序中,债权债务双方为了快速地达成预重整计划,往往会忽略掉预重整计划的执行力,结果可能就是,预重整无法让企业摆脱困境,企业再次陷入重整漩涡。而另一方面,法院不会对预重整计划的执行力进行实质审查,法官也没有能力判断某项预重整计划是否切实可行,同时,法官也没有理由拒绝一个当事人双方都同意的预重整计划,这就导致法院"走过场"式地批准重整计划,而不是真正地关注预重整计划的可执行性。

二、我国预重整的发展现状及问题

我国《企业破产法》未规定预重整制度,但将法庭外债务重组与司法重整相结合的尝试已越来越频繁,并且取得了不错的效果,为预重整制度的发展积累了宝贵的经验。

(一) 司法制度层面的规制

我国破产法对于重整计划的制定和批准规定在《企业破产法》第 8 章第 2 节,重整计划的提交时间是在法院裁定重整之后,重整计划应当由管理人制作,如果人民法院裁定由债务企业自己管理

---

① L. M. Lopucki and S. D. Kalin, *The Failure of Pubic Company Bankruptcies in Delaware and New York: Empirial Evidence of a Race to the Botom*, Vand. L. Rev., No. 54, 2001, P. 264. 转引自齐砺杰:《破产重整制度的比较研究》,中国社会科学出版社 2016 年版,第 202、205 页。

的,则由债务企业制作重整计划①。我国《企业破产法》并未禁止
在向法院提起重整申请时一并提交重整计划。理论上,重整申请
人可以在提起重整申请时一并提交重整计划,这似乎为预重整制
度的实行预留了空间。但我国《企业破产法》第8章第2节同时规
定了对重整计划的表决程序,其内容是重整计划必须要经过相关
表决程序和人民法院的审查②。于此而言,法官在审查预重整方
案时,在不经过个别债权人的投票情况下,就适用自由裁量权,认
定债权人在申请重整前的投票有效,并发生约束所有债权人的效
力,是没有足够的法律依据的,这也成了预重整实行的一大阻碍。

　　预重整制度缺乏上位法的支撑,最高院也并未制定相关司法
解释,但最高院发布的相关文件多次提到并鼓励各级法院积极探
索庭外重组与司法重整的衔接问题,甚至在某些文件上明确采用
了"预重整"的概念。因为最高院的鼓励和审判实践的需要,很多
基层法院已经在破产法的框架内,运用预重整的方式审理破产案
件。有些人民法院也根据各自的审判实践制定了规范性文件,这
其中比较有代表性的是浙江高院2013年发布的简易破产审判业
务文件(下文称《纪要》③),虽然该文件不具有司法解释的性质,且
效力脆弱,饱受各方的质疑,但其仍然为审判实务提供了指导,并
且取得了不错的效果,有许多值得肯定的地方。笔者统计了近些
年人民法院内部提及预重整制度的规范性文件(诸如会议纪要、意
见等)的数量。从下表的统计结果可以看出,这些文件集中在近些

---

① 《企业破产法》第79、80条。

② 《企业破产法》第82、83、84条。

③ 浙江省高级人民法院:《关于企业破产案件简易审若干问题的纪要》,2013年6月28
日。

年,并且数量比较少,且文件的制作者主要集中在破产审判比较繁荣的江浙一带。实际情况是,很多法院并没有像浙江高院那样出台规范性文件,但却已经在审判实务中运用了预重整模式审理破产案件。我国首例通过预重整方式实现债务重组的人民法院是由德阳中院于 2015 年审理的"中国二重重组案",这开创了预重整模式探索的先河。①

2013.6.28	浙江高院	《关于企业破产案件简易审若干问题的纪要》	第 7 条、第 8 条、第 9 条
2016.8.10	江苏高院	《关于充分发挥破产审判职能作用服务保障供给侧结构性改革去产能的意见》	第 9 条:在法律允许的框架内,积极支持债权人、债务人、战略投资人、管理人为挽救企业所作的预重整等相关工作,营造有利于破产挽救的良好。司法环境。
2017.8.7	最高院	《关于为改善营商环境提供司法保障的若干意见》	第 16 条:积极推动构建庭外兼并重组与庭内破产程序的相互衔接机制,加强对预重整制度的探索研究。
2018.3.4	最高院	《全国法院破产审判工作会议纪要》	第 22 条:探索推行庭外重组与庭内重整制度的衔接。在企业进入重整程序之前,可以先由债权人与债务人、出资人等利害关系人通过庭外商业谈判,拟定重组方案。重整程序启动后,可以重组方案为依据拟定重整计划草案提交人民法院依法审查批准。

---

① 王卫国等:《法庭外债务重组》(第 1 辑),法律出版社 2017 年版,第 177 页。

（二）对浙江高院"预重整"模式的分析

浙江高院《纪要》主要是为了规范简易破产案件的审理，而预重整模式则被囊括到了简易破产程序之中。《纪要》第 7、8、9 条对庭外重组与司法重整的衔接问题进行了规定，这些内容具有明显的预重整特点。

首先，设立预登记模式。对于正在开展庭外谈判的案件，债务企业若考虑预重整模式，可以向人民法院申请备案登记，在备案期间仍然以债务企业自身的谈判为主，人民法院不主动干涉。其次，预登记期间的承诺不可反悔。债权人在预登记期间对预重整计划所作的承诺在进入破产重整程序后仍具效力。这就确认了预登记最重要的制度——承诺的不可反悔性。但该《纪要》只认为预登记期间的承诺不可反悔，那么预登记之外的承诺是否可以反悔？由此看来，预重整的适用方式必须是要到人民法院登记备案之后，相关的承诺才具有不可反悔性。最后，预登记期间达成的协议才具有法律效力。以预登记期间达成的债务清偿方案、资产重组等方案，制定重整计划草案。该条认为预登记期间达成的协议仍然有效，进入破产程序后，需要再次由债权人会议进行确认，并对投反对票的债权人发生效力。

笔者认为，浙江高院《纪要》构建的预重整模型比较符合我国的司法现状。尤其是其创设了预登记的模式，为预重整模式的探索走出了重要一步，但是其仍然存在着很多的问题。

(三) 司法实践的案例分析

1. 杭州怡丰成重整案①

案情介绍：2015 年 3 月,杭州怡丰成房地产开发有限公司开发的"东田·怡丰城"项目因资金链出现问题而停工,在建房屋已经预售出一半,购房债权 1000 多人,其他债权 100 余户,债权额约 18 亿元。2015 年 6 月,杭州余杭人民法院对怡丰成公司破产重整进行了预登记。人民法院在裁定正式受理怡丰成破产重整之前指定管理人,并对项目进行审计,在摸清了整个项目的情况之后,召开已知债权人会议,商讨融资方案和续建方案等,形成预重整方案。在人民法院裁定受理怡丰成破产重整之后,相关方案顺利通过,并重整成功。

案件总结：因为有浙江高院《纪要》对预重整程序的操作指引,怡丰成重整案得以顺利推进。首先,余杭区人民法院依照该纪要的相关内容实行破产预登记;其次,预登记期间由最大债权人召集已知债权人会议,并向人民法院提交会议备案申请;再次,制定已知债权人相关联络、协商机制;最后,就债权人会议召开中形成的方案应当以书面形式记录,债权人的承诺不可撤回,在进入重整程序后对相对人仍具有约束力。

2. 深圳福昌电子重整案②

深圳中院在预重整制度方面做了长期的探索,并首次在深金

---

① 杭州余杭区法院课题组："房地产企业预重整的实务探索及建议",载《人民司法》2016 年第 7 期。

② "深圳中院依法审理福昌公司破产重整案探访",载《人民法院报》2017 年 6 月 25 日第 1 版、第 4 版。

田重整案的法律文书上正是承认预重整程序①。而深圳中院审理的比较有典型代表的案件则是 2016 年审理的福昌电子重整案,该案被广东高院选入 2017 年"服务供给侧结构性改革十大典型案例"②,并在 2018 年 1 月入选人民法院报评选的"2017 年度人民法院十大民事行政案例"③。

案情介绍:深圳市福昌电子技术有限公司主要从事通讯电子产品研发、生产和销售,年产值约 10 亿,员工规模近 4000 人。因经营不善于 2015 年 10 月突然宣布停产,引发了多名供应商和员工维权,造成了社会的不稳定。2015 年 11 月 12 日,其向深圳中院申请重整。次日,深圳中院决定采用预重整方式审理本案,摇号指定深圳市正源清算事务有限公司担任福昌电子公司预重整管理人,进场辅助企业推进重整,为债权人、股东和员工等利益主体先搭建沟通平台。2016 年 6 月 29 日,深圳中院裁定受理福昌电子公司破产重整案。

案件总结:笔者虽未查询到深圳法院对预重整制度的相关规定,但从以上案例可以看出与浙江地区的预重整大同小异,其预重整的程序也是跟浙江高院《纪要》的程序相一致。首先,人民法院对福昌电子的重整申请进行破预字号进行登记立案;其次,召开听证程序听取各方意见,人民法院得到福昌电子各方的意见和态度,认为重整价值和希望较高;再次,先行指定管理人介入,而

---

① 王卫国等:《法庭外债务重组》(第 1 辑),法律出版社 2017 年版,第 113 页。

② "广东高院发布服务供给侧结构性改革十大典型案例",载 http://www.gdcourts. gov.cn/web/content/37255-? lmdm = 2001,2019 年 2 月 13 日访问。

③ "本报评出 2017 年度人民法院十大民事行政案件最高人民法院",载 http://rmfyb. chinacourt.org/paper/html/2018-01/07/content_134056.htm,2019 年 2 月 13 日访问。

不裁定受理重整申请;复次,管理人入住后发布债权申报公告,这样把召开首次债权人会议之前的工作全部提前到预重整阶段;最后,重整计划制定通过后转为司法重整程序,最终重整成功。

我国预重整制度无论是从立法还是司法实践角度都存在不少阻碍。各级人民法院在实务审判过程中只能自行摸索,一方面要进行制度创新,另一方面又必须遵循现有法律。各人民法院"各自为政",适用具体标准不统一,程序规则比较模糊。不可否认的是,预重整确实给法院的审判实务带来了诸多便利,但其依旧存在如下问题。

(四) 我国预重整存在的问题

1. 人民法院主导预重整程序,影响当事人意思自治

预重整最大的特点是当事人通过意思自治的方式达到解决纠纷的目的,人民法院不应当过度干涉,这体现在程序的启动和谈判的过程中。首先,预重整程序启动只能由当事人申请,人民法院不能依职权启动。在怡丰成案和福昌电子案中均出现了法院主动启动预重整程序,并且提前介入庭外谈判阶段的情况。其次,人民法院提前介入谈判阶段,破坏了债权人、债务企业的自由谈判空间。在其它国家则不存在法院依职权启动预重整程序的情况。美国破产法虽未明确规定启动预重整的申请人,但在实践中多为债务人[①],并且法院根本不会介入债务企业的庭前谈判阶段。

---

① 胡利玲:《困境企业拯救的法律机制研究》,中国政法大学出版社 2009 年版,第 227 页。

2. 预重整作为前置程序,有延长法定审限之嫌

在怡丰成重整案和福昌电子重整案中,人民法院均把预重整程序作为破产重整的前置程序,虽然从实际效果来看,两案均通过预重整的方式取得了比较好的成果,但缺乏法律依据。第一,《企业破产法》规定人民法院应当自收到重整申请之日起15日内裁定是否受理,受理后管理人需在6个月提交重整计划,特殊情况可延长3个月。如果按照正式的重整程序,管理人提交重整计划的时间有限,人民法院批准重整计划的时间则更短,人民法院有通过预重整模式延长审理期限之嫌。第二,预重整前置也为一些不愿意通过预重整进行重整的企业设置了障碍,阻碍了相关企业正常破产程序的推进。如果仅仅是因为法院的审理期限有限,完全可以通过修订法律,延长审限来弥补,而不必设置预重整程序来掩人耳目。由此看来,我国人民法院在实践中偏离了预重整的价值目标。

3. 信息披露要求不明确,承诺不可反悔一刀切

在预重整阶段,债权人要了解债务企业的相关问题,一般是依据债务人披露的相关信息。如果没有充分的信息,债权人很难判断预重整方案的合理性和可行性。某些债务企业可能会利用债权人无法获得有效的信息,而滥用预重整制度。我国《企业破产法》并未对重整中信息披露充分进行规定,因此预重整阶段如何进行信息披露,只能由各人民法院自己说了算。如果一刀切,认定债权人作出的承诺不可反悔会是不合理的,试想如果债权人基于债务企业披露的虚假信息或不充分的信息作出的承诺是否可以撤回呢?

如果是基于虚假的信息作出的承诺,债权人可以基于合同上

的欺诈而撤回承诺，这是没有任何问题的。那么如果是基于披露的信息不充分而作出的承诺，债权人是否可以撤回呢？这个问题的逻辑结构为：第一，债务企业需要披露什么样的信息，才算是"充分信息"；第二，债务企业披露的不充分信息，导致债权人作出了错误判断；第三，该错误判断给债权人造成了损失。关于"充分信息"的认定，美国破产法规定得比较详细，在本文下一篇章将做具体论述。还有一个问题值得讨论，在预重整谈判的过程中，同一清偿顺位的债权人，如果先承诺的债权人发现后承诺的债权人的获利更大，是否可以以"差别对待"的理由撤回承诺呢？

4. 预重整方案重复表决，降低程序的运行效率

因为预重整方案在庭外重组阶段已经进行征集投票，并取得了多数债权人的同意的，那么人民法院在审查阶段就没有必要再组织债权人会对预重整计划进行第二轮投票。人民法院只需要对相关的信息披露是否充分和表决的程序是否合法进行审查即可。但是，在我国现有破产重整制度框架下，法官还没有足够的法律依据，可以直接认定债权人在庭外谈判阶段的投票的效力，并使之对所有债权人有效。从各人民法院的实际操作情况来看，为了符合破产法上的规定，人民法院还是得按《企业破产法》上的规定对预重整方案"走过场"[1]。

这样二次表决就存在着与预重整方案的表决结果不一致的可能，如果按承诺不可反悔来处理，直接认定二次表决结果无效，那么司法重整阶段表决的意义何在？这实际上就把司法重整表决变

---

[1] 齐砺杰：《破产重整制度的比较研究》，中国社会科学出版社 2016 年版，第 202 页，第 206 页。

成了空壳,只是为了在形式上迎合破产法的规定,同时也加大了人民法院的工作量,增加了重整的不确定性,降低了预重整制度的运行效率。

三、构建我国预重整制度的建议

(一) 确认预重整可以向司法重整转化

可以参照美国模式,在破产法第 8 章中增设预重整制度的基本规则,即人民法院对庭外谈判阶段达成预重整计划在一定条件下予以确认,然后由最高院制定预重整制度的相关司法解释和实施细则,让预重整制度成为一个独立或者依附于破产重整的司法程序。

同时,出台相关司法解释,当事人在提交预重整申请时应当向人民法院提交哪些资料应予以明确化,其目的在于使人民法院尽快了解庭外谈判的成果以及过程,从而能够迅速批准重整计划。避免因资料不齐全,而耽搁预重整的效率优势。参照《破产法立法指南》规定,申请时需要提交以下材料:①预重整计划草案;②信息披露情况的相关证明;③庭外谈判自愿性的相关说明;④受到和未受到影响的债权人意见;⑤债权人委员会成员的组成情况;⑥投票表决情况以及表决的原则;⑦未受影响债权人在重整后获得偿付的方式,以及未受到影响的证据;⑧向持反对意见的债权人所提供的保护方法等。人民法院应当从征集投票和信息披露是否充分等方面来审查。

(二) 构建法庭外债务重组的制度框架

预重整最关键的环节在于谈判策略和谈判程序。《世界银行原则》认为,庭外重组应当得到有利的环境支持,鼓励当事人达成一致方案帮助困境企业恢复生存能力,有效的庭外重组框架结构可以减少谈判的阻碍①。日本则专门为庭外债务重组制订了《法庭外纠纷解决程序法》(Alternative Dispute Resolution,ADR)、《产业竞争力强化法》,并依据这两部法律设置了事业再生实务家协会(Japanese Association of Turnaround Professional,JATP),律师、税务师等专家人员可以通过考核后成为其会员,执业内容就是帮助困境企业进行法庭外债务重组,由第三方专家担任法庭外债务重组阶段的主导人,负责 ADR 程序的运行②。ADR程序主要分为三个阶段,第一阶段是事前谈判到正式申请,第二阶段是暂停执行到债权人会议阶段,第三阶段是重组方案成功或失败。

ADR 程序最重要的作用是引入第三方专家对庭外谈判阶段环节进行规范,笔者认为,该程序对我国构建预重整制度具有参考价值:一方面,可以让当事人在庭外谈判阶段有标准的流程化模式,在固有的框架内约束谈判方对程序的把握;另一方面,第三方主导专家的引入,有助于纠纷的解决和对程序的把握。

下图是日本 JATP 制作的 ADR 流程图③:

① 王卫国等:《法庭外债务重组》(第 1 辑),法律出版社 2017 年版,第 55 页。
② 王卫国等:《法庭外债务重组》(第 1 辑),法律出版社 2017 年版,第 283—295 页。
③ 王卫国等:《法庭外债务重组》(第 1 辑),法律出版社 2017 年版,第 297 页。

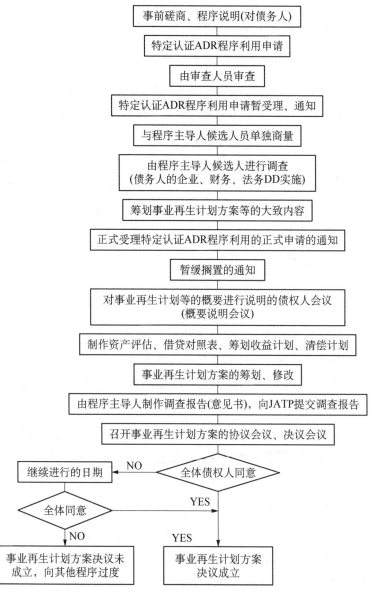

根据 JATP 事业再生 ADR 程序的流程

(三) 完善预重整企业的法律保护机制

在预重整的美国模式中,在提起正式的破产重整之前,无法获得破产保护的法律效果,因此也无法阻止个别催债行为;而在英国"伦敦规则"(the London Approach)模式中,所有参与重组谈判的债权人协议中止对债务企业的催债行为,以保全债务企业的正常运行。笔者认为,我国的预重整阶段可以考虑设立暂时中止执行债务企业财产的模式,这样可以提高债务企业积极申请预重整的热情。可以考虑在预登记期间,法院给予债务企业一定的合理期限,暂缓对债务企业的财产进行执行,一方面给予企业破产保护的效果,另一方面也不影响企业的正常经营。

第一,增强了债务企业申请预重整的积极性。困境企业因为现阶段的经济困难,都会面临着多方的催债,而这些无论是已经进入法院或者还未进入法院的催债行为都会加重企业的负担,影响企业的继续经营。如果赋予企业在预重整阶段有暂时的破产保护的权利,那么债务企业肯定会积极循求谈判空间,与债权人进行谈判。

第二,债务企业是否会滥用这一权利呢? 这一担心是多余的,只有债权人和债务企业同意后才能启动预重整程序,所以不会存在债务企业单方面滥用权利的情形,如果债权人已经同意和债务企业就债务企业的相关方案进行谈判,并且愿意到人民法院办理预登记备案,那么债权人该行为的内容,自然也包含了对债务企业可能获得暂时的破产保护进行评估衡量。其本身是接受了对债务企业的暂缓执行,才愿意继续谈判的。

（四）厘清法院在预重整中的角色定位

在庭外谈判阶段，人民法院不应当主动介入庭外谈判阶段，即使要介入也应当是以一个程序引导人的身份介入，而不是以一个程序或者内容的主导人身份介入。人民法院对预重整的干预必须是有限度的。进入司法重整阶段后，人民法院对预重整方案内容的审查标准，可以比传统重整形成的重整计划标准低，这是因为预重整方案经过了大多数人的表决同意，人民法院没必要在重整方案的内容上花费太多时间，而重点应当是对预重整方案形成的过程进行审查，特别是信息披露情况和征集投票的情况。对于一些对预重整计划持反对意见的债权人，人民法院可以召开听证会，给予反对债权人充分发表意见的机会，并且可以设立破产专家库，聘请专家解答专业问题，弥补人民法院商业判断能力的不足。另外，对一些需要由行政监管部门审批的重整计划，例如上市公司重整，笔者建议司法解释可以明确规定，只要行政监管部门认可了债务企业的预重整计划，法院即可通过。

金融机构破产重整模式比较分析
——基于最大化实现经营许可资质市场价值的视角

谢　天①

　　金融机构，即依据有关法律设立的、从事某种金融业务的企业机构。国家根据不同金融机构的经营情况分别制定有若干不同的法律，金融机构分为若干不同的类别。我国的金融机构主要包括商业银行、证券公司、保险公司、信托投资公司、证券投资基金管理公司。此外，金融机构还包括依法设立的其他金融机构，如金融资产管理公司、有关财务公司、金融租赁公司、期货经纪公司等。②与其他市场主体一样，金融机构同样需要适应市场经济中的优胜劣汰竞争机制，而破产程序正是其中之一。我国《企业破产法》第134条规定："商业银行、证券公司、保险公司等金融机构有本法第二条规定情形的，国务院金融监督管理机构可以向人民法院提出对该金融机构进行重整或者破产清算的申请。国务院金融监督管理机构依法对出现重大经营风险的金融机构采取接管、托管等措施的，可以向人民法院申请中止以该金融机构为被告或者被执行人的民事诉讼程序或者执行程序。金融机构实施破产的，国务院

---

① 作者简介：谢天，男，四川大学法学院博士研究生。
② 朱少平："关于金融机构破产的几个问题"，载《中国金融》2007年第9期。

可以依据本法和其他有关法律的规定制定实施办法。"上述条款也即我国金融机构适用破产程序的基本法律依据。笔者认为,虽然金融机构作为市场主体在破产法的规制范围之内,但鉴于其破产财产主要为金融业经营资质等附着于主体资格上的无形资产构成,这在根本上有别于普通破产企业,因此在选择适用破产程序方面,理应做必要的区别对待。本文即以金融机构破产财产的组成特点为切入点,指出金融机构适用破产重整的必要性及当前模式不足之处,探讨契合金融机构经营特点,且能最大化实现经营许可资质市场价值的重整模式,以期各位批评指正。

一、金融机构破产适用重整制度的必要性

依据我国《企业破产法》规定,破产程序包括重整、和解和破产清算,金融机构作为市场主体进入破产程序后,依据破产法规定应当择一适用。但从金融机构破产财产的组成特点上来看,笔者认为重整制度应当是金融机构适用破产程序的首选。所谓破产财产,是指破产申请受理时属于债务人的全部财产,以及破产申请受理后、破产程序终结前债务人取得的财产。以不同的存续形态作为划分标准,金融机构破产财产主要为两类:第一类是有形资产,主要为房产、办公设备、现金等,这也是一般性市场主体都具有的资产;第二类是无形资产,主要为金融业经营许可资质,以及围绕该资质而建立的客户群体、经销网络等,这也是金融机构有别于一般企业且最具价值和盈利能力的资产。相较于一般性有形资产而言,金融机构的无形资产特点主要体现在以下几个方面:

第一,高准入性。相较于有形资产而言,金融业经营许可资质

以及围绕该资质而建立的客户群体、经销网络等无形资产,具有较高的准入及运营要求。以我国《金融租赁公司管理办法》为例,国内注册的商业银行类发起人最近一年资产应不低于 800 亿元人民币,其他发起人最近一年营业收入不低于 50 亿元人民币;从业人员中具有金融或融资租赁工作经历 3 年以上的人员应当不低于总人数的 50%等等。此外,在整个设立过程,还要经过银保监会等多家主管单位的审批,审查周期多以"年"为单位计算。所以,商业银行、证券公司、保险公司、期货商、金融租赁公司获得金融业经营许可资质的成本非常高昂,而且这些金融许可资质在经营一段时间后,其客户群体覆盖与品牌传播的效用与价值也会大大提升[1]。

第二,不可转让性。金融监管法律法规已明确规定,金融机构特许经营许可资质不得转让。换言之,金融业经营许可资质是附属于企业而存在,企业和资质之间是"皮之不存,毛将焉附"的关系。其他企业如希望在金融机构正常经营情况下获得此类特许经营权,通常会采取收购股权的方式实现,使具备特许经营资质的金融机构成为其控股子公司。但需要注意的是,股东方虽然可以通过收购股权方式控股金融机构,进而使用该特许经营权,但该资质仍然与金融机构绑定,股东方并不会因为收购而直接获得该资质。

第三,不易评估性。相较于有形资产而言,金融机构经营许可资质以及围绕该资质而建立的客户群体、经销网络等一系列无形资产,在当前资本市场中尚缺乏科学合理的评估机制。当前对金

---

[1] 朱天华、滕岩:"浅谈金融机构破产相关法律体系的完善",载《法学杂志》2009 年第 5 期。

融公司破产财产的评估多限于有形资产,而对无形资产不予评估。即使存在评估,也因为中介机构缺乏科学合理的评估标准和行之有效的评估方法,导致评估结论缺乏一定的说服力和科学性。

正是鉴于金融机构经营许可资质以及围绕该资质而建立的客户群体、经销网络等无形资产,具备上述有别于一般破产财产的特点,笔者认为在金融机构破产中,理应采取有助于保留金融机构主体资格,且实务操作较为成熟的重整模式以拯救企业。原因如下:

第一,破产清算将使得经营许可资质价值完全灭失。如上所述,金融机构特许经营资质无法单独转让且必须依附主体存在,所以在破产程序中,为充分实现特许经营资质的价值,必须依赖于原有的企业载体。金融机构特许经营资质一旦丧失主体条件,将会被主管机关收回、注销。以中国华阳金融租赁有限责任公司破产为例,华阳租赁于1988年5月25日经中国人民银行批准设立,具有独立法人资格。2000年8月3日,因公司严重违规经营,不能支付到期债务,为了维护金融秩序的稳定,保护债权人的合法权益,中国人民银行要求华阳公司适用破产清算程序,停止公司一切金融业务活动,并收缴其《金融机构法人许可证》《经营外汇业务许可证》。[①] 作为债务人,华阳公司仅能以有形财产评估作价清偿债权人,其金融业经营许可资质因主体被清算注销而被主管机关收回,完全丧失了清偿价值。

第二,和解制度适用较少,操作模式尚不成熟。首先,金融机构破产相较于一般企业破产而言更为复杂,社会涉及面更广。金融机构的主管单位需要强力介入破产工作,以确保工作顺利推进。

---

① 夏丽华:"华阳金融租赁公司宣告破产",载《中国证券报》2006年7月18日。

在这种背景下,由债权人和债务人自行和解不具有现实可行性。其次,和解主要由债权人和债务人达成协议,在程序上缺乏中立第三方主导,这容易让本身就矛盾重重的债权人与债务人之间产生对抗和不信任感,进而不利于债权人和债务人的沟通。最后,当下和解协议的执行力度不足,和解制度在我国破产重整中适用较少,深陷债务危机的债务人后续违约风险较高,这也意味着前期和解工作的成果很可能付之东流,影响破产工作的效率。所以在金融机构破产中不宜选择和解制度。

第三,重整制度具备保留企业主体和金融业经营许可资质的立法价值。相较于破产清算和和解而言,重整制度为保留金融机构主体及特许经营资质提供了一种新的选择。首先,典型的重整模式是对债务人自身债务的优化和调整,通过债务的减免和延长偿债期限,使债务人在保留主体资质的前提下,获得继续经营的机会。其次,重整程序由管理人作为独立第三方主导并监督执行,通过引进外部投资人的方式解决债务问题,一则可有效缓解债权人和债务人之间的矛盾,提供理性的交流平台;二来通过引进外部投资人,注入新的资金,可提高重整计划执行的成功率。上述两项制度优势也是破产清算、和解所不具备的。

综上,笔者认为,在《企业破产法》规定的三大破产程序框架下,只有重整在理论上具备保留债务人经营资质,同时推动债务人恢复经营的可行性。金融机构破产适用重整程序,不仅能够保留企业金融业经营资质、最大化实现破产财产价值、提升债权清偿率,同时也能确保债务人完成债务清偿后,继续利用经营资质等无形资产,完成生产要素的合理配置,推动重整后的企业正常运作,由此维护多方利益,实现共赢。

二、金融机构适用传统重整制度的比较分析

如上所述,笔者认为在理论研究层面,金融机构只有适用重整制度,才具有保留经营资质、合理清偿债务、确保企业获得重生的可能性。但笔者认为,这也仅是相对于和解和破产清算而言,对重整制度的一个宏观价值判断。从我国司法实践角度出发,笔者认为仅以我国当前重整制度,尚不能有效完成保留特许经营资质、合理评估无形资产并作价清偿债权、实现金融机构后续顺利经营的三大任务。我国的破产重整模式在理论研究和实务操作中可大致分为三类,分别是存续性重整、出售式重整、清算式重整,金融机构如适用破产重整,也主要从此三种方式中选择。三种模式在解决破产企业困境、处理金融机构债务方面发挥了重要作用,但却不能有效完成保留特许经营资质、合理评估无形资产并作价清偿债权、实现金融机构后续顺利经营的三大任务,具体原因如下:

第一,出售式重整和清算式重整以消灭企业主体资格为形式特征,无法满足保留金融业经营许可资质的要求。所谓出售式重整,又称事业让与型重整,是使债务人将营业事业的全部或主要部分出售让与他人,以转让获得的对价作为破产财产分配,而受让方继续经营管理债务人转让的事业。在转让及破产财产分配完毕后,对债务人企业做清算注销处理。事业的重整是以在原企业之外继续经营的方式进行,体现了"重整制度重在挽救事业而非企业本身"的理念。如王欣新教授所言,出售式重整的最大优点在于,可以有效隔断投资者与破产企业未申报债权、行政罚款、抵押优先

权等原有债务的联系,保障其不受到在重整程序中未处置债权的
继续追讨,避免重整的失败。[1] 金融机构破产重整程序中,同样需
要切断前述或有债务的联系,但因其行业特性使然,重整中更为重
要的任务是追求经营资质价值的最大化。根据我国现行金融法律
法规的规定,特许经营资质只能寄附于债务人主体而存在;而出售
式重整以转让经营业务并注销债务人作为核心重整思路,无法满
足金融机构重整需要。

此外,我国司法实践中的另一种清算式重整,同样具有上述问
题。所谓清算式重整是指在重整程序中直接制定清算计划,对债
务人财产进行清算、出售、分配,以重整之名行清算之实。在破产
重整程序启动后,基于种种原因,重整计划草案可能存在难以制定
或无法通过的情形。在这种情况下,虽然可以宣告破产,转入破产
清算,但参与重整各方需要承担程序转化所带来的诸多时间和人
力成本。所以,司法实践中,管理人可以直接在重整程序中制定清
算计划,经债权人会议表决通过,并经法院批准后执行,而不再将
重整程序转为破产清算程序。显而易见,清算式重整也以消灭债
务人主体资格为形式特征,同样无法满足保留金融机构主体资格
和特许经营资质的实践需要。

第二,存续性重整加大企业经营成本,影响投资人的参与积极
性,且不利于企业恢复经营。企业存续型重整,是指通过债务减
免、延期清偿以及债转股等方式解决债务负担,并辅之以企业法人
治理结构、经营管理的改善,注册资本的核减或增加,乃至营业的
转变或资产的置换等措施,达到企业重建再生之目的。其标志性

---

[1] 王欣新:"重整制度理论与实务新论",载《法律适用》2012 年第 11 期。

的特点是保持原企业的法人资格存续,在原企业的外壳之内进行重整,虽然企业的股东可能会发生变更。[①] 存续型重整是最为传统的重整模式,也是理论界与实务界大多数人理解的重整制度应有的基本模式,但就金融机构破产而言,适用存续型重整模式,存在三个方面的难题:一是劣质资产无法剥离,影响债务人整体资产价格,降低了投资人积极性;二是存续性重整的清偿比例是基于资产评估下做出的数学模型,具有很大的不确定性,容易产生争议;三是无法切断或有债务,不利于后续恢复经营。综上,笔者认为存续式重整以投资人全盘接受资产和负债为特点,本身就具有较大障碍和复杂性,加之金融机构具有负债金额大、涉及主体范围广的特点,使得金融机构适用存续式重整仅存在于理论研究之中,对司法实践而言则是水中月、镜中花,可望而不可及。

综上,笔者认为出售式重整和清算式重整,虽有重整之名,但在行清算之实时,无法满足保留金融机构经营资质的需求。相较于和解和破产清算而言,存续式重整虽然可以保留资质,但需要投资者承担债务人的巨大管理成本,且无法割裂或有债务,不利于企业的后续经营,严重影响投资人的积极性。鉴于当前重整模式在处理金融机构债务时的局限性较为突出,且不能有效完成保留特许经营资质、合理评估无形资产并作价清偿债权、实现金融机构后续顺利经营的三大目标,因此,笔者认为有必要对金融机构适用新型重整制度做进一步探讨。

---

① 王欣新:"重整制度理论与实务新论",载《法律适用》2012 年第 11 期。

三、金融机构适用新型重整制度的法理研判

从重整制度的价值和架构设计上考量,笔者认为可以借鉴王欣新老师提出的反向出售式重整思路,对金融机构破产重整做优化设计。所谓反向出售式重整,主要满足上市公司保留壳资源的需求,而这种保壳的思路与此处保留经营资质就具有相似之处。目前上市公司重整大多数都是买壳式的重整,投资人倾向于要求债务人清理完毕与壳资源无关的所有财产以及债务人原有业务,只保留一个干净的公司架构,然后投资人注入全新的经营团队和资金,以实现借壳上市的目的。通过反向出售式重整,投资人最终控制上市公司,并完成保留壳资源——优质融资平台、合理评估债务人包括壳资源在内的各项资产并作价清偿债务、确保重整后企业后续顺利经营的三大任务,这与笔者前述谈及的金融机构适用破产重整制度的三大任务显然有异曲同工之妙。

但笔者认为,在对金融机构适用新型重整制度探索过程中,还不能完全复制反向出售式重整模式,因为二者在以下方面存在根本性差异:(1)二者适用的法律法规及监管主体不同。上市公司反向出售式重整,其主要受市场监管法、资本证券类法律规制,且监管主体为证监会;而基于保留特许经营资质的金融机构破产,主要受金融业相关法律法规规制,其监管主体主要为银保监会。(2)二者对重整投资人的要求不同。上市公司反向出售式重整中,资本能力是重整各方对投资人的核心要求。在资本市场中,只要投资人可以提供最优的资本对价条件,其完全可以脱颖而出,成为最佳投资主体;而鉴于金融机构具有社会性和公共服务性,其在破产重

整中,法律法规和监管主体不仅对投资人的资本能力具有一定要求,而且对其主体资质、经营能力都有着同样严苛的限制,这与上市公司破产重整完全凭借资本生产要素决定成败有着根本区别。

(3)二者后续的重整经营方向不同。上市公司的卖壳式重整可以实现保住上市公司壳资源的目标,但壳的价值此时已经转化为一个融资平台。投资人借壳的目的并不是为了保住当前经营业务,而是为了获得一个融资通道。投资人倾向于通过这个平台,获得优质的渠道融资,去发展经营其他业务。而金融机构破产重整保留主体和资质的目的,是为了后续恢复与金融业相关的营业活动。换言之,金融机构破产重整后,将以从事原本的金融业务为主要目的,也只有通过继续经营方能体现金融机构破产重整的核心价值。

在充分考量反向出售式重整特点以及其与金融机构破产重整差异的基础上,笔者认为对金融机构的破产重整思路的设计,应当从以下几方面着手:

第一,保留金融机构主体资格以及原有公司结构框架。管理人应当通过重整计划的设计,确保重整后的金融机构在工商登记机关继续保留商事主体资格。同时,重整后的金融机构应当对金融业经营许可资质及围绕其建立的营销渠道、客户资源等无形资产享有所有权和继续经营收益权。

第二,将金融业经营许可资质等优质无形资产连同债务人100％股权打包评估出售,投资人取得金融机构100％股权的对价按破产财产处理,专项用于破产费用、共益债务和破产债权的清偿。[①]

① 徐阳光、叶希希:"论建筑企业破产重整的特性与模式选择",载《法律适用》2016年第3期。

进入破产重整程序的债务人已经资不抵债,所有者权益为负数,所以全体出资人的股权权益依法应当调整为零,管理人有权依法进行处置。管理人将金融机构的股权以及优质无形资产进行公开竞价拍卖,依法转让符合银保监会规定条件的主体,同时向银保监会等有关监管部门申请股权变更,以此种方式引进投资人。

第三,设置专门子公司负责后续债务清偿,确保重整后的金融机构及时开展正常经营活动。重整草案通过后,管理人应当重点关注两类问题:一是,股权以及金融业经营许可资质之外的非核心经营资产的处置效率。鉴于司法实务中资产的处置并不是一蹴而就的,有时甚至要拖延数年之久,但重整后的金融机构又有迫切恢复经营的需要,在这种情况下,管理人应当作出合理的制度设计,既确保资产及时变现、清偿债务,又不至于在清理债务的问题上长期羁绊不前,影响重整工作的整体推进。二是,管理人应当考虑如何割裂或有债务与重整企业的关系,降低重整计划因或有债务而产生的执行不能风险。为有效回应上述两类问题,笔者认为可以通过设立专门性子公司负责清偿债务的方式予以解决。其一,金融机构全资设立子公司并委派管理人员,作为债务人清理资产与负债的替代主体,并以处置资产、清偿债务为主要任务。其二,除金融业经营许可资质等优质无形资产外,金融机构将其余非核心经营资产全部无偿转让或拍卖后转让至全资子公司,管理人根据重整计划向债权人分配,并产生依法豁免未清偿部分债务的法律效力。其三,在清理资产与负债过程中,对于债权人未依法申报债权的,在重整计划执行期间不得行使权利;在重整计划执行完毕后,可以按照重整计划规定的同类债权的清偿条件向全资子公司行使权利,但不得以任何理由通过任何方式、途径向重整后的金融机构主张权利,以此割裂或有债务与重整企业的关系,提高重整计划执行的成功率。

综上所述,笔者认为金融机构通过上述三条路径适用破产重整,可以有效维护商事主体资格以及金融业经营许可资质,最大化实现经营许可资质市场价值,避免清算式重整和出售式重整对企业无形资产造成的不必要损失。此外,借助债权人会议表决通过重整草案的方式,管理人将金融机构的非核心经营资产与核心经营资产剥离,并设立专职负责清偿债务的子公司,降低资产处置效率低下给重整各方带来的额外时间成本,同时斩断或有债务与金融机构之间的联系,为重整计划的顺利执行奠定基础。

破产立案听证程序操作问题浅析

张时春①

实践中,各地法院在破产申请立案审查中已广泛建立听证制度,取得良好效果。破产法及相关司法文件对以听证方式进行破产申请审查缺乏明确、具体的规范。最高人民法院《关于审理公司强制清算案件工作座谈会纪要》(以下简称《强清纪要》)规定了召开听证会进行申请审查制度。听证制度是正当程序内容的核心,在法院审查过程中,简单地采用书面审查方式会导致当事人程序参与性不足,当事人既无从对有关证据进行质证争辩,也无法知晓人民法院对错综复杂甚至相互矛盾的证据的认识过程与逻辑理由。由人民法院组织召开听证会,就当事人所提各项证明材料进行质证,全面审查破产申请,重点解决破产申请合法性和可行性问题,建立一种公开、高效、有序的审查机制,其正是破产申请审查阶段引入听证制度的意义所在。该制度的实施,还能有效调动债权人参与破产程序的积极性,增加破产立案透明度,在一定程度上避免恶意破产、破产逃债等现象的发生。

---

① 作者简介:张时春,男,德阳市中级人民法院清算和破产庭副庭长。

一、破产申请立案审查启动听证的情形

启动听证程序的必要性是什么？我们关注各地启动听证程序的情形和事由，分析破产申请审查听证程序的价值和功能。深圳中院以申请类型设置"应当"启动听证调查的情形，其范围非常广泛，听证调查已然成为申请审查的原则。其范围即"债权人对债务人提出的破产清算、重整申请，但债务人下落不明的除外；债务人提出的重整申请；本院受理债权人提出的破产申请后，宣告债务人破产前，出资额占债务人注册资本十分之一以上的出资人提出的对债务人重整申请；在全国、全省及本辖区范围内有重大影响企业提出的破产申请；其他需要听证调查的破产申请"。南京中院也要求破产申请实质审查一般应召开听证会。

与此不同，天津南开区法院启动听证只涉及"债权人申请债务人破产"，同时存在"在债务人接到人民法院通知七日内不提出异议，或者书面明确表示实施破产清算、和解、重整的"的情形，法院应在审查相应证据的基础上，于十五日内召集已知债权人和企业职工代表参加听证会。北京高院规定："人民法院受理案件之前又有其他申请人提出不同类型的破产申请，人民法院应当召开听证会，组织各申请人协商确定具体的破产程序。"

笔者认为，从理论上讲，听证程序兼听两造，有助于审核认定证据，调查破产受理要件事实是否成立。与书面审查相比，听证审查具有更强的事实调查功能，因此，若当事人存在事实争议，法官可以酌情启动听证调查①。南开区法院设置听证的目的是侧重于

---

① 《强清纪要》规定，"对于事实清楚、法律关系明确、证据确实充分"的案件，也可以决定不召开听证会。其主要着眼于听证程序的事实调查功能。

防范申请人与债务人恶意串通违规进入破产程序,防止损害其他债权人及利害关系人利益。北京高院召集听证主要目的是为协商解决申请人之间破产申请类型的争议,侧重发挥听证程序的沟通协商功能。但两者均应包含法官因事实争议而酌情启动听证调查的情形。

二、听证程序参与主体

各地规定听证程序参与主体比较一致。其参与主体一般并不局限于案件当事人,即申请人和债务人的法定代表人。深圳中院还规定了债务人的财务人员和职工代表及法院认为应当参加听证的其他人员。天津南开区法院还规定要通知已知债权人参加。江苏高院规定,法院可以邀请属地政府、有关部门等参加听证并听取意见。江苏如东法院进一步明确规定数额较大的已知债权人、会计事务所等中介机构专业人员和政府机关职能部门的负责人参加听证。德阳中院建立企业破产识别和府院联动机制,在立案审查阶段,通过召集企业主管工商、税务、人社等部门人员参与,为法院研判债务人进入破产程序提供相关信息。笔者认为,听证程序参与主体绝不能限于案件当事人。因企业破产有别于普通民事纠纷,应当更多地关注企业职工、其他债权人、国家税收、社保统筹等社会公共利益。法官在听证程序中应当广泛听取意见、审查相关事实证据,以判定破产启动的合法性、必要性和可行性。在关联企业申请破产的情况下,更应防范恶意串通,利用破产逃避债务、损害其他债权人利益的情况发生。破产法规定,债务人申请破产应当提交财产状况说明、债务清册、债权清册、有关财务会计报告、职工安置预案以及职工工资的支付和社保缴纳情况。由关联企业债权人作为申请人,则可以规避这一规定,无须提交上述资料,仅需提供破产申请书和到期债权的相关证据,而控制型关联企业之间利益具有高度一致性,债务人对申请也绝无异议。如果仅通知双方当事人到场,听证程序因利益相对性无法形成,必然沦为"走形式",法院难以核实债权真实性、合法性。这时,已知其他债权人参与尤为必要,虽不一定提供直接证据,但也能提供相关信息和线索,便于法院较为全面调查有关事实。同时,在仅由债务人申请破产的案件中,法院如果不通知已知债权人等利害关系人到场,听证程序缺失对造,不能发挥应有作用。

除此之外,听证程序还具有信息沟通和协商功能。温州鹿城法院审查的一个案件,通过召开听证会,召集当事人、已知债权人参与听证,申请人某农村合作银行了解到其他银行债权人想要挽救债务人,债务人也提出了切实的还款方案,申请人认为已无申请破产还债的必要性,决定撤回申请。同时,"立案前适用听证,一定程度上前置债权人会议,将相关问题提前进行协商。通过其他债权人列席旁听,债权人之间沟通协商,有利于此后债权人会议尽快达成共识"①。

三、听证前的准备

(一) 听证启动权

由合议庭依职权启动听证程序是一致的做法。值得注意的

---

① "鹿城法院试行破产案件立案前听证制度-债权银行撤回破产申请",载《人民法院报》2013 年 7 月 9 日。

是,江苏如东法院规定在法院收到当事人的破产申请后、破产案件立案前,听证程序由法院主动召集或由代表一定债权数额的债权人申请法院召集。笔者认为,请求听证调查不仅是法院调查事实、审查受理破产案件的方式,也是当事人及利害关系人(主要是其他债权人)表达意见、举证质证的程序保障,应当赋予他们申请法院召集听证的权利。一般而言,普通债权人难以获取债务人的相关财务资料,因此,相关债权人申请启动的理由具备一定可信度的,都应当启动听证。

(二) 听证决定的作出

实践中,法院决定启动听证程序的时间节点有两种情形:一是于立案或债务人提出答辩意见前启动。深圳中院根据申请类型确定应当启动听证情形,即属此类。所以,破产申请审查案件(破申)立案后(五日内)即可向债务人一并送达申请书和听证通知书。《强清纪要》规定,"人民法院决定召开听证会的,应当于听证会召开五日前通知申请人、被申请人,并送达相关申请材料",亦属此类。二是债务人提出答辩意见或异议期满后再决定启动。如江苏高院明确规定,"债务人对债权人提出的破产申请提出异议,人民法院认为有必要的,可以组织债权人、债务人对破产申请是否应当受理进行听证"。天津南开法院规定,异议期满后,不提出异议或明确表示同意申请的,应当在十五日内召集听证会。前一种根据申请类型而原则性要求启动听证程序,后一种则根据案件审查出现争议或具假借破产串通逃废债务之虞时才产生听证需求。笔者认为,从发挥听证程序查明事实、防范恶意串通及协商确定破产程序走向等功能角度,后一种情形下启动听证似更有必要。

有些地方明确规定组织听证程序不计入审查期限。"组织听证程序"当然不仅是听证会召开之期日。因此,为明确"组织听证程序"期间的起算点,还应进一步规定法院启动听证程序,应当作出决定。"组织听证程序"期间应自法院作出召开听证会决定之日起算。听证会只是法院进行立案审查的方式,并非正式庭审,加之参与主体众多,似不宜运用证据失权原理。故此,常出现因补充新证据等原因需要多次召开听证会的情形。那么,如何确定"组织听证"期间的截至期日?若多次召开听证会的,是否需要再次作出听证决定?笔者认为,为兼顾破产审查效率和审慎性的要求,如在召开听证会时出现补充新证据的情形,法院应当场指定 5—7 日补充期限,并在期限届满 10 日内确定下次听证会期日。如在听证会结束后,法院再次召集听证会,则须另行作出决定。上次听证会结束后至再次决定听证期间不计入"组织听证"期间。

(三) 听证会通知

法院决定启动听证后,申请人、债务人的法定代表人系法院必须通知参加听证会的人员。从有利于破产案件立案审查的需要,如上所述,各地均规定较为广泛的可参与听证的人员范围,如已知债权人、债务人股东、实际控制人等利害关系人。由法院依职权酌情确定通知。在破产重整中,通知属地政府及有关职能部门人员参与,调查债务人税务、工商、社保等信息,对重整可行性的研判意义重大。有关人员也可向法院申请参加,法院认为符合上述范围的,可予以准许。如果要求参与债权人人数众多,可推选代表或要求债务人提供债权名册,由法院根据不同类型债权人确定一定数量代表有序参与。

为保障当事人及利害关系人充分参与听证,应当给参与者预留一定的准备调查和答辩的时间。《强清纪要》规定为 5 日前,有的地方规定为 3 日前须送达听证通知。如果与异议通知书一并送达听证通知或在异议期满前送达听证通知,还需保证债务人 7 天的法定异议期。因破产法对申请审查期限有明确规定,异议期满后 10 日即须裁定是否受理。如果法院在异议期满后再决定启动听证并通知,可能略显紧迫。

四、听证会程序

深圳中院具体规定了听证会程序(议程)。首先由申请人陈述申请的事实和理由,并出示相关证据;债务人有关人员针对破产申请发表意见;合议庭对债权是否成立、债务人是否具备破产原因、债务人的资产负债情况以及案件的其他相关情况进行调查;申请人、债务人发表最后意见。在申请人和被申请人陈述、举证和辩论结束后,合议庭可依职权调查听取其他利害关系人、相关主管部门相关意见。合议庭认为必要,也可以接收或是要求他们提供相关证据资料,询问当事人双方对利害关系人陈述和证据资料的意见。如果在听证会时形成新的争议焦点未能充分举证和辩论,合议庭可以决定再次举行听证会。

在听证会前,有时债务人会要求不公开听证,以排除其他利害关系人参与,理由是听证会可能披露商业秘密。笔者认为,商业秘密是指一切不为公众所知悉,具有经济价值和实用价值,且权利人已采取保密措施的经营信息和技术信息。一般情况下,听证事项围绕破产债权是否成立、是否具备破产原因等涉及企业资产负债情况的财务信息展开,并不会涉及商业秘密。但也不排除债务人在否定破产原因或审查破产重整可行性时,披露产品研发阶段性成果、具体项目规划和推进情况等经营、技术方面信息。即便如此,在细节披露方式上予以规避,也不当排除利害关系人的参与。实践中,债务人对进入破产程序并无异议,但在听证会上以此为由要求排除利害关系人参与,其动机往往并不正当,可能存在串通掩饰申请人不实债权等情况,需要严格审查。

前沿热点

执行案件移送破产审查制度之移送困境研究

简 林[①]

一、执行案件移送破产审查制度概述

执行程序与破产程序均是债权的公力救济方式,但毕竟是两种不同的法律程序,立法者在其功能定位与设计方面必定会有不同的考虑。在司法实践中,大量案件存在执行程序与破产程序的错位适用问题,这就造成了我国特有的执行案件积压、破产案件受理少的现象。为解决上述执行领域与破产领域的问题,使执行程序与破产程序的适用符合其各自的功能定位,《最高人民法院关于适用〈中华人民共和国民事诉讼法〉的解释》(以下简称《民诉法解释》)正式确立了执行案件移送破产审查制度,也称"执转破"制度。而后,《关于执行案件移送破产审查若干问题的指导意见》(以下简称《指导意见》)对"执转破"制度规则进行了细化和明确,使之具有了实践可操作性。为了对"执转破"制度有更全面的认识和理解,笔者将从以下几个方面阐述该制度。

---

① 作者简介:简林,男,四川大学法学硕士。

(一) 执行案件移送破产审查制度的内涵

对于执行案件移送破产审查制度,鲜有文章专门论及该制度的定义。虽然从这简短的描述中能大致明白该制度的含义,但如果只是停留在这个层面,便无法真正理解《民诉法解释》与《指导意见》所确立的"执转破"制度。因此,笔者想试着定义符合现行规则的"执转破"制度。笔者在参考借鉴相关文献的基础上,认为"执转破"制度是指法院在执行过程中发现作为企业法人的被执行人具备破产原因后,在执行案件当事人之一的同意下将案件移送具有管辖权的法院审查,以终结执行程序并启动破产程序的方式来救济债权的法律制度。①

根据上述"执转破"制度的定义,笔者认为理解该制度应注意以下几点:

第一,"执转破"制度下的被执行主体应当是企业法人,不适用于被执行人为企业法人以外的其他组织,当然更不适用于自然人。这既符合《中华人民共和国企业破产法》(以下简称《企业破产法》)的规定,也是《民诉法解释》第 513 条②的要求。

第二,"执转破"制度下的被执行人应当具备破产原因。破产

---

① 丁海湖、田飞:"执转破操作模式及相关实务问题研究",载《法律适用》2017 年第 11 期。该文认为,"执转破"制度是指法院在执行过程中发现被执行人资不抵债、达到破产界限、符合破产条件,通过一定的程序及时将企业移送破产审判部门审查,以启动破产程序来化解社会矛盾纠纷的法律制度。

② 《最高人民法院关于适用〈中华人民共和国民事诉讼法〉的解释》第五百一十三条:在执行中,作为被执行人的企业法人符合企业破产法第二条第一款规定情形的,执行法院经申请执行人之一或者被执行人同意,应当裁定中止对该被执行人的执行,将执行案件相关材料移送被执行人住所地人民法院。

原因由《企业破产法》第 2 条①明文规定的。对于执行案件而言,根据《最高人民法院关于适用〈中华人民共和国企业破产法〉若干问题的规定(一)》(以下简称《破产法规定(一)》)第 4 条,经人民法院强制执行,无法清偿债务,即可认定债务人明显缺乏清偿能力。这也是本文讨论的"执行不能"。

第三,"执转破"应当得到执行案件当事人之一的同意。这里需要注意的是,现行《民诉法解释》明确规定了当事人的范围,即申请执行人之一或被执行人。而后,《指导意见》在《民诉法解释》的基础上将申请执行人之一细化为"有关被执行人的任何一个执行案件的申请人"。这在司法实践中便不再有任何争议了。此外,《指导意见》还将当事人之一的同意限定为书面同意,从而排除口头或默示的同意。②

第四,"执转破"制度下有破产审查管辖权的人民法院应当是被执行人住所地的人民法院,且以中级人民法院管辖为原则,基层人民法院管辖为例外。对于该管辖原则,后文会有专门论述。

通过以上对"执转破"制度的分析,我们知道该制度涉及到执行与破产两种程序的转换。一个案件能从执行转向破产,是因为二者存在某些内在联系,具有部分功能上的重合,如对被执行人(破产人)财产的调查和处置。③ 破产程序也具有了强制执行的属

---

① 《企业破产法》第二条:企业法人不能清偿到期债务,并且资产不足以清偿全部债务或者明显缺乏清偿能力的,依照本法规定清理债务。企业法人有前款规定情形,或者有明显丧失清偿能力可能的,可以依照本法规定进行重整。

② 《关于执行案件移送破产审查若干问题的指导意见》第二条第 2 项:被执行人或者有关被执行人的任何一个执行案件的申请人书面同意将执行案件移送破产审查。

③ 章恒筑、王雄飞:"论完善执行程序与破产程序衔接协调机制的若干问题——基于浙江法院的实践展开",载《法律适用》2017 年第 11 期。

性,通过破产程序强制债务人以其全部财产对其全部债务进行清偿。执行与破产均作为运用国家公权力救济债权的方式,当债权无法通过私力救济的方式获得救济时,执行与破产便成为债权人的选择。但二者毕竟属于不同的程序,具有不同的债权救济功能。具体来说,执行程序是为实现个别债权人的债权而进行的个别强制执行,而破产程序是以债务人有限剩余财产按一定比例满足全体债权人的请求的整体强制执行。① 这就是执行程序能转入破产程序的理论前提。此外,根据《破产法规定(一)》第 4 条的规定,对债务人执行不能时,也应当认定债务人具备了破产原因。这也是执行程序能转入破产程序的理由之一。

(二) 执行案件移送破产审查制度的背景

我国"执转破"制度并非由立法机关通过立法确立,而是由最高人民法院通过司法解释的方式而确立的。在 2012 年的民事诉讼法修改过程中,最高人民法院曾向全国人大法工委提议设立"移送破产"制度,但未被采纳。② 从以往发布的相关司法解释或者意见中就可以看出,最高人民法院一直是"执转破"制度的支持者。比如最高人民法院于 1992 年发布的《关于适用〈中华人民共和国民事诉讼法〉若干问题的意见》第 276 条规定,"执行中,具有企业法人资格的被执行人不能清偿到期债务,根据债权人或者债务人申请,人民法院可以依法宣告被执行人破产";于 1998 年发布的

① 许德风:《破产法论:解释与功能比较的视角》,北京大学出版社 2015 年版,第 16 页。

② 沈德咏主编:《最高人民法院民事诉讼法司法解释的理解与适用》,人民法院出版社 2015 年版,第 1362 页。

《最高人民法院关于人民法院执行工作若干问题的规定(试行)》第89条规定,"被执行人为企业法人,其财产不足清偿全部债务的,可告知当事人依法申请被执行人破产";以及于2011年发布的《破产法规定(一)》第4条关于债务人企业清偿能力的认定。上述司法解释和规定均体现出最高人民法院对于执行不能与破产存在某种内在联系的认可,并认可其具有"执转破"的可能。最高人民法院继而于2015年通过司法解释正式确立了"执转破"制度。那么"执转破"制度在此时出台的背景就很有研究价值了,它回答了执行案件为什么要移送破产审查的问题,也即移送的必要性问题。笔者认为其出台背景主要来自于两个方面,一是审判实践背景;二是新时期国家宏观政策背景。

1. 审判实践背景及原因

(1)背景:实践中执行案件积压与破产案件受理少的现状

执行案件积压是我国司法领域"执行难"问题最直观的表现。这里的"执行难"应当是包含了执行不能案件在执行结果上的不能而表现为"难"的状态。但真正意义的执行难应当是指:被执行人有履行能力,但由于种种原因却得不到执行的困境。① 从这个角度来说,我国当前的执行案件积压是由执行难和执行不能的案件共同堆积而来。本文认为,"执转破"制度下的执行案件仅指执行不能的案件。因为案件执行难的原因多种多样,对于企业法人而言,执行难并不意味着其具备了破产原因,也有可能是由于其他原因,比如执行法官难以查找到被执行人财产情况等。

根据最高人民法院2016年发布的《人民法院执行工作报告

---

① 黄松友:"当前解决人民法院执行难问题的对策",载《科学社会主义》2006年第3期。

(白皮书)》,2013 年至 2015 年期间,全国人民法院新收执行案件1013.22 万件,呈逐年大幅增长之势。而被执行人无财产可供执行的案件即执行不能案件占比较大。[①] 据另一文献作者调研而知,企业法人一类执行不能案件数量在执行案件系统中所占比重较大,并呈逐年上升趋势。[②] 此类应当由破产程序处理的案件却一直停留在执行领域,并以终结本次执行程序的方式予以搁置,形成大量"僵尸案件",加剧了执行案件的积压,浪费了大量司法资源,更造成了债权人对司法公信力的质疑。市场经济中经营风险总是存在的,对于企业在正当经营过程中的执行不能的情况,其风险应当由申请执行人自己承担,不应过分苛责于国家公权力。在现有的司法体制下,要以公力方式救济执行不能案件债权人的债权,最佳的方式便是通过破产程序,强制被执行人以其所有财产对其所有债务进行公平清偿。

然而,根据一份统计分析,《企业破产法》自 2006 年实施以来至 2012 年期间,全国人民法院的破产案件受理数量少且不断减少。[③]《企业破产法》并没有发挥其应有的作用,破产程序概括处理债权债务纠纷的优势也未得到展现。因此,人民法院在面对执行案件积压和破产案件受理少的双重压力下,通过司法解释的方

[①] 《人民法院执行工作报告(白皮书)》,http://www.court.gov.cn/zixun-xiangqing-17862.html,2018 年 3 月 2 日访问。

[②] 陈明灿:"执行转破产程序的困境和出路——以有限职权破产主义启动机制的构建为突破口",载贺荣主编《深化司法改革与行政审判实践研究(下)——全国法院第28 届学术讨论会获奖论文集》,人民法院出版社 2017 年版。

[③] 马剑:"2003—2012 年人民法院审理破产案件的统计分析",http://www.legaldaily.com.cn/zbzk/content/2014-03/26/content_5401182.htm? node = 25497,2018 年 3月 2 日访问。

式确立了现行"执转破"制度,以推动执行不能案件顺利进入破产程序,化解执行案件积压、破产案件受理少的现实问题。

(2) 实践中执行案件积压与破产案件受理少的原因

《指导意见》三个"有利于"之一便是"有利于化解执行积案",解决司法实践中"执行案件积压、破产案件受理少"的现实问题。而这种现状主要是由于执行程序与破产程序的错位适用导致的。本文认为这种错位的原因在于:

第一,执行程序具有优势,也就是债权人寻求国家公权力救济债权时为什么选择执行程序。强制执行的目的在于保障积极行使权利的债权人的个别债权的实现,采取优先主义原则。这是债权人选择执行程序的重要原因。而进入破产程序则意味着对全体债权人的公平清偿,清偿率必然会降低。大多数进入执行程序的债权人都认为,其已经占得了对债务人财产受偿的先机,因为并非所有债权人都能进入执行程序。故与其和全体债权人共同分享有限的财产,还不如就守在有利位置,一旦发现被执行者有财产可供执行时,总有执行回部分财产的希望。同时,就执行程序本身而言,其进入门槛低,只要取得生效法律文书,便可以向人民法院申请强制执行义务人履行生效法律文书确定的义务。此外,国家对执行领域投入了大量资源,使得法院执行机构无论是在人力还是在物资方面都得到了保证,在执行过程中人民法院也更有能力承担协调和组织成本,故而执行程序的使用成本相对较低,且相对于破产程序效率更高,更有利于实现债权人的债权。①

---

① 唐应茂:"为什么执行程序处理破产问题?",载《北京大学学报(哲学社会科学版)》2008 年第 6 期。

第二,破产程序具有劣势,导致债权人债务人选择通过破产程序来解决债权债务问题的意愿不强。破产程序对于债权的救济是一种整体强制执行,其遵循债权平等原则,力求债权人所得到的清偿与其债权的性质和数额相适应。[①] 由于破产程序存在上述价值追求,其在适用过程中必然会出现程序周期长、使用成本高及效率低等缺点,当然这些缺点都是相对于执行程序而言的。但正因为如此,更多的债权人愿意选择执行程序而不是破产程序。此外,债务人宣告破产后,未清偿的剩余债务将全部免除,这对于债权人来说也是破产程序的劣势。对于债务人而言,其股东、高管应当是最清楚公司实际情况的,由他们推动债务人申请破产将是对全体债权人及债务人最有利的情形。但股东、高管通常也不愿这样做,因为债务人一旦进入破产程序,人民法院指定的管理人便会对债务人情况进行全面调查,一旦查出股东出资不实、高管未勤勉尽责甚至其他违法行为,股东、高管还应当承担相应责任。因此他们中的多数人也不愿推动债务人申请破产。现行《企业破产法》第 8 条[②]对债务人提出破产申请的一系列要求,还包括职工安置预案等。这对于债务人来说难度极大,如果能够提出行之有效的职工安置预案,债务人也许都不存在破产问题了。[③]

正是由于执行具有诸多优势而破产具有较多劣势,债权人在

[①] 齐树洁、陈洪洁:"破产程序与执行程序的冲突及其协调",载《厦门大学学报(哲学社会科学版)》2007 年第 3 期。

[②] 《企业破产法》第 8 条第 3 款:债务人提出申请的,还应当向人民法院提交财产状况说明、债务清册、债权清册、有关财务会计报告、职工安置预案以及职工工资的支付和社会保险费用的缴纳情况。

[③] 唐应茂:"为什么执行程序处理破产问题?",载《北京大学学报(哲学社会科学版)》2008 年第 6 期。

司法实践中更愿意选择执行程序而不是破产程序。因为理性人总是会选择做对自己更有利的事情，在权衡了执行与破产各自的优劣后，债权人选择执行程序是理所当然的。在债务人资能抵债的情况下，通过执行程序即可对所有债权人的利益给予有效保障。但当债务人资不抵债时，也就是学者所指出的"公共鱼塘"①，此时还依据执行程序的"先到先得"原则清偿债务，必然造成许多债权人的债权无法得到清偿，这显然有失公平。此时就应当通过破产程序以债务人的全部资产对所有债权人的债权进行公平清偿。这就是破产程序相对于执行程序所特有的概括解决债权债务的功能，具有极大的社会效益。

此外，在《民诉法解释》确立"执转破"制度以前，执行程序中的参与分配制度适用于企业法人，也阻碍了破产程序的适用。参与分配制度本是借鉴于破产制度而为了弥补我国的有限破产制度——自然人与其他组织不适用于破产制度的漏洞②，但《最高人民法院关于人民法院执行工作若干问题的规定（试行）》（以下简称《规定（试行）》）第 96 条③的规定将参与分配制度的适用对象扩大到了企业法人，使得执行程序升格为"小破产程序"④，具有了部分破产程序的功能。实践中，因参与分配制度的低成本及相对高效

---

① 韩长印："破产程序的财产分配规则与价值增值规则——兼与个别执行制度的功能对比"，载《法商研究》2002 年第 3 期。

② 陈志鑫："民事执行参与分配制度的困境与出路"，载《上海政法学院学报（法治论丛）》2014 年第 6 期。

③ 《最高人民法院关于人民法院执行工作若干问题的规定（试行）》第 96 条：被执行人为企业法人，未经清理或清算而撤销、注销或歇业，其财产不足清偿全部债务的，应当参照本规定第 90 条至 95 条的规定，对各债权人的债权按比例清偿。

④ 许德风：《破产法论：解释与功能比较的视角》，北京大学出版社 2015 年版，第 17 页。

且其通常具有更高的清偿率,债权人更愿意通过执行程序来实现其债权。然而参与分配制度毕竟是对执行程序中的部分债权人进行集中清偿,实际上仍只是个别清偿。

2. 新时期国家宏观政策背景:化解产能过剩,清理"僵尸企业"

中国经济在经历了长时间高速增长后,社会生产力得到了极大的提高。2008 年国际金融危机后,国内外经济形式发生巨大变化,国际市场低迷,国内需求增速放缓。产能过剩问题日益严重,尤其是传统制造业,已对我国经济健康平稳发展造成严重不利影响。2013 年 10 月 6 日,国务院发布了《国务院关于化解产能严重过剩矛盾的指导意见》,指出产能严重过剩越来越成为我国经济运行中的突出矛盾和诸多问题的根源。要坚决淘汰落后产能,推进企业兼并重组。① 同时,在经济高速发展阶段涌现了大量创业企业,在经济增速放缓后,这些企业中便有许多企业无法适应市场,亏损甚至资不抵债后停止生产经营,存在大量需要借助外界不断"输血"借款才能基本维持生存的"僵尸企业",仍占据相当数量的社会资源却无任何产出。

正是在产能严重过剩、"僵尸企业"大量存在的情况下,人民法院为充分发挥司法职能,积极运用破产制度贯彻落实中央推出的方针政策。就现实情况而言,大多数产能过剩企业或者"僵尸企业"都处于亏损甚至资不抵债、缺乏清偿能力的境况,这些企业中相当一部分都具备了破产原因。对于其中有拯救价值的产能过剩

---

① 参见《国务院关于化解产能严重过剩矛盾的指导意见》,http://www.scio.gov.cn/32344/32345/32347/33367/xgzc33373/Document/1447657/1447657.htm,2018 年 3 月 2 日访问。

企业,可以通过破产重整或者和解的方式,剥离落后产能,实现优化重组;①对于无拯救价值的企业,则通过破产清算将其彻底驱离市场,释放生产要素。正如最高人民法院审判委员会专职委员杜万华所言,"破产制度既实现了化解产能过剩、提高资源配置效率进而恢复现有产业和企业发展动力的目标,又平衡了各方主体利益的矛盾,于国于民均是好事"。② 但由于破产制度的适用门槛较高,且伴随高昂的破产费用,故实践中破产制度的适用并不理想,其上述功能没有得到真正体现。

现实中,大量的"僵尸企业"及存在严重落后产能的企业往往都债务缠身,作为被执行人进入执行程序的情况普遍存在,且大多数都已经具备了破产原因。通过"执转破"程序使这些企业进入破产程序具有程序上的便捷性,加之"执转破"程序是由执行法院对被执行人企业的相关财产状况、涉诉情况等进行调查,免去了由债权人或企业自身申请破产所要向人民法院提交相关证据的义务,更有利于具备破产原因的企业法人进入破产程序处理债权债务。

(三) 执行案件移送破产审查制度的价值及意义

毋庸置疑,在一定的政体范围内,任何社会制度的创设及适用都是为了解决一定的社会现实问题,具有其所特有的价值及意义。"执转破"制度也不例外,正如杜万华所言:"人民法院开展执行案件移送破产审查工作,是一次重大的理论创新,也是一次必要和有

---

① 邹海林:"供给侧结构性改革与破产重整制度的适用",载《法律适用》2017 年第 3 期。
② 杜万华:"充分认识执行案件依法移送破产审查工作重要意义",载《人民法院报》2016 年 12 月 11 日第 002 版。

益的司法实践。"①本文认为,"执转破"制度的价值及意义具体如下:

第一,"执转破"的制度的确立完善了民商事司法工作机制,开创了案件由执行程序转向破产程序的新局面,确立了"立案、审判、执行、破产"的司法环节。② 在"执转破"制度创设以前,执行程序便是债权公力救济方式的最后阶段,对于执行不能案件便以终结本次执行程序的方式予以搁置,将本应由债权人因市场风险而自行承担的执行不能结果停留在执行领域,期待以后发现被执行人有财产后再申请恢复执行。"执转破"制度创设以后,破产程序成为立案程序、审判程序和执行程序之后的一个独立司法环节。经过破产程序处理的案件其债权债务关系都将得到依法解决。

第二,有利于健全市场主体救治和退出机制,化解过剩产能,清理"僵尸企业"。执行不能案件在满足一定条件后便可进入破产程序,通过破产程序所特有的功能解决之前只能停留在执行领域的案件,积极运用破产重整、和解程序救治有价值的企业,运用破产清算程序淘汰无价值企业及"僵尸企业",使其尽快退出市场,释放闲置生产要素,优化资源配置。同时,根据企业自身情况及市场整体环境,对于具有过剩产能的企业,可运用破产重整、和解、清算程序来化解落后、过剩产能。

第三,"执转破"制度的确立有助于化解执行积案问题。受移送的执行不能案件通过破产程序的适用而被依法终结,成为真正

---

① 杜万华:"充分认识执行案件依法移送破产审查工作重要意义",载《人民法院报》2016 年 12 月 11 日第 002 版。

② 杜万华:"充分认识执行案件依法移送破产审查工作重要意义",载《人民法院报》2016 年 12 月 11 日第 002 版。

意义上的执行结案,而不是终结本次执行程序。同时,与被执行人相关的其他执行案件也得以终结。

第四,有利于债权债务的公平处理,提升司法公信力。通过破产程序能够全面掌握被执行人企业的资产负债情况,将以债务人全部资产对全部债权进行公平清偿,避免执行程序仅对个别申请执行人债权进行清偿的情况。正如王欣新教授所言:"法律以实现公平为己任,而适用于债务人丧失清偿能力情况的破产法尤需体现公平原则。"[①]

第五,有利于提高司法效率,节约司法资源。虽然通常情况下,执行程序具有比破产程序更高的效率,但对于执行不能的案件而言,执行程序根本无法解决纠纷,如果不转入破产程序进行集中处理,那么该执行案件将一直停留在执行领域,反反复复浪费司法资源,无任何意义,司法也将无效率可言。只有将案件转入破产程序处理,才能实现对债权债务的清理,彻底解决纠纷。从这个意义上来讲,"执转破"不仅提高了司法效率,还节约了司法资源。

二、执行案件移送破产审查制度现状及困境

(一) 执行案件移送破产审查制度的现状

关于"执转破"制度的现状,本文主要从两个方面来分析,一是现行移送机制的情况;二是该制度在实践中的效果。

1. "执转破"制度移送机制的现行规定

本文认为,"执转破"制度的移送机制,是指当案件进入执行程

---

① 王欣新:"破产撤销权研究",载《中国法学》2007 年第 5 期。

序后,人民法院执行部门发现被执行人具备了破产法上的破产原因,从而依照一定的法律程序将执行案件移送至具有管辖权的人民法院进行破产审查的一系列制度安排,是一套完整的司法实践工作流程。移送机制是"执转破"制度的核心问题,它主要解决的是"执转破"制度在司法实践中如何操作的问题。自 2015 年《民诉法解释》确立"执转破"制度以来,由于只是对"执转破"制度进行了原则性的概括规定,并没有规定明确的移送机制,"执转破"制度在司法实践中严重缺乏可操作性。这也是"执转破"制度实施不理想的重要原因之一。因此,最高人民法院于 2017 年发布了《指导意见》,明确了"执转破"制度的操作细则,对"执转破"工作的推进起到了积极的推动作用。

"执转破"制度移送机制是从案件进入执行程序到受移送人民法院破产审查部门裁定受理破产案件之前,都应当遵循的一定的规则。对此,本文将进行简要阐述,具体情况如下:

第一,"执转破"的移送主体是人民法院执行部门。当执行部门认为执行案件符合一定的条件时,在履行一定的程序后便可以将执行案件移送破产审查。

第二,"执转破"制度下的被执行人为企业法人,且该被执行人不能清偿到期债务,并且资产不足以清偿全部债务或者明显缺乏清偿能力。

第三,执行法院发现被执行人具备破产原因后,应当及时向申请人和被申请人履行告知和征询工作。

第四,在征得申请执行人或者被执行人之一书面同意后,执行案件承办人应提出审查意见,并经合议庭评议同意后,由法院院长签署移送决定。

第五,"执转破"案件采用属地管辖原则,即由被执行人住所地人民法院管辖。级别管辖采用中级人民法院管辖为原则,基层人民法院管辖为例外。

第六,前述执行法院为基层人民法院,且受移送法院为中级人民法院的,基层人民法院还应报请其所在地中级人民法院执行部门审核同意。

第七,移送决定作出后,执行法院应书面通知所有已知执行法院中止对被执行人的执行程序。

2. "执转破"制度的实践效果

笔者通过查阅文献资料得知,自 2015 年《民诉法解释》确立"执转破"制度以来,司法实践中"执转破"工作实施情况并不理想。基层法院执行局法官对于"执转破"制度认知有限,相当数量的法官根本没有处理过"执转破"案件。同时执行案件申请人也对"执转破"制度抱着"陌生"与"犹豫"态度。据相关问卷调查研究显示,在接受问卷调查的某市基层法院执行局法官中,约有 51% 的人没有处理过"执转破"案件,有 49% 的人在处理"执转破"案件时因当事人不愿意转入破产程序或者有少部分当事人愿意转入执行程序,但最终却因为其他原因使案件无法进入破产程序。所以,调研者所在地市无任何一家人民法院真正启动过"执转破"程序。[①] 就全国法院整体情况来看,执行案件数量持续增长,执行不能案件占全部执行案件比重较高,然而"执转破"案件启动难,受理数量少的情况仍普遍存在。自"执转破"制度确立以来,真正实施的尚不足

---

① 陈明灿:"执行转破产程序的困境和出路——以有限职权主义启动机制的构建为突破口",载《深化司法改革与行政审判实践研究(下)——全国法院第 28 届学术讨论会获奖论文集》。

10 件。[①] 就经济发达的广东省整体情况而言,因"执转破"受理破产案件数量仅占全部移送破产审查执行案件的 0.9%,且大部分集中在深圳中院,有的地区人民法院甚至尚未受理过"执转破"案件。[②] 因此,不管是经济发达地区还是相对落后地区,在实践中,执行案件因"执转破"程序而真正进入破产程序的数量明显较少,"执转破"工作仍然任重而道远。

(二) 关于现行移送机制相关问题的评判

任何一项制度的设计都不能做到尽善尽美,都需要在实践的检验中不断改进优化。"执转破"制度下的移送机制也不例外,对于在实践中出现的问题,理论界与实务界都提出了批评的声音。然而,由于研究者看问题的角度以及价值倾向等的不同,针对被批评的制度设计,也会出现支持的声音。关于《指导意见》下"执转破"的移送机制的评判主要围绕以下几个方面展开。

1. 当事人申请主义

（1）移送机制下的当事人申请主义

在"执转破"制度确立以前,即执行与破产相分离时期,在破产程序的启动方面执行严格的当事人申请主义,即当债务人企业具备了破产原因的情况下,是否通过破产程序来集中解决债权债务完全取决于当事人是否申请启动破产程序。在"执转破"制度确立以后,这种绝对的当事人申请主义模式发生了微妙的变化。根据

---

① 潍坊市中级人民法院课题组:"关于完善执行转破产程序的调研报告",载《山东审判》2017 年第 1 期。

② 丁海湖、田飞:"'执转破'操作模式及相关实务问题研究",载《法律适用》2017 年第 11 期。

《民诉法解释》第 513 条的规定,在企业法人符合破产条件的情况下,执行法院经当事人之一同意便可启动"执转破"程序。从执行与破产相分离阶段到执行与破产相衔接阶段,当事人的意思表示对于破产程序的启动虽然未发生本质的变化,即决定权仍在当事人手中。但"依申请"到"经同意"的变化却表明了最高人民法院将更积极主动地推行"执转破"工作,对于启动"执转破"有强烈的需求。根据《指导意见》第 4 条①的规定,在经当事人之一同意前,人民法院需付出更多的努力,履行告知和征询义务,尽可能取得当事人同意。不难发现,人民法院对当事人意思表示要求的变化背后是一系列的现实问题,如执行案件积压、僵尸企业大量存在等。②

同时,为配合推进"执转破"工作,最高人民法院在《指导意见》中还设置相应的配套机制。如明确要求法院加强对当事人的告知和征询工作,以便让当事人对案件的现实状况及通过破产程序来处理该案件的效果有更清楚的认识,从而减轻当事人对"同意"的心理负担。此外,《指导意见》第 4 条还规定了无当事人同意移送且无人申请破产的,执行法院应当按照《民诉法解释》第 516 条③的

① 《关于执行案件移送破产审查若干问题的指导意见》第 4 条:执行法院在执行程序中应当加强对执行案件移送破产审查有关事宜的告知和征询工作。执行法院采取财产调查措施后,发现作为被执行人的企业法人符合破产法第二条规定的,应当及时询问申请执行人、被执行人是否同意将案件移送破产审查。申请执行人、被执行人均不同意移送且无人申请破产的,执行法院应当按照《最高人民法院关于适用〈中华人民共和国民事诉讼法〉的解释》第五百一十六条的规定处理,企业法人的其他已经取得执行依据的债权人申请参与分配的,人民法院不予支持。
② 廖丽环:"洛克同意论对执转破程序启动要件的端视与修正",载《南海法学》2017 年第 5 期。
③ 《最高人民法院关于适用〈中华人民共和国民事诉讼法〉的解释》第 516 条:当事人不同意移送破产或者被执行人住所地人民法院不受理破产案件的,执行法院就执行变价所得财产,在扣除执行费用及清偿优先受偿的债权后,对于普通债权,按照财产保全和执行中查封、扣押、冻结财产的先后顺序清偿。

规定处理,企业法人的其他已经取得执行依据的债权人申请参与分配的,人民法院不予支持。该规定是对执行程序中参与分配制度的限制,以此来倒逼执行顺位靠后申请执行人同意"执转破"。最高人民法院此举可谓用心良苦,既要顺应尊重当事人私权的趋势,不敢贸然确立职权主义,又要尽最大可能推动"执转破"工作的顺利开展,以便发挥司法职能解决现实问题。

虽然人民法院对于当事人的意思表示要求发生了变化,但不能否认的是在现行的移送机制下,"执转破"制度仍然是坚持当事人申请主义。在没有当事人书面同意的情况下,人民法院便不能将执行案件移送破产审查。

(2) 对当事人申请主义的评判

对于"执转破"工作在司法实践中的开展并不理想的现状,诸多研究认为当事人申请主义是重要原因,纷纷呼吁确立职权主义启动"执转破"程序作为对当事人申请主义的补充。理由如下:

首先,当事人申请主义具有缺陷。当人事申请主义意味着执行案件移送破产审查的启动决定权完全掌握在当事人手里,即使人民法院有充分的依据认为执行案件应当由破产程序处理,也无法直接移送破产审查。此举虽然尊重了当事人的意思自治,赋予了当事人程序处分权,但当事人中的申请执行人即债权人,通常都期望实现自我利益最大化,在执行程序更有助于实现其利益的情况下往往不愿意案件进入破产程序进行集体公平清偿。同时,在现行的制度安排下,被执行人往往也不愿意进入破产程序,这就造成了当事人申请主义的失灵,"执转破"工作陷入困境。[1]

---

[1] 郭洁、郭云峰:"论执行与破产的对接程序",载《人民司法》2015 年第 11 期。

其次,职权主义启动模式具有合理性与正当性,可以有效弥补当事人申请主义的缺陷。"执转破"制度从一开始便带有维护社会公共利益的目的。除了有助于公平清偿债权债务,化解社会矛盾的作用外,还有健全市场主体救治和退出机制的作用。因此,当社会整体利益受到侵犯时,国家应该出面予以干涉。此外,职权主义启动模式也仅就执行案件的移送具有强制力,并非破产程序启动上的职权主义,受移送人民法院在进行破产审查后受理与否则不受此影响。①

最后,职权主义启动模式应当是当事人申请主义的辅助和补充,不能也不应成为执转破启动的主要方式。只有在当事人出于自身利益考虑而不同意移送破产审查时,人民法院才能依据职权将案件移送破产审查。②

然而支持当事人主义的观点认为,基于破产法的私法性质,破产程序的启动应当由当事人自由选择;职权主义启动破产程序没有法律依据,也侵害了当事人的私权;人民法院依职权启动将使法院陷入"自立自审"的悖论,尤其是当执行人民法院与破产审理法院一致时,不利于案件公正审理;③在现实中,人民法院对于破产案件的受理也存在消极情绪,依职权启动"执转破"将是"空中楼阁"。④

① 陈明灿:"执行转破产程序的困境和出路——以有限职权主义启动机制的构建为突破口",载贺荣主编:《深化司法改革与行政审判实践研究(下)——全国法院第28届学术讨论会获奖论文集》,人民法院出版社2017年版。

② 韩蓉、徐阳光:"'执破衔接'之问题与对策研究",载《法制与经济》2016年第7期。

③ 孙静波:"执行与破产相衔接立案事务研究",载《人民司法》2013年第7期。

④ 曹爱民:"执行转破产程序:制度理性及进路",载贺荣主编:《深化司法改革与行政审判实践研究(下)——全国法院第28届学术讨论会获奖论文集》,人民法院出版社2017年版。

（3）本文的观点

本文认为,"执转破"程序的启动应当实行"当事人申请主义为主,职权主义为辅"的模式。"执转破"制度下的职权主义启动模式是指在被执行人企业具备破产原因的情形下,执行法院在履行告知和征询义务后仍无当事人同意将执行案件移送破产审查,执行法院凭借司法权强制将案件移送至有管辖权的人民法院进行破产审查。之所以应当实行"当事人申请主义为主,职权主义为辅"的启动模式,理由除前文提到的"当事人申请主义具有较多缺陷,职权主义具有合理性与正当性"外,笔者以为,推行职权主义为辅的模式还与我国公民的破产制度理念以及整体的司法环境有关。

我国破产制度最初是用于解决国有企业的破产问题,国有企业之外的企业并没有明显感受到破产制度的相关运行情况。也就是说,我国的破产制度从一开始就处于相对封闭的运行环境,绝大多数普通老百姓并不了解破产制度,更不知道破产制度在解决集体债权债务方面所独有的功能。后来,破产制度的适用范围扩大,而非国有企业在破产程序中却无法享受到类似国有企业破产的"制度性补贴",这在一定程度上抑制了国有企业以外的其他组织对破产制度的需求。① 进一步导致破产制度适用的相对封闭性,破产制度理念无法在社会中得到普及,公民对破产制度的陌生导致其对适用破产程序的抵触。而这种抵触也助推了当事人申请主义的失灵,催生了对职权主义的需求。

---

① 唐应茂:"为什么执行程序处理破产问题?",载《北京大学学报(哲学社会科学版)》2008 年第 6 期。

此外,由于当前司法环境并未得到实质性的改善,司法公信力仍然有待提升。一味强调人民法院对当事人同意"执转破"的建议权,加强告知和征询工作,也未必能取得较好的实践效果。

2. 管辖原则

(1) 移送机制下的管辖原则

根据《指导意见》第 3 条①,执行案件移送破产审查实行以中级人民法院管辖为原则,基层人民法院管辖为例外的属地管辖原则制度。

(2) 对移送机制下的管辖原则的评判

对移送机制下的属地管辖原则,即破产案件由债务人住所地人民法院管辖。支持的观点认为,第一,破产案件疑难复杂,由债务人住所地人民法院管辖更便于查找相关资料,掌握资产经营状况,且有利于对破产案件审理工作的推进;第二,破产案件涉及多方主体,如债权人、债务人、管理人、重组方、地方政府及相关部门等,债务人住所地人民法院更方便与各方的沟通协调;第三,明确的地域管辖便于实践操作,避免管辖混乱及争夺或推诿管辖的情况,节省司法资源。②

反对的观点认为,应当由执行法院作为破产案件的管辖法院。理由是:第一,实践中应当由更符合职权主义"执转破"需求的人民法院管辖,而不应拘于属地管辖原则;第二,实践中存在债务人

① 《关于执行案件移送破产审查若干问题的指导意见》第 3 条:执行案件移送破产审查,由被执行人住所地人民法院管辖。在级别管辖上,为适应破产审判专业化建设的需求,合理分配审判任务,实行以中级人民法院管辖为原则、基层人民法院管辖为例外的管辖制度。中级人民法院经高级人民法院批准,也可以将案件交由具备审理条件的基层人民法院审理。

② 孙静波:"执行与破产相衔接立案事务研究",载《人民司法》2013 年第 7 期。

住所地法院对债务人信息掌握处于劣势的情况,如债务人有的大标的额案件并不由其住所地人民法院管辖;第三,可以防止债务人住所地人民法院基于地方保护主义而拒绝受理破产案件的情况;第四,方便执行部门与立案、审判部门的卷宗交接和程序衔接。①

对于级别管辖原则,支持的观点则认为,当前,基层人民法院具备破产审理条件的较少,破产审判力量不足,审理破产案件缺乏经验,专业化不强。实行以中级人民法院管辖为原则有利于"完善破产审判工作机制,推动破产审判专业化、规范化、常态化"。② 此外,"在民商事案件级别管辖下移、案件量大幅增加的情况下,基层民商事法官难有精力再去处理数量不菲的'执转破'案件。"③

反对的观点认为,实践中,大部分执行案件由基层人民法院处理,当基层人民法院作为执行法院时,其比中级人民法院更清楚被执行人的企业财产和债权债务情况,审理起来更为方便。如果再转交中级人民法院审理,会造成司法资源浪费的结果,同时带来程序上的拖沓,增加当事人的诉累。此外,基层人民法院也完全有能力审理一般企业的破产案件。④

还有一种观点认为,在被执行人符合破产审查的移送条件时,应当由执行机构直接作出启动破产程序的裁定,因为执行机构在

---

① 李帅:"论执行案件中法院职权主义破产启动程序的构建",载《法律适用》2015 年第11 期。
② 丁海湖、田飞:"'执转破'操作模式及相关实务问题研究",载《法律适用》2017 年第11 期。
③ 王富博:"关于《最高人民法院关于执行案件移送破产审查若干问题的指导意见》的解读",载《法律适用》2017 年第11 期。
④ 潍坊市中级人民法院课题组:"关于完善执行转破产程序的调研报告",载《山东审判》2017 年第1 期。

执行过程中对被执行人的情况更为清楚,由执行机构启动破产程序后再将案件移交民商事审判部门。①

(3) 本文的观点

本文赞成现行移送机制下的管辖原则,即实行以被执行人住所地中级人民法院管辖为原则,基层人民法院管辖为例外。理由如下:

首先,由被执行人住所地人民法院管辖更有利破产案件债权债务的集体解决,理由如支持的观点所述。对于认为应当由执行法院管辖破产案件的观点,笔者认为其有一定的道理,但这种做法在实践中十分缺乏可操作性。因为实践中针对被执行人的执行案件往往存在于多家不同法院,一旦同时有多家人民法院启动"执转破"程序,那么破产案件的管辖权将由哪家人民法院行使呢? 如果涉及到跨省的情况,那么是否还需要由最高人民法院来协调管辖权的问题呢? 这种管辖权的混乱状况将严重影响"执转破"程序的启动,既浪费了司法资源,也损害了申请执行人和被执行人的利益。

其次,根据破产案件及破产程序具有相对复杂的特性和基层人民法院破产审判力量相对欠缺,且专业性不高,在现阶段由中级人民法院管辖更为合理。

再次,目前民商事案件级别管辖下移,基层人民法院案件大幅增加,由中级人民法院管辖"执转破"案件有助于平衡案件压力。

最后,对于符合条件的案件,如债权债务关系相对简单、涉案标的较小等,中级人民法院经高级人民法院批准后,也可以交由具备审理条件的基层人民法院审理。这既有利于保证案件的审判质

① 陈明灿:"执行转破产程序的困境和出路——以有限职权主义启动机制的构建为突破口",载贺荣主编:《深化司法改革与行政审判实践研究(下)——全国法院第 28 届学术讨论会获奖论文集》,人民法院出版社 2017 年版。

量,也有助于合理分配案件的审理。

对于由执行机构直接作出启动破产程序的裁定的观点,虽然有一定道理,也能更高效地推动破产程序的开展,节省一定的时间和司法资源。但笔者认为这种做法太激进了,这就赋予了执行机构直接启动破产程序的权力,受移送人民法院将失去破产审查的权力,就好比"执行机构端来一碗饭,受移送人民法院只能乖乖把饭吃掉",没有任何说"不"的权力。这明显不符合权力制衡的要求。而且,执行法院如果是基层人民法院,而受移送法院是中级人民法院,要让中级人民法院去完成基层人民法院裁定的内容,可能需要花费更多的时间及成本,得不偿失。

3. 同意主体的范围

(1)移送机制下的同意主体范围

根据《指导意见》第 2 条的规定,"执转破"制度移送机制下的同意主体是指被执行人或者有关被执行人的任何一个执行案件的申请执行人。在这里,只有作为被执行人的企业法人是唯一的,而有关被执行人的执行案件可能有多个,即可能存在多个申请执行人。

(2)对移送机制下的同意主体范围的评判

有观点认为,现行移送机制下同意主体范围较窄是"执转破"程序启动动力不足的原因之一。其认为应当考虑扩大同意主体的范围,允许有证据证明对被执行人享有合法债权,但尚未取得执行依据的债权人也参与到"执转破"程序中,如果其同意被执行人进入破产程序,也可启动"执转破"程序。①

---

① 潍坊市中级人民法院课题组:"关于完善执行转破产程序的调研报告",载《山东审判》2017 年第 1 期。

然而也有观点认为应当遵循现行移送机制下的同意主体的规定,不能将同意主体扩大到与被执行人有关的执行案件当事人以外的其他债权人。因为执行程序转破产程序必须经由执行程序,"执转破"程序只解决执行中的破产案件,不解决其他破产案件,以确保执行和破产两个程序的独立价值。故未进入执行程序的其他债权人不能启动"执转破"程序。①

(3) 本文的观点

本文赞成现行移送机制下的同意主体的范围。理由在于破产程序是并列于立案程序、审判程序和执行程序的,而通过"执转破"方式进入破产程序与当事人直接申请进入破产程序是破产案件的两个来源,如果将未进入执行程序的其他债权人也纳入有权同意启动"执转破"程序的主体,将会对破产程序的独立性造成极大的破坏。因为对于未进入执行程序的债权人而言,由于执行法院已经通过执行调查等方式查明被执行人具备破产原因,只需要债权人的书面同意便可以直接将案件移送破产审查,而不再需要债权人向法院提交《破产法》规定的破产申请书及有关证据。通过"执转破"方式使案件进入破产程序的成本要远低于通过直接申请而进入破产程序,故此举在实践中会大量减少依据直接申请而进入破产程序的案件,而使案件更多是通过执行程序转入破产程序,造成破产程序的启动更多依赖于执行程序。这显然也不利于完善司法工作机制。

4. 同意主体"之一"的规定

《民诉法解释》与《指导意见》均明确规定,执行案件移送破产

---

① 廖丽环:"洛克同意论对执转破程序启动要件的端视与修正",载《南海法学》2017 年第 5 期。

审查须由被执行人或申请执行人之一同意。对于申请执行人之一的规定,有观点认为这种做法没有考虑申请执行人的债权份额和人数,这种同意的授权并非基于民主的同意,存在较强的功利性,忽视了追求效率同时兼顾公平的问题。根据洛克同意论的观点,当基于所有人的同意而组成一个共同体时,这个共同体的整体行动要经大多数人的同意才是最好的选择。故具体到"执转破",规定只需申请人之一同意便能移送,这种做法值得商榷。[①] 此外,还有观点认为,"之一"同意的规定虽然可以避免多数债权决策规则带来的损害小额债权权利人利益的弊端,但在当事人对执行转破产程序的意愿发生冲突且难以协调时,对其他当事人难言公正。[②]

本文赞同移送机制下同意主体"之一"的规定,即被执行人或者申请执行人之一同意即可。原因主要有以下几个方面:

第一,符合《企业破产法》的规定,债权人与债务人均可向人民法院提出破产申请,且债权人提出破产申请的,并未对债权人的人数及债权份额有要求。因此,对于"执转破"程序而言,"之一"同意便可以达到《企业破产法》上债权人申请破产的效果。

第二,就破产程序本身而言,其具有概括清理债权债务的功效,进入破产程序后,将对全体债权人的债权依据债权性质及金额公平合理清偿,因此同意主体是"之一""之二"还是"之三"对公平清理债权债务的结果是没有任何影响的。笔者认为,当被执行人出现破产原因时,对全体债权人进行公平清偿应当优于个别债权

① 廖丽环:"洛克同意论对执转破程序启动要件的端视与修正",载《南海法学》2017 年第 5 期。
② 郭洁:"论强化法院对涉众案件执行转破产程序的职权干预——基于 2011 年至 2014 年沈阳市两级法院执行不能案件的分析",载《法学》2016 年第 2 期。

人在执行程序中的优先利益。

第三,毋庸置疑,"之一"同意也有助于提高"执转破"的移送概率,对于推动"执转破"工作具有积极意义。

(三) 执行案件移送破产审查制度的移送困境

上文已经提到了"执转破"制度的实践效果并不理想,因执行案件移送破产审查而成功受理的破产案件并不多,"执转破"工作的开展陷入了困境。笔者认为,这种困境主要体现为移送困境。移送困境具有广义和狭义之分,狭义的移送困境是指执行案件应当被移送破产审查却不能的情形,更具体的说是指被执行人企业法人具备了破产原因,但由于现行移送机制的规定或其他原因,使得执行法院不能或不愿将该执行案件移送破产审查的情形,从而使得"移送"陷入困境。而广义的移送困境还应当包括执行案件被移送后,受移送人民法院因为种种原因做出不予受理或者驳回申请的裁定,使得案件最终处理结果与"移送困境"状态下的结果完全相同。本文所要讨论的应当是广义的"移送困境"。笔者认为,这种困境主要表现在三个方面:一是执行法院不能移送;二是执行法院不愿移送;三是受移送人民法院的不受理。需要说明的是,本文讨论的受移送法院不受理是非正常状态下的不受理,即被执行人符合移送条件,受移送人民法院也具有管辖权,但受移送人民法院出于其他因素的考虑而不受理,如案件审理难度大、矛盾突出或出于地方保护主义而不予受理。否则,受移送人民法院的破产审查功能将形同虚设。

1. 执行法院不能移送

不能,在这里应是指没有能力,即执行法院受制于外界因素无法做出移送行为。因《指导意见》明确规定了"执转破"的条件：企业法人、意思表示、破产原因。企业法人和破产原因都是客观情况，只要不具备，执行案件便无需移送破产审查。而意思表示是申请执行人和被执行人的主观意愿，可同意也可不同意。只要有其中一人同意，执行法院便可以移送，但如果没人同意，执行法院便不能将案件移送。因此执行法院不能移送的症结就在于无人同意，也就是申请执行人和被执行人均不同意。原因是什么呢？其实原因在前文也已经提到了，在此作简要分析。

第一，申请执行人不同意的原因主要来自以下几个方面：一是成本和效率，相较破产程序而言，执行程序对于申请执行人来说具有成本更低，而效率更高的优势；二是可期待的收益更高，执行程序注重对申请执行人个人债权的清偿，而破产程序注重对全体债权人的债权进行公平清偿，这就导致申请执行人受偿比例降低；三是对破产制度理念及功能认识不足，不愿尝试通过破产程序实现债权；四是司法公信力不足，对人民法院的释明和建议（即告知和征询）工作心存疑虑。

第二，被执行人作为企业法人，其对外意思表示均是由公司相关管理人员通过一定的流程做出。故被执行人不同意其实是其管理人员如股东和高管等的不同意。股东和高管不同意"执转破"的原因通常有：一是《企业破产法》对债务人符合破产条件时申请破产并没有强制性要求，更无相关惩罚；二是债务人企业进入破产程序后，极有可能发现股东、高管在公司经营过程中未尽勤勉义务，甚至涉及违法犯罪行为，如偷税漏税、骗取国家相关补贴等；三是股东通常会为债务人对外的负债提供担保，即使是债务人进入破产程序，债权人依然可以对股东进行追责；四是债务人已具备破产原因,可能因为存在无法通过正常决策机制而对外做出同意移送的意思表示,如股东之间无法达成一致等。

对于"执转破"案件,在申请执行人和被执行人都不同意移送的情况下,执行法院又没有强制移送的权力,共同造成了实践中执行案件移送破产审查的移送困境。

2. 执行法院不愿移送

不愿,则完全是出于主观上的考虑。执行法院不愿将案件移送破产审查,表现为执行法官的消极不主动,比如不积极采取对被执行人的财产调查措施,对当事人的告知、征询工作流于形式,甚至故意阻挠"执转破"工作的开展。上述现象主要有如下原因:第一,当前执行法官面临巨大的案件压力,而"执转破"工作对执行法院来说也许仅能解决单个执行案件,却需要在移送前付出大量精力以穷尽执行措施,查控企业财产,掌握企业涉诉、涉执情况,极大增加了执行法官的工作量;第二,"执转破"工作缺乏相应激励机制,这就意味着执行法官做了很多工作却无法得到相应回报;第三,因受移送法院掌握着对"执转破"案件的受理权,客观上存在不受理的情况,如移送被退回,将导致前期执行法官大量工作归零。

3. 受移送人民法院不愿受理

《指导意见》第19条规定:"受移送人民法院作出不予受理或驳回申请的裁定后,人民法院不得重复启动执行案件移送破产审查程序。"此时,执行法院应当恢复对被执行人的执行。这就意味着,受移送人民法院如不受理破产案件,"执转破"工作将无法进行,使得一切又重新回到原来的执行程序。除非申请执行人或被执行人直接向有管辖权的法院提出破产申请。受移送人民法院为何不受理破产案件呢?笔者认为,原因在于:第一,破产审判缺少量化激励机制。破产案件相对普通案件通常更繁琐复杂,审判周期长,但由于没有科学量化激励机制,审判法官不愿审理破产案件;[①]第二,受移送人民法院担心审理破产案件会将各种问题、矛盾集于人民法院,导致人民法院工作难以开展,故而增设破产门槛;[②]第三,地方政府的不当干预会对受移送法院受理破产案件造成一定阻碍。企业破产必然会带来一系列集体问题,如职工安置、债权集中清偿等,这些问题会对地方稳定及发展造成一定影响,需要地方政府协调处理,在我国现行政治体制下,如无地方政府同意,人民法院一般也不会轻易受理破产案件。同时,地方政府为了当地的经济数据,有时盲目招商引资,如被引进的企业破产,地方政府可能会承担相应责任,故常常不同意法院受理破产案件。[③]

三、执行案件移送破产审查之移送困境原因分析

关于移送困境的原因,本文将从以下三个方面进行分析。

(一) 现行法规的缺陷

《民诉法解释》确立了"执转破"制度,《指导意见》明确了"执转破"制度的操作细则。但二者均规定了"执转破"程序启动的当事

---

① 张元华:"论执行移送破产程序的激励性引导与规制",载《甘肃政法学院学报》2016 年第 6 期。
② 陆晓燕:"运用法治手段化解产能过剩——论破产重整实践之市场化完善",载《法律适用》2016 年第 11 期。
③ 潍坊市中级人民法院课题组:"关于完善执行转破产程序的调研报告",载《山东审判》2017 年第 1 期。

人申请主义原则,否定了人民法院依职权启动的模式,即如无执行案件当事人的移送同意,则只能继续执行程序。而当事人出于自身利益的考虑,往往不愿执行案件进入破产程序。本文认为这是造成"执行法院不能移送"困境的主要原因之一。

(二) 相关配套制度的缺失

1. 缺乏相应的考核激励机制

"执转破"制度出现"执行法院不愿移送"与"受移送法院不愿受理"困境的主要原因在于相应考核激励机制的缺失。对于执行法院而言,当前执行法官面临巨大的案件压力,而"执转破"工作对执行法院来说也许仅能解决单个执行案件,却需要在移送前付出大量精力以穷尽执行措施,查控企业财产,掌握企业涉诉、涉执情况,极大增加了执行法官的工作量。但由于缺乏相应激励机制,这就意味着执行法官做了很多工作却无法得到相应回报,故其不愿积极推动"执转破"工作。对于受移送法院而言也存在同样情况,有研究指出,"办理涉案金额十几亿、债权人几百号的破产案件与办理一件简单的民商事案件在审判系统办案质效的考评中并无差别。"[1]这当然难以调动受移送法院受理案件的积极性。

2. 缺乏当事人对受移送法院作出的裁定的异议权

《指导意见》第 7 条[2]规定了当事人对移送决定的异议权,但并

---

[1] 参见:"执转破机制实施的困境与出路——以 C 市法院执转破案例审理为例",http://www.fayuan.cixi.gov.cn/art/2017/11/9/art_10324_1452803.html,2018 年 3 月 19 日访问。

[2] 《最高人民法院关于执行案件移送破产审查若干问题的指导意见》第 7 条:执行法院作出移送决定后,应当于五日内送达申请执行人和被执行人。申请执行人或被执行人对决定有异议的,可以在受移送法院破产审查期间提出,由受移送法院一并处理。

没有规定当事人对受移送人民法院作出的受理或不受理裁定的异议权,缺少了对权力的制衡机制,在一定程度上助长了受移送人民法院不受理破产案件的做法。

(三)"执转破"制度运作中的问题

1. 参与分配制度对移送困境的影响

前文已经提到,《规定(试行)》第 96 条将参与分配制度适用对象扩大到企业法人,这就使得执行程序在某种程度上具有了破产程序的部分功能。对于申请执行人而言,选择执行程序当然比破产程序更有利于自己债权的实现。虽然《民诉法解释》已经限制了参与分配制度对企业法人的适用,但由于各地人民法院对参与分配制度适用标准不统一及存在一定程度上的司法腐败等原因,对具备破产原因的企业法人适用参与分配的情况在司法实践中依然存在,这在一定程度上阻碍了"执转破"工作的开展,造成移送困境。

2. 中止执行落实不到位对移送困境的影响

《指导意见》第 8 条①规定了对被执行人中止执行的情况,中止对被执行人的执行是为了使全体债权人的债权能够得到公平清偿。如果执行案件被移送进入破产程序后,却仍然出现继续执行的个别清偿情况,那么破产程序公平清偿债权债务的正当性基础将不复存在,当事人也将对破产程序失去信任,移送困境的情况将进一步加剧。

---

① 《最高人民法院关于执行案件移送破产审查若干问题的指导意见》第 8 条:执行法院作出移送决定后,应当书面通知所有已知执行法院,执行法院均应中止对被执行人的执行程序。

3. 缺乏有效的"府院联动"机制对移送困境的影响

缺乏有效的"府院联动"机制对受移送法院受理破产案件会造成一定阻碍。因为企业破产必然会带来一系列集体问题,如职工安置、债权集中清偿等,这些问题会对地方稳定及发展造成一定影响,需要地方政府协调处理。在我国现行政治体制下,如无地方政府同意,人民法院一般也不会轻易受理破产案件。同时,地方政府为了当地的经济数据,有时盲目招商引资,如被引进的企业破产,地方政府可能会承担相应责任,故可能出现不同意人民法院受理破产案件的现象,进而不配合、不协助破产案件的审理。如无法与当地政府协商一致,破产程序将难以推进。① 在此种情况下,法院便不会启动破产程序,从而出现移送困境。

四、执行案件移送破产审查制度的改革与完善

任何社会制度都是由一系列的相关安排构成的有机统一体,环环相扣,一旦某个环节的安排或运作出现问题,就极有可能影响到整个制度功能的发挥,甚至使整个制度沦为无价值的摆设。具体到"执转破"制度,在启动模式方面,如没有职权主义的适当介入,符合条件的执行案件将难以转入破产审查;在中止执行方面,如果其他人民法院在受移送法院审查期间对被执行人进行了强制执行,对于其他债权人而言显然有失公平,不符合破产制度的基本价值和理念,"执转破"制度将失去正当性基础。此外,对于执行法

---

① 参见潍坊市中级人民法院课题组:"关于完善执行转破产程序的调研报告",载《山东审判》2017 年第 1 期。

院和受移送人民法院的相关考核激励机制、执行程序参与分配制度的适用、当事人对移送决定和受理或不受理裁定的异议权以及破产制度的相关设计等,都是整个"执转破"制度的重要组成部分,应当予以完善,以便更好地发挥"执转破"制度的作用。

(一) 立法建议:"执转破"启动的职权主义辅助模式

因为现行法规明确规定的是"执转破"启动的当事人申请主义模式,即使在企业法人具备了破产原因的情况下,人民法院也不能依职权移送破产审查。这给"执转破"制度在实践中造成了极大的启动障碍,故本文建议从立法上明确"执转破"程序启动的职权主义辅助模式。对于符合移送条件的执行案件,执行法院在履行了告知和征询义务后,仍无当事人同意移送的,应当依职权将案件移送破产审查。但职权主义启动模式在实践中应当慎用,因为这是在公共理由的基础上剥夺了当事人的意思自治,这种启动模式不应成为常态。

需要注意的是,执行法院在依职权启动"执转破"程序之前,应积极履行告知和征询义务,不能流于形式。具体来说,可以围绕破产制度的效益对不同当事人开展释明和建议工作,从当事人利益的角度向其进行破产效益的释明及建议。如向被执行人企业法人释明破产程序对正当经营者的有限责任保护,具有拯救价值的企业还可以运用破产重整、和解进行拯救;向申请执行人释明破产程序具有的社会效益,在执行不能转破产的情况下具有正当性基础,并向执行顺位靠后的申请执行人释明现行司法解释对参与分配制度的限制,只有通过破产程序才能更好地实现其债权。

（二）相关配套制度的建议

1. 设置独立、科学的考核激励机制

根据最高人民法院于 2018 年 3 月 4 日发布的《全国法院破产审判工作会议纪要》（以下简称《会议纪要》）第 44 条，人民法院应当根据实际建立"执转破"工作考核机制，科学设置考核指标。当前移送困境出现的一部分原因便是执行法院不积极主动开展"执转破"的移送工作，而受移送人民法院也不积极开展破产审查工作。独立、科学的考核激励机制有助于调动执行法院与受移送人民法院处理"执转破"案件的积极性。本文认为对于执行法院的考核激励机制，可根据破产案件的审理化解了多少执行积案来量化执行法官"执转破"期间的工作，使得执行法官前期的付出与最后的收获成正比；对于承办破产案件的法官来说，可以根据破产案件涉案标的大小、债权人数量等情况来折算破产案件可以折抵多少普通民事案件，比如有的地方人民法院正在尝试办结 1 个破产案件折抵 70 个金融借款案件的方案。① 此外，也需要设置相应的惩戒措施，如对不依照《指导意见》规则开展"执转破"工作的，"除应当纳入绩效考核和业绩考评体系外，还应当公开通报和严肃追究相关人员的责任"，②通过奖惩并举来推动"执转破"工作开展。

---

① 参见："执转破机制实施的困境与出路——以 C 市法院执转破案例审理为例"，http://www.fayuan.cixi.gov.cn/art/2017/11/9/art_10324_1452803.html，2018 年 3 月 19 日访问。

② 《全国法院破产审判工作会议纪要》第 44 条：强化执行转破产工作的考核与管理。各级法院要结合工作实际建立执行转破产工作考核机制，科学设置考核指标，推动执行转破产工作开展。对应当征询当事人意见不征询、应当提交移送审查不提交、受移送法院违反相关规定拒不接收执行转破产材料或者拒绝立案的，除应当纳入绩效考核和业绩考评体系外，还应当公开通报和严肃追究相关人员的责任。

2. 明确当事人对"执转破"案件移送决定及受理与否的异议权

"执转破"制度的确立虽然打通了执行程序转往破产程序的路径,在一定程度上有助于法院解决目前面临的执行难即执行不能案件大量积压的困境,但并不是所有执行不能的案件都一定要通过破产程序来解决。比如根据《企业破产法》第 9 条①的规定,如被执行人与申请执行人在执行法院移送过程中或者受移送人民法院裁定受理前达成执行和解,那么人民法院应当尊重当事人的意思自治,案件不再进入破产程序;再如《企业破产法》第 108 条②规定,当出现第三人为债务人提供足额担保或为债务人清偿全部到期债务的情形时,人民法院应当裁定终结破产程序。既然符合条件时能终结破产程序,那么在执行程序中或者审查过程中,如果有第三人为被执行人完成上述法律规定的行为,则当事人也可以向人民法院提出异议,被执行人便不用进入破产程序。此外,笔者赞同"执转破"程序启动以当事人申请为主,职权主义为辅,故为了实现对人民法院依职权启动"执转破"程序的限制和约束,也有必要赋予当事人对移送决定及受理裁定的异议权。笔者认为,实践中当事人的异议权可以分三种情况提出:

第一,当事人对执行法院作出移送决定的异议。《指导意见》第 7 条虽然规定了当事人对移送决定的异议权,但并未明确当事人异议的提出方式和受移送人民法院对异议的审查方式。由于移

① 《企业破产法》第 9 条:人民法院受理破产申请前,申请人可以请求撤回申请。
② 《企业破产法》第 108 条:破产宣告前,有下列情形之一的,人民法院应当裁定终结破产程序,并予以公告:(一)第三人为债务人提供足额担保或为债务人清偿全部到期债务的;(二)债务人已清偿全部到期债务的。

送决定并不能直接导致执行案件进入破产程序,故笔者认为,可以赋予当事人以口头或书面的形式向受移送人民法院提出异议的权利,受移送人民法院经审查后也可以同样的方式答复当事人,但如果是以口头方式提出及答复的,受移送人民法院应当做好相关笔录并由当事人签字(盖章)确认。至于受移送人民法院对异议的审查方式,笔者认为,如涉及被执行人债权债务相对复杂、资产负债状况不易查明等情况的,受移送人民法院可以通过听证等公开方式进行查明。

第二,当事人对受移送人民法院作出不予受理或驳回申请裁定的异议。《指导意见》并未对该异议作出明确规定,但笔者认为应当参照《破产法》第12条①的规定,赋予同意移送破产审查的当事人在受移送人民法院作出不予受理或驳回申请裁定时的异议权。因为"执转破"作为破产程序启动方式之一,同意移送的当事人在某种程度上与破产程序直接启动的申请人具有相同的地位。既然《破产法》赋予了申请人对不予受理的上诉权,那么"执转破"程序中同意移送的当事人在受移送人民法院作出不予受理或驳回申请的裁定时,也应当享有相同的上诉权。

第三,当事人对受移送人民法院作出受理破产案件裁定的异议。当事人可能对移送决定已经向受移送人民法院提出了异议,但受移送人民法院在审查之后仍然受理了破产案件。笔者认为,在"执转破"程序职权主义为辅的启动模式下,应当赋予当事人对受理破产案件裁定的异议权,异议权的具体行使方式应当与不受

---

① 《企业破产法》第108条:破产宣告前,有下列情形之一的,人民法院应当裁定终结破产程序,并予以公告:(一)第三人为债务人提供足额担保或为债务人清偿全部到期债务的;(二)债务人已清偿全部到期债务的。

理或驳回申请的异议相一致,即赋予当事人对裁定的上诉权。

需要注意的是,"执转破"制度具有维护公共利益的正当性价值,其必然会影响部分当事人的利益,故对于当事人提出的异议,应当是围绕被执行人是否具备破产原因,申请执行人与被执行人是否达成执行和解,是否有第三人为被执行人的债务提供足额担保或为被执行人清偿全部到期债务等,而不应是围绕被执行人进入破产程序后是否影响了当事人的利益,同时也需考虑申请执行人与被执行人是否存在恶意串通以损害其他债权人利益的情况。

(三)"执转破"制度运作中的相关建议

1. 严格落实执行法院作出移送决定后的中止执行规定

对于《指导意见》第 8 条规定,笔者认为首先应当明确"执行法院作出移送决定后"具体是指哪个时间点,以便及时书面通知已知执行法院。根据《指导意见》第 5 条和第 6 条[①],基层人民法院向其所在地中级人民法院移送的移送决定作出的具体时间和中级人民法院之间的移送决定作出的具体时间应当是执行法院院长签署移送决定后,而基层人民法院向异地中级人民法院移送的移送决定作出的具体时间应当是其所在地中级人民法院执行部门审核同意后。因此,明确了不同情况的具体移送时间后,笔者认为,不管移送决定有没有送出或者是送到被移送人民法院,执行法院均应当

[①] 《最高人民法院关于执行案件移送破产审查若干问题的指导意见》第 5 条:执行部门应严格遵守执行案件移送破产审查的内部决定程序。承办人认为执行案件符合移送破产审查条件的,应提出审查意见,经合议庭评议同意后,由执行法院院长签署移送决定。第 6 条:为减少异地法院之间移送的随意性,基层人民法院拟将执行案件移送异地中级人民法院进行破产审查的,在作出移送决定前,应先报请其所在地中级人民法院执行部门审核同意。

立即书面通知所有已知执行法院中止对被执行人的执行。

其次，应当书面通知所有已知执行法院，启动"执转破"程序的执行法院在前期的财产调查及涉诉、涉执情况调查中应当穷尽调查手段，尽可能多地发现在不同人民法院存在多少对于被执行人的执行案件，以避免案件进入破产程序后的个别执行，保证全体债权人债权的公平受偿。

最后，实践中，执行法院由于地方保护主义等原因，也常出现应当中止而不中止执行的情况。因此，对于已经书面通知到的执行法院，如其仍在继续对被执行人的执行程序，相关当事人可以通过执行异议、执行复议等制度寻求救济。[1] 笔者认为最高人民法院可以出台相关政策，对故意不中止执行的人民法院施以惩戒措施，纳入考核指标，以保障"执转破"制度的顺利推行。

2. 严格限制实践中参与分配制度的适用范围

针对民事执行程序中参与分配制度对破产制度的冲击，严重影响了破产制度的适用这一现象，《民诉法解释》在确立"执转破"制度的同时，也明确否定了参与分配制度对企业法人的适用。这对于区分参与分配制度与破产制度的功能具有重要意义，也为"执转破"制度的正常运作清除了一道障碍。但实践中参与分配制度的适用并没有得到严格限制，有的人民法院仍然将其适用于企业法人，因为取得执行依据是债权人申请参与分配的必要条件，所以未参与分配的其他债权人的合法利益就受到了损害，运用破产制度公平清理债权债务的路径也遭到了阻拦。故实践中应当严格限制参

---

[1] 王富博："关于《最高人民法院关于执行案件移送破产审查若干问题的指导意见》的解读"，载《法律适用》2017 年第 11 期。

与分配制度的适用范围,对于被执行人为企业法人执行的案件坚决不能适用该制度。笔者认为,最高人民法院可以出台相关政策,严肃处理不按《民诉法解释》适用参与分配制度的相关人员及法院。

3. 降低当事人适用破产制度的成本,提高破产程序的审判效率

执行程序转破产程序是要通过破产程序来解决与执行程序中的被执行人有关的所有债权债务问题,最终问题解决的效果完全取决于破产程序的运作。前文已经论及,现行破产程序与执行程序相比毫无优势可言,适用成本高、效率低严重影响了当事人对选择破产程序解决债权债务问题的积极性。所以,只有当适用破产程序的成本降低、审判效率提高时,理性的当事人才愿意选择破产程序。否则,执行不能案件积压的现状依旧不能解决,"执转破"程序的启动将更多地依据人民法院的职权,而不是当事人的同意,这样司法公信力将受到严重损害,法律的正当性也将受到挑战,"执转破"依旧困境重重。所以,降低破产制度的适用成本,提高破产程序的审判效率极为重要。具体的实行意见如下:

第一,推动建立破产费用的综合保障制度,降低破产制度适用成本。破产意味着高昂的破产费用,实践中大量存在债权人及债务人无力支付破产费用的情况,进而影响到破产程序的启动。尤其是受移送人民法院在审查中发现债务人无财产可破时,很有可能拒绝受理破产案件。《会议纪要》第 12 条①规定,人民法院应从多方面考虑,建立破产费用保障制度。这将有助于解决实践中大

---

① 《全国法院破产审判工作会议纪要》第 12 条:各地法院要积极争取财政部门支持,或采取从其他破产案件管理人报酬中提取一定比例等方式,推动设立破产费用保障资金,建立破产费用保障长效机制,解决因债务人财产不足以支付破产费用而影响破产程序启动的问题。

量无产可破的案件无法进入破产程序的现状,有利于提高当事人适用破产程序的积极性。此外,也可探索实行人民法院对破产案件受理费的减免制度,建立破产案件中介机构法律援助制度以及政府提供专项破产基金等制度,彻底解决破产费用对破产程序启动的阻碍问题。①

第二,建立破产案件审理的繁简分流机制,提高破产程序的审判效率,降低当事人的时间成本。在实践中,破产程序的适用并没有因案件疑难情况不同而有繁简之分,而破产案件审判效率低下、审理周期长也一直是当事人不愿选择破产程序的重要原因。《会议纪要》第 29 条②便提出了建立破产案件审理的繁简分流机制,对于债权债务关系明确、债务人财产状况清楚的破产案件,可以通过缩短程序时间、简化流程等方式加快案件审理进程。此外,人民法院还可以采取通过增强审判力量、选任培养专业破产审判法官的措施来提升破产审判质量及效率。同时,完善管理人制度,引导鼓励中介机构培养和建立符合不同类型破产案件的管理人队伍,提升管理人队伍的专业素质,使破产案件同时具有专业的审判队伍及管理人队伍,也有助于提高破产案件的审判质量和效率。

通过对上述"执转破"相关制度的完善,要达到的效果便是当事人愿意选择破产程序来解决债权债务问题,从而解决执行程序与破产程序的错位适用问题,在一定程度上化解实践中执行难及

---

① 郭洁:"论强化法院对涉众案件执行转破产程序的职权干预——基于 2011 年至 2014 年沈阳市两级法院执行不能案件的分析",载《法学》2016 年第 2 期。

② 《全国法院破产审判工作会议纪要》第 29 条:在确保利害关系人程序和实体权利不受损害的前提下,建立破产案件审理的繁简分流机制。对于债权债务关系明确、债务人财产状况清楚的破产案件,可以通过缩短程序时间、简化流程等方式加快案件审理进程,但不得突破法律规定的最低期限。

"僵尸企业"大量存在的状况。

4. 建立破产案件审理的"府院联动"机制

因破产案件涉及到的诸多问题如职工安置、税收减免、房产过户、工商注销等社会问题和经济问题，需要当地政府部门配合才能得到有效解决，故人民法院加强与政府相关部门的沟通协调，建立有效的"府院联动"机制，有助于得到相关部门的支持与配合，更有利于破产案件的处理。这不仅是化解法院执行积案的需要，也是贯彻中央供给侧结构改革部署，建立和完善市场主体救治和退出机制的需要。典型的例子，如东北特钢、重庆钢铁破产重整案，破产审判中"府院联动"起到了重要作用，有力地保障了破产重整程序的顺利进行。有的地方已在积极探索"府院联动"机制，如福建省在省、市、县三级建立企业破产和信贷风险处置工作统一协调机制；广东佛山、惠州成立了由市政法委牵头政府各相关部门参加的协调机制，与破产审判工作直接对接。①

结　语

"执转破"制度的确立是一次重大的理论创新，也是一次必要和有益的司法实践。由于执行程序与破产程序各自的功能定位、适用成本及解决问题的效率等存在差异，实践中，执行程序的适用与普及程度要远高于破产程序。但这存在严重的错位适用问题，因为大量执行不能案件其实具备了破产条件，应当适用破产程序，

---

① 《专访最高法院贺小荣庭长详解中国破产审判未来路》，载《财新周刊》2018 年第11 期。

却停留在执行程序中。即使"执转破"制度的确立从制度上打通了二者的转换问题,但因为执行程序相对于破产程序有较明显的优势,导致当事人常常不同意启动"执转破"程序。加之"执转破"的移送规则存在一定缺陷,且相应配套制度及实践中运作的不完善,导致执行法院在一定程度上不积极推动"执转破"程序的运行,受移送法院也存在不愿意受理破产案件的情况。种种因素合在一起使得符合"执转破"条件的被执行人企业法人很少能够进入破产程序。破产制度集中化解矛盾、公平清偿债权债务的功能和价值不能得到体现,"执转破"制度的价值当然也无法体现。

执行程序与破产程序在适用的时候应当以各自的功能定位为依据,而不是所有的债权债务的解决都只能通过执行程序。故笔者认为在符合一定条件的情况下,执行法院可以依职权而启动"执转破"程序,将债权人个人利益与社会效益综合考虑。同时,为了使"执转破"制度的运行能得到更多当事人的自愿选择,而不是只依赖于法院职权,我们应当完善相关的制度安排,如对人民法院相关部门设置独立、科学的考核激励机制,赋予当事人对移送决定及受理与否的异议权,落实移送决定作出后的中止执行,严格限制参与分配制度的适用以及降低破产制度的适用成本等,从而让更多符合破产条件的被执行人能进入破产程序,达到化解部分执行难问题、清理"僵尸企业"的目的,实现"执转破"制度的价值。

破产裁定确认债权的异议程序建构

黄承军①

任何程序或机制,都有其存在的目的,破产也是如此。正如 Max Radin 教授所言,"历次破产立法都脱离不了一个目的,那就是在债务人没有足够的财产可供分配时,提供一个债务清偿程序,以对各类针对破产财产的请求权进行甄别和处理"。《企业破产法》(下称破产法)第一条,对破产法的立法目的,就开宗明义地提到"公平清理债权债务,保护债权人和债务人的合法权益",因此对于破产工作,大致可以理解为两个阶段:债权确认和债务清偿。② 我国破产法也规定了相关破产债权的确认程序,比如破产法第五十七条和第五十八条的规定。但就实事而言,破产程序相对一般诉讼程序有其特殊性,在破产程序下相关主体对人民法院裁定已确认债权的异议程序,规定并不是很明确。实务中做法也各异,如何在保障当事人合法权益的基础上,明确相关异议或救济程序③,就成为很现实的问题。

---

① 作者简介:黄承军,男,成都市龙泉驿区人民法院审委会委员、民二庭庭长。
② [美]大卫·G. 爱泼斯坦、史蒂夫·H. 尼克勒斯、詹姆斯·J. 怀特:《美国破产法》,韩长印等译,中国政法大学出版社 2003 年版,第 2 页。
③ 我国破产法规定清算、重整、和解三种程序,重整与和解虽从形式上存在暂缓行使债权的情形,但就其实质而言,仍可归纳入广义上的债务清偿程序,重整与和解仅是清偿程序中在"妥协"和"协调"情况下的变形,其目的在于保障债权更好地实现。

一、问题提出

（一）案例介绍

甲公司因经营不善，不能清偿乙公司的 3000 万元到期债务，乙公司向人民法院申请宣告甲公司破产。人民法院受理乙公司的破产申请后，指定丙律师事务所作为破产管理人。破产管理人根据债权人的申请材料，对相关债权审查，并制作债权表。债权人会议和甲公司对债权表所登记的债权均无异议。人民法院对该债权表所登记的债权予以裁定确认。后甲公司的财务人员向管理人和法院反映，人民法院裁定确认的债权表中所登记的丁公司的 800 万元债权已清偿，后经核实，发现甲公司实已通过债权转让的方式予以清偿，甲公司请求法院不予确认丁公司的债权。丁公司对债权转让的事实存有异议。

（二）观点梳理

实务中，在人民法院裁定确认债权表所登记的债权后，发现所确认债权存在争议或虚假的情况，并不少见。上述案例仅是现实的缩影，多数问题已通过管理人或人民法院的"智慧"予以解决，但回归到法律角度，此种情况是否应给予相关利害关系人异议的权利，以及异议程序为何，学者在认识上并不一致。从笔者所检索的资料来看，主要观点大致有以下几种：第一种观点，债权表经人民法院的裁定确认后，其记载事项不允许变更，此时债权表已与确认之判决一样具有确定效力，如允许债权人或债务人在人民法院的确认裁定后提出异议并"起诉",有违一事不再理;[1]第二种观点,破产程序中的裁定与审判中的生效判决一样,具有对世效力、既判力、执行力,非依"申诉"不得改变裁判的内容;[2]第三种观点,即使某一种债权通过债权人会议的审核与人民法院的确认,参与破产程序的特定债权人仍可对其提出异议,但该异议只能通过"再审"程序处理,如同申请撤销已生效的判决一样;[3]第四种观点,认为不应以裁定方式解决当事人之间的实体权利义务,在程序设计上,如当事人对列入债权表的债权有异议,可考虑由人民法院裁定异议是否成立,该裁定无实体效力,当事人不服可提出债权确认之诉。[4]

(三) 问题引出

上述四种观点,存在重合之处,通过梳理,相关问题在形式上主要表现为:1. 是否允许相关主体提出异议? 2. 是否通过裁定对原裁定更正的方式予以纠正? 3. 是否允许通过诉讼途径解决争议或予以更正? 上述问题,我们如果进一步提炼,在理论上就转变为两个问题:一是,该裁定是否具有既判力;二是,在破产程序中引入诉讼方式予以救济是否妥当。

如果破产程序中的确认裁定是没有既判力的,发现错误,人民法院可以直接以裁定予以纠正。类似的,如《最高人民法院关于〈中华人民共和国民事诉讼法〉的解释》第三百七十四条就规定,

---

[1] 异议程序,相对于其他权利人或利害关系人而言,也可谓"救济",因此本文在使用上存在"异议"与"救济"交叉使用的情形。

[2] 参见霍敏主编:《破产案件审理精要》,法律出版社 2010 年版,第 134 页。

[3] 王东敏:《新破产法疑难解读与实务操作》,法律出版社 2007 年版,第 88 页。

[4] 许德风:《破产法论——解释与功能比较的视角》,北京大学出版社 2015 年版,第 197 页。

"适用特别程序作出的判决、裁定,当事人、利害关系人认为有错误的,可以向作出该判决、裁定的人民法院提出异议。人民法院经审查,异议成立或部分成立的,作出新的判决、裁定撤销或改变原判决、裁定"。这种以"裁定"直接更改"裁定"的方式,是不需要通过审判监督程序做"桥梁",启动再审程序,系因特别程序中法院所作的裁定没有既判力。①而救济途径是否采用诉讼程序,实际上就是是否允许另行通过诉讼方式解决实体争议,在裁判方式上也会存在裁定或判决的差异。

二、从既判力角度看赋予异议权利的可能性

(一) 既判力规则的厘清

在对确认债权登记表的裁定效力进行讨论时,基本上都会提到裁定的"既判力"。所谓既判力,即判决实质上的确定力,是指人民法院作出的终局判决一旦生效,当事人和法院都应当受该判决内容的拘束,当事人不得在以后的诉讼中主张与该判决相反的内容,人民法院也不得在以后诉讼中作出与该判决冲突的判断。②要撤销判决所产生的既判力,只能通过再审,换言之,只要未经再

---

① 参见王欣新:《破产法理论与实务疑难问题研究》,中国法制出版社 2011 年版,第 292 页以下。需作说明的是,该观点系王欣新教授在 1993 年针对《企业破产法(试行)》和《最高人民法院关于贯彻执行〈中华人民共和国破产法(试行)若干问题的意见〉》中关于债权确认的相关规定,所发表的观点及提出的立法建议。因该观点涉及到对裁定确认债权提出异议,救济程序是否应采用诉讼程序的重要问题,故在本文中引用。
② 参见沈德咏主编:《最高人民法院民事诉讼法司法解释理解与适用》,人民法院出版社 2015 年版,第 991 页。

审,判决的既判力就不能被否定,这是民事诉讼法的基本构造。[①]

我国民事诉讼法理论界对"既判力"在认识上并无实质争议,但值得注意的是,我国民诉学界在讨论既判力时,原则上是在"判决"场合进行。比如谭兵教授主编的《民事诉讼法学》(法律出版社 2004 年版)、常怡教授主编的《民事诉讼法学》(中国法制出版社 2008 年版)、江伟教授主编的《民事诉讼法》(中国人民大学出版社 2013 年版)等有代表性的著作。法院所作出确认债权登记表的"裁定",是否能适用既判力效力规则,就有讨论之处。

(二) 确认裁定与既判力关系

在破产法上,对确认裁定的效力没有作"明确"或"特殊"的效力规定,因此对破产裁定的理解,还需先回归到民事诉讼法上的一般规定或理解。民事裁定,是指人民法院对民事诉讼和执行程序中的程序问题以及个别实体问题所作出的权威性判定。[②] 对于裁定的程序性效力,通常认为裁定对当事人、人民法院及与裁定相关的单位或个人具有法律上的拘束力,非经法定程序,不得改变或撤销已生效的裁定。[③]

对于确认裁定是否具有既判力,还是要回归到既判力角度分析。确认裁定与既判力的关系,可能需要较宏大的篇幅来分析与描述,限于本文主题,仅从以下几个关键点看两者之间的异同:一是,主体的符合性。既判力原则上仅在对立当事人之间产生,而按

① 张卫平:《民事诉讼法》,法律出版社 2004 年版,第 119 页。
② [日]高桥宏志:《民事诉讼法——制度与理论的深层分析》,林剑锋译,法律出版社 2003 年版,第 585 页。
③ 张卫平:《民事诉讼法》,法律出版社 2013 年版,第 413 页。

照破产法第五十八条第二款的规定,法院作出确认裁定的前提,是管理人、债务人、债权人会议(多数决)对债权表所记载的债权均无异议,上述主体很难用"对立当事人"的概念来圈定;二是,非诉场合的裁定能否产生既判力。按上述关于既判力的定义,既判力原则上是在"判决"场合产生,这里的判决应指狭义的"判决",也就是当事人通过两造相对的诉讼模式发表各自观点,人民法院在此基础上作出的判断(决),在制度上不允许当事人再提出异议,就具有正当性,[①]这也是既判力的存在基础。而破产程序中的债权登记,实际上是未经过这种"对立"(诉辩和举证),如果法律禁止当事人对裁定提出异议,则显失合理性;三是,确认裁定能否适用审监程序。既判力是一种禁止当事人对同一纠纷再度提出争议的强制力,[②]但判决可能存在错误,基于保护当事人权益的需要,民事诉讼设立既判力排除制度,就是再审之诉。从反向角度,是否能适用既判力排除制度就成为检验裁判是否具有既判力的标准,而《最高人民法院关于适用〈中华人民共和国民事诉讼法〉的解释》第三百八十条明确规定:"适用特别程序、督促程序、公示催告程序、破产程序等非讼程序审理的案件,当事不得申请再审。"再审是反方向划定既判力作用的边界。[③]

(三) 救济的可能与必要

通过上述分析,我们认为主张对债权登记表确认裁定具有

---

① 李浩:《民事诉讼法学》,法律出版社 2014 年版,第 324 页。

② 参见[日]新堂幸司:《新民事诉讼法》,林剑锋译,法律出版社 2008 年版,第 474 页以下。

③ [日]高桥宏志:《民事诉讼法——制度与理论的深层分析》,林剑锋译,法律出版社 2003 年版,第 488 页。

既判力的观点,实际上仍有商榷之处。而且值得注意的是,我们如果认同确认裁定具有既判力,在现行法律框架下,可能产生异议主体救济无门的尴尬之境。既判力具有排除当事人对纠纷再提异议的制度力量,按程序法定原则,非法律规定的情形,是不能击破确认裁定的既判力的。而现状是,破产法未规定此种情况相关主体的异议程序,但《最高人民法院关于适用〈中华人民共和国民事诉讼法〉的解释》第三百八十条又明确规定破产程序不适用再审程序。事实上,无论持何种观点的论者,原则上均认同在此种情况下,应给予当事人救济途径。从理论上明确在现行法律体系下,裁定不具有既判力,[①]救济之门从法理上就打开了。

在《最高人民法院关于适用〈中华人民共和国民事诉讼法〉的解释》第三百八十条明确规定,破产程序属于非讼程序,司法解释规定非讼程序中的判决或裁定不能适用再审程序予以救济,是基于非讼程序处理事项或处理程序本身的特殊性,并非否定对其的救济。只是其救济途径,不能适用再审程序而已。

另外,相关主体对裁定所确认的债权登记表上所载明的债权提出异议,是实体权利义务之争,而从破产法的相关规定来看,在法院作出确认裁定之前,债权虽然经过管理人"审查"、债权人会议"核查",但因法律对审查标准规定不明,同时也受限于相关主体的审查能力和力度,债权的审查在整体上仍属于形式审查。因此,在制度上给予当事人救济途径,确有必要性。

[①] 江必新、孙祥壮、王朝辉:《新民事诉讼法审判监督程序讲座》,法律出版社 2012 年版,第 73 页。

三、破产法的法律特征对异议程序建构的影响

（一）不可逆转性原则的影响

司法实践中，对于破产案件的程序处理，一般是比较谨慎的，其中一个原因，就是受破产程序中的"不可逆转性原则"思维的影响。但实际上，"不可逆转性原则"具体的体现是什么，是否当然覆盖整个破产程序，似乎还有探讨之处。如对"不可逆转性"作字面的解释推演，就能得出一个判断——人民法院在破产程序中所作的裁定等判断，不能通过其他方式予以更改。如能更改，就具有了可逆转性。但从现行规定来看，对于破产程序中的裁定，立法并非采用"一裁终局"，比如破产法第十二条就规定，申请人对人民法院不予受理的裁定不服，可以提起上诉。[1] 因此，有学者就直接指出不可逆转性原则是"似是而非"的判断，同时认为，"法院裁判的是否可逆，并不取决于程序的性质（普通程序或特别程序），而主要取决于争议及执行的性质，如离婚判决，虽然不是特别程序，但一经生效，也具有不可逆性"。[2]

对于不可逆转性原则，我们在理解上不可绝对化。不可逆转性原则，在整个破产程序中的"主线"特征，还是较为明显。不可逆转性原则主要指向破产程序中人民法院所作的"向前推进"的"关

---

[1] 法律基于特定原因，可创设性地赋予既判力。比如在日本破产法上，记载有确定债权的债权单，就被赋予与确定判决同等的效力。见[日]中村英郎：《新民事诉讼法讲义》，陈刚、林剑锋、郭美松译，法律出版社 2001 年版，第 228 页。

[2] 司法实践中，对于不予受理破产清算申请的裁定，有通过再审程序予以纠正的案件。参见（2017）最高法民再 284 号《民事裁定书》。

键性判断"(裁定)不可逆,比如已经受理的破产申请,除法定原因外,不能更改。至于,对不予受理的裁定,并不具有向前推进的特征,仅是案件受理上的判断,实际上是不适用不可逆转性原则的。人民法院对债权登记表的确认裁定,虽然是属于广义上的推进性判断,但因涉及实体权益,且有限度的逆转,不会对破产程序产生实质性阻碍作用,此也系不可逆转性原则制度的"柔性"体现。

如上所述,不可逆转性原则属于破产程序的整体性原则,且主要体现在人民法院"关键性"程序判断的不可逆,那么,救济程序的建构应遵循一个基本原则,就是该项救济不能对破产程序的"整体"推进产生阻碍性影响。也即该救济所产生的纠正后果,不能产生推翻法院的关键性判断,这样才能确保破产程序推进的流畅性,不因救济程序的完善而产生不当的阻碍影响。而达到这样的程序效果,最有效的方法就是对当事人提出异议的时间予以限制。

(二) 形式审查原则的影响

对于破产债权的审查,在破产法第五十七条、五十八条,针对不同的主体采用不同表述,其中管理人采用的是"审查",债权人会议采用的是"核查",人民法院采用的是"确认",尽管表述存在差异,但实质都是债权审查(广义)。本文讨论集中于瑕疵确认裁定的救济程序构建,因此,此处形式审查原则的讨论主要从人民法院的角度切入。

准确理解人民法院在债权审查中采用形式审查的原因,需要对破产程序中特有的审理架构予以了解。破产法引入国际通行的管理人制度,取代以往的清算组。而管理人,是指破产案件受理后依法成立的,在人民法院的指导和监督之下全面接管债务人企业并负责债务人财产的保管、清理、估价和分配等事务的专门机构。① 对于破产管理人的法律地位，在理论上有"职务说""债权代理人""债务人代理说""破产财团代理说""管理机构人格说"等不同认识，②但能够确认的一点是，人民法院指定管理人后，债务人将丧失对相关财产的管理权，同时将负担债务人的相关债权债务的清理之职。此时管理人的职责履行类似于法院在职权主义模式下的审判职权行使方式，③而法院的职责，则是转变为"监督"和"指导"。这种职责上的转换，决定了人民法院对需确认债权的审查不能采用实质审查。④ 这里延伸的问题就是，异议程序中法院对债权的审查是否仍然坚持形式审查原则。关于这个问题，笔者将在下文中再做相关阐述，但笔者总的观点是，不能简单持"当事人之间实体权利义务均应通过诉讼来解决"，立法将破产程序作为非讼程序，有其程序便利的考虑。如果将实体争议均引入诉讼程序进行解决，破产法"促使债权债务关系及时处理，维护社会经济秩序稳定"的功能，将难以实现。⑤ 同时，引入门槛过低，或产生管理人债务清理功能的弱化，从而使债权审查之职，由管理人回转至法院。

---

① 许德风：《破产法论——解释与功能比较的视角》，北京大学出版社 2015 年版，第 75 页。
② 王欣新：《破产法》，中国人民大学出版社 2011 年版，第 63 页。关于管理人职责，可见破产法第二十五条的规定。
③ 李永军：《破产法——理论与规范研究》，中国政法大学出版社 2013 年版，第 173 页。
④ 管理人的相关职责的履行，系按照法律规定行使，并不当然受限于债权人或债务人。
⑤ 比如《广东省高级人民法院全省上部分法院破产审判业务座谈会纪要》第 12 条就规定，对破产法第五十八条第二款规定的债务人、债权人均无异议并经债权人会议依法确认债权表记载的债权，人民法院可根据管理人的申请径行作出裁定确认。

(三) 债权人利益整体最大化原则的影响

破产法第二条所规定的"破产原因",既是破产受理要件,也是破产宣告要件。按照该条规定,破产程序中债务人的所有债务整体面临着清偿不能的困难,此时债权人之间、债权人与债务人之间,因个别债权的优先实现而产生利益冲突。在利益冲突的情况下,利益衡量是必然的。破产程序的目的是对债权人共同清偿,因此破产程序是共同执行,[①]具有"债权人竞赛"性质的单独执行,为破产法所禁止。债权人利益在破产法中被整体对待,因此,所谓债权人整体利益最大化原则就产生了。该原则是指破产法保护债权人作为整体的利益最大化。[②] 而不同债权人内部的权利顺位问题,则由法律以明文规定的方式来解决。

对于债权人利益与债务人利益之间的冲突,有观点就认为,破产制度已从单一保护债权人利益转变为综合兼顾债务人以及其他破产事件参与人利益。[③] 同时,笔者也注意到破产法第二条的规定:"为规范企业破产程序,公平清理债权债务,保护债权人和债务人的合法权益,维护社会主义市场经济秩序,制定本法。"笔者认为,破产法对债务人的权益保护系法律上的权利维护,而"债权人利益整体最大化原则"中的"利益"更多的是指"经济利益"。从经济利益角度,债务人的资产原则上已不足以清偿债权,对此,有经

---

① 关于破产法的社会功能,参见安建主编:《中华人民共和国企业破产法释义》,法律出版社 2006 年版,第 4 页。

② [德]莱因哈德·波克:《德国破产法导论》,王艳柯译,北京大学出版社 2014 年版,第 1 页。

③ 齐明:《中国破产法原理与适用》,法律出版社 2017 年版,第 30 页。

济学者就直言道,"除了债权人的利益,什么也没有"。①

当债权人利益需整体化一并处理时,产生的问题就是债权实现的时间被一体化,部分债权的实现时间被延长。因此,为了使破产制度满足债权人利益的实现,在制度设计或实施上,就需考虑债权实现的效率问题。这一问题,在享有别除权的债权人身上,矛盾就更显突出。破产申请的受理,事实上阻碍了别除权人的权利实现。因此,确认裁定的异议程序构建需充分考虑效率问题。

四、异议程序的建构

(一) 救济途径的选择

对确认裁定的救济程序完善,在途径选择之上,实际上存在两种方式。一种是抛开现行法的规定,按照制度的自有目的,创建一个新的救济制度。另一种是以现行法律规定为基础,通过法律解释的方法寻找到救济途径。前者属于立法论,后者属于解释论。立法论破旧立新,虽然相关救济程序的构建或许更为完善,但从现行的破产审判工作来看,对于裁定确认债权存在误差的情况如何予以救济,具有现实的紧迫性。因此,本文所谓救济程序的"建构",实际上是通过法律解释方法对救济程序的"续造",以期在破产法尚未修订之前,寻找到在法律上有据、法理上认同的做法。

我们阐述既判力和破产法的法律特征,是为异议程序的建构在法理上寻找相关依据或需遵守的事项。既然是续造,而不是构

① 沈志先主编:《破产案件审理实务》,法律出版社 2013 年版,第 1 页。

建"天空之城",在技术层面首先应在法律上找到相应的支撑依据。破产法第五条规定,"破产案件审理程序,本法没有规定的,适用民事诉讼法的有关规定"。该条规定,从文义解释角度来看,民事诉讼法的补充适用主要系"程序"方面的规定,且采用"适用",并没有采用"参照"的表述。对此,笔者认为,破产案件在程序上有其特殊之处,如果对此处"适用",简单地理解为系立法为避免重复规定而进行的省略,则该条法律规定在适用范围或功能适用上将受到极大的限制,因为完整无缝的适用"对接",可适用范围就极为有限。破产法之所以独立成法,是源于其本身的特殊性,即便主要为程序法,也不能为民事诉讼法所涵盖。而实际上,实务对此种"适用",也是持类似程序参照适用之理解,最典型的就是破产财产的处置。按照相关规定,执行财产的处置主体系人民法院,而在破产中债务人财产处理主体系管理人,破产财产的拍卖等均是参照适用执行拍卖的相关规定。[1] 本文对此持相同观点,认为此处"适用",采扩张性解释方法,应包括破产程序中对相似度较高的民事诉讼相关程序的"参照适用"。[2]

(二) 执行制度参照适用分析

对于破产程序与强制执行程序的关系,有学说指出,"破产法具有强制执行法的属性"[3],此为异议程序构建参照适用执行制度

---

① 杨忠孝:《破产法上的利益平衡问题研究》,北京大学出版社 2008 年版,第 46 页。

② 参见徐根才:《破产法实践指南》,法律出版社 2018 年版,第 11 页。

③ 此处的法律解释方法,系采"扩张解释",或漏洞补充的"目的性扩张",有再讨论之处。两者的区分,可见杨仁寿:《法学方法论》,中国政法大学出版社 1999 年版,第 206 页以下。

奠定了基础。但如上所述，既然破产法规定的是"适用"民事诉讼相关程序，即便是适度扩张至参照适用，受立法目的的限制，也应在相近似的规定之间去比对适用，否则就是借参照之名，行随意创设规则之实。

对于确认裁定的法律性质，认识上其实并不清晰。较有力的说法是该裁定使债权取得分配的权利，裁定具有执行名义的效力。所谓的执行名义，是指当事人据以申请执行和人民法院据以采取执行措施的生效法律文书。① 但是，值得注意的是，能作为执行名义的法律文书，通常具有给付内容，确认判决或形成判决是不具有执行力的。② 而该裁定仅是对无异议债权的确认，原则上并不具有执行力，而破产债权取得分配财产的权利，严格意义上讲是来自破产法上关于破产财产分配的相关规定。这里的确认裁定，虽不属于执行名义，但该裁定为法律规定使破产债权获得破产财产清偿的法定要件。因此，其法律性质类似于非诉审查中的允许执行的裁定，属于广义上的"执行行为"。比如按照《国有土地上房屋征收与补偿条例》第二十八条的规定，"被征收人在法定期限内不申请复议或者不提起行政诉讼，在补偿决定规定的期限内又不搬迁，由作出房屋征收决定的市、县级人民政府依法申请人民法院强制执行"。而人民法院作出裁定准予执行的，一般由作出征收补偿决定的市、县级政府组织实施，也可以由人民法院执行。③ 这里执行

① 许德风：《破产法论——解释与功能比较的视角》，北京大学出版社 2015 年版，第 16 页。

② 董少谋：《民事强制执行法学》，法律出版社 2011 年版，第 71 页。

③ 参见［韩］孙汉琦：《韩国民事诉讼法导论》，陈刚审译，中国法制出版社 2010 年，第 362 页。

的内容是政府的行政征收决定,执行主体原则上是政府,但如欠缺该准许执行裁定,则决定无法进入执行阶段。

在先前的法理分析中,通过既判力的角度分析了确认裁定的可救济性。现在,再将确认裁定的性质归入广义的执行行为后,确认裁定的异议程序建构路线就更加清晰。在执行法律规定中有两项规定是值得注意的,一项是《中华人民共和国民事诉讼法》(下称民事诉讼法)第二百二十五条对执行行为异议制度的规定,[①]另一项是《最高人民法院关于人民检察院对撤销仲裁裁决的民事裁定提起抗诉人民法院应如何处理问题的批复》(法释【1998】17 号)。[②]两项规定,实际上均系对执行行为瑕疵的救济程序的规定,但不同的是,"批复"采用准审监程序的流程,相关纠正需通过审判委员会讨论决定。而民事诉讼法第二百二十五条,将执行行为的瑕疵更正予以"常态化",不需要通过审判委员会讨论,直接裁定更改即可,而且还规定了复议的救济程序。另外,第二百二十五条相对于"批复"来说,裁定的更正方式,除了"撤销"之外,还包括"改正",使裁定的纠正能力进一步扩展。两项规定,从出台时间来看,民事诉讼法第二百二十五条(2017 年)在"批复"(1998 年)之后,前者对后者具有替代性,两者虽均为生效规定,但从解决确认裁定瑕疵的便利性和完整性来说,笔者倾向于以民事诉讼法第二百二十五条为

---

① 参见最高人民法院执行局:《人民法院办理执行案件规范》,人民法院出版社 2017 年版,第 301 页(第 775 条),第 303 页(第 759 条、第 760 条)。

② 第二百二十五条规定:当事人、利害关系人认为执行行为违反法律规定的,可以向负责执行的人民法院提出书面异议。当事人、利害关系人提出书面异议的,人民法院应当自收到书面异议之日起十五日内审查,理由成立的,裁定撤销或改正。理由不成立的,裁定驳回。当事人、利害关系人对裁定不服的,可以自裁定送达之日向上级人民法院申请复议。

框架,来续造救济程序。如认为确认裁定纠正事项重大,即便适用民事诉讼法第二百二十五条的执行行为异议规则,提交审判委员会讨论决定,也不违反法律规定。

(三) 异议程序与破产法特征的衔接

在对救济程序进行进一步明晰之前,须回过头来对照先前所分析的破产法自有法律特征对异议程序构建的影响。"不可逆转性原则""形式审查原则""债权人整体利益最大化原则"都存在一个共性要求——效率。这一点,民事诉讼法第二百二十五条所规定的执行行为异议机制能够相对满足。但有两点,在程序续造上仍须明确,即限制异议的时间点和实质审查的把握度。

限制异议的时间节点,在执行行为(狭义)异议中仍然存在。在《最高人民法院关于人民法院办理执行异议和复议案件若干问题的规定》第六条中就明确规定,"当事人、利害关系人依照民事诉讼法第二百二十五条规定提出异议的,应在执行程序终结之前提出,但对终结执行措施提出异议的除外"。但如果确认裁定的异议也采用"执行(破产)程序终结"前作为限制异议的节点,很显然,就不符合破产程序的具体情况。因破产法中破产财产的处置,采用尊重当事人意思自治的原则,"多数决"方式通过财产处置方案是债权人意思自治的典型体现。但"多数决"有效实施的前提条件之一,就是债权确定,因为债权的变化有可能导致"多数决"结果的变化,特别是重大债权的变化。因此,破产程序中的限制救济的节点应与破产程序相符合。我国破产法上的程序包括破产清算、重整、和解,三者在制度目的上存在差异,限制异议节点相应的也应有所差异。破产清算,限制在"破产财产分配方案经人民法院裁定确认之时";和解限制在"和解协议经人民法院裁定认可之时";重整限制在"重整计划经人民法院裁定批准之时"。同时,鉴于破产中的特殊情况较多,可以考虑对特殊情况作例外规定,即"当事人所提异议涉及债权金额较大,且债权的调整并不会对破产程序的推进造成实质性影响的除外"。上述认识,实际上是将"计划(方案或协议)"发生拘束力时,视为《最高人民法院关于人民法院办理执行异议和复议案件若干问题的规定》第六条所规定的"执行程序终结"。另外,需明确一点的是,即便允许提出异议,对之前已进行的表决等,不能再产生具有溯及力的影响。

对于债权实质审查的问题,换个角度来说,就是对于争议是否引入普通程序的处置。因为破产中的审查,采用非讼方式,原则上只能进行形式审查,这在上面已作阐述。基于破产程序的特殊性,引入诉讼程序需谨慎,但如确实涉及到重大实体权利义务之争,基于程序正当原则,在不妨碍破产程序推进的情况下,也应当允许进行实质审查。

(四) 不同事项下的异议程序分流

案例所反映的案情,在实践中以各方通过核实后对债权金额是否达成一致而分为两种情况,这两者所需解决的问题,是不相一致的。对债权金额达成一致的,主要解决裁定的更正问题。对债权金额未达成一致的,除涉及到裁定问题外,还涉及当事人之间的实体权利义务之争。上述差异,反映在异议程序的建构上,应作相应区分。

关于当事人就异议债权的金额达成一致情况下的救济程序:
1.确认债权裁定主文表述为"确认×××等×位债权人的债权(详

见无争议债权表），该债权表已作为裁定主文的一部分，对债权表上登记债权的异议，将视为对裁定的异议；2. 债权人或债务人就人民法院裁定所确认的债权提出异议的，应提交管理人、债务人及债权人会议核实后债权确认的相关材料，人民法院直接以裁定对原裁定予以更改；3. 关于裁定的法律依据，可以援引破产法第四条和民事诉讼法第二百二十五条的规定。[①]

关于当事人就异议债权的金额或权利存在不能达成一致的救济程序：[②]1. 债权人或债务人对破产裁定确认的债权提出异议，并同时提交相关证据材料，初步证明双方就债权债务存在实质性争议；2. 管理人向人民法院出具关于债权核查情况的相关说明；[③]3. 法院经过听证等程序核查后，认为确须对相关债权金额予以纠正，可以裁定"撤销"原裁定中对有争议债权部分的确认；4. 人民法院裁定撤销争议债权的确认后，该部分债权视为自始未被法院确认，相关主体可按照破产法第五十八条的规定，向人民法院提起诉讼。

五、结语

关于裁定已确认债权出现争议其救济渠道的构建，如果从理论或立法角度，立足于既判力的角度进行分析，即可得出可直接裁定予以更改的结论，救济渠道似乎简单而直接。但如果从实务角

① 该条批复第一项规定，"人民法院院长对本院已发生法律效力的诉前保全裁定和在执行程序中作出的裁定，发现确有错误，认为应当撤销的，应当提交审判委员会讨论决定后，裁定撤销原裁定"。
② 作为另一种方案，就是援引新民诉司法解释第三百七十四条，将该条的"特别程序"扩张解释为包括破产等非讼程序情况下的裁定。
③ 与各方对债权金额无争议的救济程序相同部分，就不再重述。

度,在裁判依据的寻找上,却确实存在现实性的困惑。上文力求在现实法律框架下寻找解决之道,但仍存在如下问题:一是,破产法虽有概括执行之法律特征,但与民事诉讼法所规定的单独执行毕竟有差异,能否直接通过破产法第四条连接民事诉讼法所规定的相关执行救济程序,不免产生争议;二是,对异议时间予以限制,涉及当事人重大权利的限制,还需法律或司法解释的明确规定。另外,在具体的技术细节上,债权存在的争议、债权金额增加或降低等不同情形,对救济程序的构建均会产生影响,且还涉及到与债权补充申报等程序的衔接问题。① 随着破产案件的大量增加,加之破产案件特有的债权审查程序,类似的因债权审核所产生的争议会相应增加,为"定纷止争",避免产生无谓的理论与实务的争议,在破产法修改之前,建议通过司法解释对相关异议程序予以明定。

---

① 法院此时受理异议,是基于相关主体之间存在权利义务的实质争议,属于例外情况,如管理人通过核查或沟通,使各方就债权的确认达成一致意见,即可采用前述无争议情况下的"简易"异议程序。

破产程序中刑民交叉问题研究

刘帅彬①

一、导论

(一) 研究的背景

近年来,随着供给侧结构性改革的推进,以"三去一降一补"为核心的中央经济工作部署全面展开,越来越多的企业由于政策或是自身经营的原因走向破产。当下,通过破产程序清理僵尸企业,化解过剩产能,已成为新时代法治的重要特征。但在先前债务人企业的日常经营过程中,不规范的经营管理行为,尤其是不规范的资金筹集行为,债务人本身或债务人的法定代表人、控股股东以及实际经营管理的工作人员有可能涉及刑事犯罪,特别是更易于与非法吸收公众存款罪、集资诈骗罪等非法集资类犯罪相联系,从而在破产程序中产生刑民交叉问题。

基于破产程序独特的制度价值及其自身的特殊性,破产程序中的刑民交叉问题是传统刑民交叉问题在破产程序中的具体呈

---

① 作者简介,刘帅彬,男,四川大学法学硕士。

现。一方面,破产程序和刑事诉讼程序如何衔接,谁先谁后,抑或是可以独立并行,并无明确的法律规定作为指引;另一方面,在破产程序中刑事被害人的债权是否需要申报、金额如何审查确认、债权如何清偿,以及刑事涉案财物和债务人财产的关系、破产程序中刑事涉案财物如何解除强制措施等问题,均困扰着实践主体。

破产程序作为商事特别程序,通过司法设置的概括执行打包处理债务人的债权债务关系。正是基于此,其制度价值背后衍生的是破产程序所需处置问题的复杂和矛盾的尖锐。而刑民交叉问题在破产程序中的出现,加剧了问题的处置难度,掣肘着破产工作的顺利推进。对破产程序中刑民交叉问题的研究,正是在这样的背景下进行的。

(二) 研究的意义

当前,我国经济处于全面深化改革的攻坚期,在供给侧结构性改革的整体要求下,加大产业结构调整、化解过剩产能已成必然的要求。因此,随着改革的不断深入,被淘汰的企业数量逐年增加,同时政府对"僵尸企业"的处置和法院"执转破"工作的开展也加速了破产业务的蓬勃发展。通过研究破产程序中的刑民交叉问题,妥善化解破产程序与刑事诉讼程序的冲突,有利于推进破产审判工作进程,提高司法效率;此外,通过具体研究涉刑破产程序中实体关系的处置,如破产债权的申报、审查、清偿,破产财产处置及涉案财物管理,有利于实现全体债权人债权的公平受偿,维护社会的公平正义。

破产程序特殊的制度价值,决定了其在企业退市过程中所承载的历史使命。破产程序中刑民交叉问题的解决,有利于破产程序制度价值的实现,有利于运用市场化法治化的手段来推动企业兼并重组、破产清算,有利于推动企业破产法治实现新的发展,是新时代贯彻新发展理念的重要体现。

(三) 文献综述

1. 刑民交叉的概念和类型

刑民交叉的概念在理论界莫衷一是,但均体现为诉讼过程中关联因素导致刑事法律关系和民事法律关系相互交织而产生彼此间的影响。此影响包括实质的影响,如对实体法律关系的认定;也包括程序意义上的影响,如程序适用的优先性问题。对刑民交叉问题的研究和破解,重点是对"刑"和"民"概念和内涵的界定。从广义上来看,"刑"应当是刑事法律关系的全部,也就是包含一切犯罪活动。"民"则是民商事法律关系的全部,即民商事纠纷;从狭义上来看,刑民交叉问题主要针对经济犯罪与民商事纠纷。我们在司法实践中所遇到的刑民交叉问题主要体现在狭义上的理解,即民商事纠纷与经济型犯罪所交织产生的诸多问题。

基于此,对刑民交叉的概念的理解,笔者较赞同最高人民法院王林清[①]法官的观点,即刑民交叉是因刑事和民事法律事实或法律主体的重合所导致的程序处理和责任担当方面的竞合。

对刑民交叉案件的类型可以从形式上予以划分:第一类,民事案件和刑事案件虽涉及的不是同一法律事实,但是该不同性质

---

① 王林清、刘高:"民刑交叉中合同效力的认定及诉讼程序的构建——以最高人民法院司法解释为视角",载《法学家》2015 年第 2 期。

的法律事实存在牵连关系;第二类,对案件法律事实所涉及的法律关系判断存在障碍,即无法判断是民事法律关系还是刑事法律关系,"罪"或"非罪"法律关系难以断定;第三类,同一法律事实同时触犯刑事法律关系和民事法律关系①,即产生刑事法律关系和民事法律关系的事实竞合。

2. 刑民交叉问题的相关法律规制

关于针对刑民交叉问题的法律规制,多数情况下是以单行法及相关司法解释的形式出现的,尚未形成规范系统的法律体系。当前,除刑法、刑事诉讼法(含适用刑事诉讼法相关司法解释)、民事诉讼法等②法律具体规定外,对刑民交叉问题的法律规制主要以"通知""规定""意见"形式散见于最高人民法院、最高人民检察院、公安部(以下简称"两高一部")的相关规范性文件中。这里面包括:

关于针对刑民交叉问题的具体规定,最早出台于 1985 年 8 月 19 日两高一部《关于及时查处在经济纠纷案件中发现的经济犯罪的通知》(以下简称《查处经济犯罪的通知》),该通知具体规定了经济纠纷和经济犯罪的区分。紧接着,在当年 12 月 9 日两高一部进

---

① 江伟、范跃如:"刑民交叉案件处理机制研究",载《法商研究》2005 年第 4 期。
② 《刑法》第三十六条第二款规定:"承担民事赔偿责任的犯罪分子,同时被判处罚金,其财产不足以全部支付的,或者被判处没收财产的,应当先承担对被害人的民事赔偿责任。"第六十四条的规定:"犯罪分子违法所得的一切财物,应当予以追缴或者责令退赔;对被害人的合法财产,应当及时返还……"
《最高人民法院关于适用〈中华人民共和国刑事诉讼法〉的司法解释》第一百三十八条规定:"被害人因人身权利受到犯罪侵犯或者财物被犯罪分子毁坏而遭受物质损失的,有权在刑事诉讼程序中提起民事诉讼……"
《民事诉讼法》第一百五十条第五项规定:"有下列情形之一的,中止诉讼:……(五)本案必须以另一案的审理结果为依据,而另一案尚未审结的……"

一步出台了《关于审理经济纠纷案件发现违法犯罪必须严肃执法的通知》(以下简称《查处违法犯罪严肃执法通知》),在 1987 年 3 月 11 日出台的《关于在审理经济纠纷案件中发现经济犯罪必须及时移送的通知》(以下简称《发现犯罪移送通知》)是对《查处经济犯罪的通知》的进一步规定。

此后,针对刑民交叉的具体问题,最高人民法院先后出台了《关于审理存单纠纷案件的若干规定》(以下简称《存单纠纷规定》)、《关于在审理经济纠纷案件中涉及经济犯罪嫌疑若干问题的规定》(以下简称《审理经济犯罪若干问题规定》)、《关于刑事附带民事诉讼范围问题的规定》等。[①]

针对刑民交叉问题最集中体现的非法集资领域,2014 年两高一部发布了《关于办理非法集资刑事案件若干问题的意见》(以下简称《非法集资意见》)。针对民间借贷纠纷的处理问题,2015 年 8 月 6 日最高人民法院出台了《关于审理民间借贷纠纷案件适用法律若干问题的规定》(以下简称《民间借贷规定》)。

上述两高一部出台的相关规范性文件,集中于经济纠纷和经济犯罪界限的区分,即民事和刑事法律关系的界定,是对刑民交叉问题在实践中的具体规定,对于指导司法实践主体、具体解决实践中刑民交叉难题具有积极的指导意义。但是,由于上述相关规定、通知、意见散乱,甚至在具体适用过程中存在冲突和障碍,现行刑民交叉问题的相关法律规制不能充分满足司法需求。

3. 刑民交叉问题的处理原则及其问题

在学术理论界,对刑民交叉问题处理分为三个原则,即"先刑

---

① 何帆:《刑民交叉案件审理的基本思路》,中国法制出版社 2007 年版,第 30 页。

后民""民刑分立"和"先民后刑"。

（1）先刑后民

所谓"先刑后民"，即当刑事法律关系、刑事诉讼程序与民事法律关系、民事诉讼程序发生竞合或冲突时，刑事优先于民事。"先刑后民"作为经济审判涉中刑民交叉问题处理的基本原则，已被大多数法律工作者所认可①。但是，该原则在相关法律及司法解释中并无明文规定，而是散见于以下司法解释中。

1985 年《查处经济犯罪的通知》②对"先刑后民"原则有了比较粗略的规定，其规定在经济纠纷案件审理过程中，如果发现犯罪问题，应将犯罪线索或经济犯罪的有关材料转移给刑事司法机关。1987《发现犯罪移送通知》③对经济纠纷案件中发现涉嫌犯罪的移送程序作了具体的规定，进一步明确了具体情况下的全案移送或者部分移送，以及刑事侦查和民事审判的关系。

---

① 参见《最高人民法院关于在审理经济纠纷案件中涉及经济犯罪嫌疑若干问题的规定》，http://www.lawtime.cn/article/lll147766414827580o305019。

② 1985 年 8 月 19 日，最高人民法院、最高人民检察院、公安部《关于及时查处在经济纠纷案件中发现的经济犯罪的通知》规定："各级人民法院在审理经济纠纷案件中，如发现有经济犯罪问题，应按照最高人民法院、最高人民检察院、公安部《关于执行刑事诉讼法规定的案件管辖范围的通知》，将经济犯罪的有关材料分别移送给有管辖权的公安机关或检察机关侦查、起诉……"

③ 1987 年 3 月 11 日，最高人民法院、最高人民检察院、公安部在《关于在审理经济纠纷案件中发现经济犯罪必须及时移送的通知》中规定："人民法院在审理经济纠纷案件中发现经济犯罪时，一般应将经济犯罪与经济纠纷全案移送，依照刑事诉讼法第五十三条和第五十四条的规定办理；如果经济纠纷与经济犯罪必须分案处理的，或者是经济纠纷经审结后又发现有经济犯罪的，可只移送经济犯罪部分。对于经公安、检察机关侦察，犯罪事实搞清楚后，仍需分案审理的，经济纠纷部分退回人民法院继续审理。"

2015年《民间借贷规定》①针对民间借贷纠纷中涉嫌非法集资犯罪的情形作了具体的规定,即在经济纠纷审理过程中发现涉嫌非法集资犯罪的,应对民间借贷纠纷裁定驳回起诉,并将犯罪线索、材料移送司法机关。

"先刑后民"在理论方面的障碍主要表现为以下几方面:第一,目前学界对刑民交叉的概念内涵没有形成法定的定义和普遍认可的通说,"先刑后民"是否可以作为法律原则来指导普遍法律实践存在争议,有学者认为其仅为司法适用规则②;第二,关于"先刑后民"的价值合理性问题,主要批评意见为该处理方式表现为公权张扬、私权压抑,剥夺了当事人的选择权,与刑事诉讼"被动谦抑"的价值理念相左。

与此同时,"先刑后民"在实践方面也存在矛盾:第一,缺乏系统的法律规定,适用标准不统一。如在最高人民法院1998年4月9日出台的《关于在审理经济纠纷案件中涉及经济犯罪嫌疑若干问题的规定》中提到,关于刑民是否分开的标准主要有两个,一是"不同的法律事实";二是相牵连但与经济犯罪嫌疑案件不是"同一法律关系"。但是这样的规定过于抽象,在实践中具体把控存在难度。第二,"先刑后民"的前提是对"刑""民"的定性,但是在实践中刑民交叉案件的定性分歧很大。刑事法律关系以客观事实为判断

① 2015年8月6日最高人民法院《关于审理民间借贷案件适用法律若干问题的规定》第五条:"人民法院立案后,发现民间借贷行为本身涉嫌非法集资犯罪的,应当裁定驳回起诉,并将涉嫌非法集资犯罪的线索、材料移送公安或者检察机关。公安或者检察机关不予立案,或者立案侦查后撤销案件,或者检察机关作出不起诉决定,或者经人民法院生效判决认定不构成非法集资犯罪,当事人又以同一事实向人民法院提起诉讼的,人民法院应予受理。"
② 唐旭超:"论破产程序下'先刑后民'之否定",载《中国律师》2013年09期。

依据,而民事法律关系则注重法律事实,由于刑事法律逻辑和民事法律逻辑存在不同,往往使刑民交叉案件的定性存在原则性分歧。第三,"先刑后民"导致可能存在恶意通过刑事诉讼程序阻止民事程序的情形,导致私权无法及时救济。有学者①认为,受害人具备法定的民事起诉条件,向法院起诉,法院却以刑事案件没有审结为由不予立案,实际上变相剥夺了受害人启动民事诉讼程序的权利,违反《民事诉讼法》。

(2)民刑分立

"民刑分立"是指在刑民交叉案件中,民事案件和刑事案件分别立案、审理,民事程序和刑事程序相互分离的思路和做法。在实践中,"民刑分立"也被称为"刑民并行"。该种方式在司法解释中尚无明确的系统的规定,仅体现在零散的具体规定中②。

(3)先民后刑

除上述两种处置原则,在实践中还有另外一种处理方式,即"先民后刑"。该处理方式是指在刑民交叉案件中,刑事诉讼程序依赖于民事诉讼程序的完结,在其完结后再行启动。在这种模式中,通常需具备特定的前提,即刑事相关事实的认定需依赖于民事判决结果,或刑事判决需依赖于民事问题的解决。"先民后刑"的处理方式在实践中有利于节约司法资源。但是,该种处理方式并无规范性文件为依据,且在司法实践中较少使用。

---

① 董秀婕:《刑民交叉法律问题研究》,吉林大学 2007 年博士学位论文,第 139 页。
② 最高人民法院《关于在审理经济纠纷案件中涉及经济犯罪嫌疑若干问题的规定》第一条:"同一公民、法人或其他经济组织因不同的法律事实,分别涉及经济纠纷和经济犯罪嫌疑的,经济纠纷案件和经济犯罪嫌疑案件应当分开审理。"

(四) 研究方法

针对破产程序中刑民交叉问题的两个典型特征——法律的缺位和实体法律关系认定障碍,本文以实现破产程序的程序价值为基础和导向,通过运用法解释学的解释方法,来探究破产程序中刑民交叉问题的解决方案。

1. 以破产程序价值的实现为研究导向

破产程序中的刑民交叉问题本质是刑民交叉问题在破产程序中的特殊体现,破产程序刑民交叉问题的解决要立足于破产程序价值及功能的实现。

(1) 破产法的概念和目的

破产法是规范破产程序的各种法律规范的总称。[①] 我国现行企业破产法颁布于 2006 年,至今已施行 10 年有余。

企业破产法第一条[②]明确了立法目的,言明破产法旨在通过规范企业破产程序,进而实现债权和债务的公平清偿,保护债权人和债务人的合法权益。此外,破产程序作为市场退出机制的重要组成部分,对于淘汰落后产能、服务供给侧结构性改革具有重要意义,从而起到维护社会主义市场经济秩序的目的。

破产法共十二章一百三十六条,从破产程序的申请受理到管理人职责、债务人财产处置、债权申报审查清偿,再到三大破产程序,无不体现着破产法对企业破产程序的规范和指导。企业破产

[①] 参见《破产法教程》,载中华文本库,http://www.chinadmd.com/file/p6soesr-663esu33xsiux3ruc_1.html。

[②] 《企业破产法》第一条:"规范企业破产程序,公平清理债权债务,保护债权人和债务人的合法权益,维护社会主义市场经济秩序。"

法赋予了破产程序别除权、取回权,明确了债权清偿位阶和顺序,体现着对债权债务的公平清偿,体现了对债权人和债务人合法权益的保护。破产程序作为市场退出机制的重要途径,通过破产程序清理僵尸企业,淘汰落后产能,有利于服务于供给侧结构性改革,有利于维护社会主义市场经济秩序的良好运行。

（2）破产程序的性质和特征

从破产法调整的法律关系来说,破产法属于大陆法系的商法范畴,属于私法。从破产法的内容来看,破产法明确了破产审判的原则和具体流程,如受理、管辖、强制措施等。此外,破产法规定了债权人自治规则,如议事规则和表决规则,具有典型的程序法特征。但是,破产程序的目的是使债务人的财产得到公平清偿,注重保障债权人的利益,但并不具备解决当事人实体争议的功能,破产程序本质上并非诉讼程序,而是一种独立的特别程序。

破产程序属于概括执行程序而非传统诉讼程序,基于以下理由:

第一,破产程序区别于诉讼程序,具有显著的意思自治色彩,如债权人会议制度;第二,在立法体例上,破产法单列,并未纳入民事诉讼法或商法范畴内,且许多国家的破产法明确规定,除本法有特殊规定的,适用民事诉讼法的规定。我国企业破产法亦是如此规定①;第三,破产程序是针对全体债权人的利益最大化来处置债务人财产、公平清偿债务,强调的是整体的利益。《企业破产法》第十九条规定:"人民法院受理破产申请后,有关债务人财产的保全

---

① 《企业破产法》第四条规定:"破产案件的审理程序,本法没有规定的,适用民事诉讼法的有关规定。"

措施应当解除,执行程序应当中止。"而诉讼程序通常针对当事人的个别利益,即私权救济;第四,破产申请、破产案件的受理、破产宣告、债权申报、债权人自治、破产管理人、破产财产、破产债权、破产分配等是破产法的特有制度,决定破产程序实质是民事诉讼程序、非诉程序、民事执行程序所不能包容的特别制度。①

此外,破产程序还具有显著的诉讼程序特征:

第一,破产程序和普通诉讼程序的目的相同,都是借助司法强制力,妥善处理矛盾化解纠纷;第二,破产程序和普通的诉讼程序大致流程大致相同,如债权人或债务人向人民法院提起破产申请相当于普通诉讼案件诉讼的提起,债权的申报审查相当于诉讼案件的调查过程,财产处置、财产分配后提起人民法院终结破产程序相当于诉讼案件的终结;第三,破产程序在破产财产的变价、分配过程中可以融入诉讼的执行程序,破产程序的执行为处置债务人的整体财产为全体债权人的利益所进行的概括执行,具有强制执行的性质②。

2. 以法解释学的解释方法为研究手段

企业破产法及相关司法解释虽对刑民交叉问题有所涉及,但并无形成系统规范的法律体系,导致在涉刑破产程序中并无明确条文可依。特别是当在不同条文间的规定冲突时,更让司法工作人员无所适从。针对涉刑破产程序中刑民相关法律法规缺位问题,我们在实现破产程序价值的基础上,通过运用法解释学来解决法律的适用问题。

---

① 邹海林:《破产程序和破产法实体制度比较研究》,法律出版社 1995 年版,第 5 页。
② 李永军:《破产法——理论与规范研究》,中国政法大学出版社 2013 年版,第 4 页。

（1）法解释学研究方法

法解释学本质上是一种方法论，我国学者史尚宽先生认为，法解释学是运用解释方法阐明成文法规范意义，理论上使其调和，组成体系的科学。[①] 法律解释是法律适用不可或缺的前提，实际上，在司法实践的过程中，法解释一直贯穿其中。如法律规则中的法律用语多源自日常生活，在适用过程中需要阐明；针对不确定的法律概念，在适用过程中要予以明确和具体；针对不同法律规定的冲突，在适用过程中根据位阶或价值予以调和。在当今学术理论界，法的解释方法种类多样，包括扩张解释、缩小解释、当然解释、类推解释等。而法律解释根据主体和效力的不同又分为有权解释、学理解释和任意解释。[②] 在这里，为解决涉刑破产程序中法律规则的适用问题，我们特指的法律解释为有权解释，即裁判解释。

（2）法解释过程中的注意事项

破产程序中刑民交叉问题产生的重要原因是无规范系统的法律体系指导破产实践，而现有零散的相关司法解释存在价值冲突或是适用障碍，无法全面有效地解决涉刑破产程序中的所有问题。而立法亦是一项繁杂系统的工程，通常成本过高，且不能及时有效地解决实践中出现的新的问题。在当今学术理论界，对破产法研究又以比较法研究和经验研究为主，法解释学研究的缺失，使当前的破产法理论研究在规范性和逻辑性层面存在问题。如"教条依法"偏离法的功能和价值，或"曲意释法"违背法律本身的含义和要求。基于此，笔者通过运用法解释学，在破产程序价值的基础上，

---

① 史尚宽：《民法总论》，中国政法大学出版社 2000 年版，第 36 页。
② 孙国华："关于法律解释的概念问题"，载《求是学刊》2004 年第 6 期，第 84 页。

建构破产程序中刑民交叉问题的法律解释体系,以解决涉刑破产程序中所存在的法律缺失问题。

基于破产程序概括处理多元权利冲突的特征,在涉刑破产程序中的法解释工作要注意以下几个方面:

第一,建立整体法秩序观念。整体法秩序观念是指在破产程序中,当多种权利保护需求发生冲突,应整体考虑不同性质权利的优先次序问题。在涉刑破产程序中,破产程序对债权人的保护和刑事诉讼程序对受害人的保护并无本质的冲突,亦无优先或劣后的区别。针对破产程序与刑事诉讼程序的衔接问题,片面追求"先刑后民"或"民刑分立"并无实质意义。因此,在处理破产程序中的刑民交叉问题时,应充分考虑破产程序和刑事诉讼程序设置的功能和目的,运用法解释学方法,在现有法律规范中寻找法律依据,从而通过价值判断予以适用。

第二,善于科学运用法解释学方法解决法律适用问题。裁判解释直接关乎法律的适用,因此必须严谨科学。在破产实务中,特别是老刑民交叉问题出现的情形下,在问题的解决中很难找到直接的法律依据。如前文所述,破产法第十九条规定了人民法院受理破产申请后保全措施的解除和执行程序的中止。此条规定充分保障了全体债权人的利益,有利于全体债权人公平受偿,是破产功能实现的重要基础。但是,在实务中该条款存在很大争议。争议的焦点即为该条款并未明确规定在进入破产程序后,哪些保全措施可以解除,哪些执行程序可以中止,如公安机关和检察机关所采取的刑事强制措施是否包含在该条款范围内。此类问题的出现,起因于法律规定的含糊,问题的解决虽有赖于相关司法解释的出台,但是裁判主体通过法解释学的方法亦能充分考虑到立法意图,进而可以实现法律的准确适用。如针对此问题,运用目的解释和体系解释等法解释学方法,通过分析破产法第十九条的立法目的和刑事诉讼对涉案财物采取强制措施的功能,可对刑事涉案财物的保全措施进行具体的分析。

第三,兼顾公平和效率的适用原则。在破产程序视阈下,法解释学的架构旨在解决涉刑破产程序中的法律缺位问题。运用法解释学方法来解决破产程序中刑民交叉的法律适用问题,必须严格按照法解释学的基本理论和方法进行,在裁判解释的同时应注意破产程序作为特别程序的特征,兼顾其独特价值。概括起来,涉刑破产程序中法解释学方式的适用应兼顾公平和效率原则。

公平原则是指涉刑破产程序中刑民交叉问题的解决,首先要立足破产法的功能目的,实现全体债权人债权的公平受偿;其次,要立足刑事诉讼的目的,保障刑事被害人合法权益得到司法救济和国家公权益的实现。在这里,公平原则有两个内涵主体,即破产程序中的债权人和刑事诉讼中的权益被损害的法益主体。涉刑破产程序中刑民交叉问题的解决,既要保障债权人的债权公平清偿,同时不能损害刑事被害人和国家公权益的合法利益。

效率原则是指破产程序中刑民交叉问题的处置应考虑到司法效率,特别是在破产程序和刑事诉讼程序的适用上,不能盲目套用传统刑民交叉理论中"先刑后民"的方式,要根据破产程序设置的目的和功能,根据案件的实际情况确定刑事诉讼和破产程序的具体衔接,防止因问题复杂和法律规定的矛盾,过分拖延破产程序,进而导致破产程序效率低下,造成债权人利益的不当贬损。

综上,针对涉刑破产程序中相关法律的缺位问题,在司法实践中,裁判主体及相关实践者通过运用法解释学的分析方法,立足破产法的功能和目的,结合刑民交叉问题的现行法律、司法解释及其学术理论成果,对法律的适用进行价值判断和法律取舍,从而解决在破产程序中刑民交叉问题出现的情形下无法可依的窘境。

二、问题的提出:破产程序中的刑民交叉问题

现行《企业破产法》自 2007 年颁布施行以来已逾十年,期间最高人民法院先后颁布两部关于适用《企业破产法》的司法解释以及一些具体的规定,但是纵观所有关于破产法的规范性文件,并未找到关于破产程序中刑民交叉问题的普适性规定。关于破产程序中刑民交叉问题的具体规定仅见于最高人民法院《关于依法审理和执行被风险处置证券公司相关案件的通知》第五条:"证券功能公司进入破产程序后,人民法院作出的刑事附带民事赔偿或者涉及追缴赃款赃物的判决应当中止执行,由相关权利人在破产程序中以申报债权等方式行使权利;刑事判决中罚金、没收财产等处罚,应当在破产程序债权人获得全额清偿后的剩余财产中执行。"而在破产实践中,涉及到的刑民交叉的程序关系如何处理、实体关系如何界定问题,并无相关法律明文规定。

(一) 破产程序与刑事诉讼程序的衔接问题

在破产程序中一旦发生刑民交叉情形,首当其冲的便是要解决破产程序与刑事诉讼程序的衔接问题。在司法实践中主要有两种做法,即破产程序与刑事诉讼程序相互独立互不影响,也就是"独立并行";或破产程序受制于刑事诉讼程序,一旦破产案件涉及刑事犯罪,则对破产程序进行中止,也就是"先刑后民"。实践中这

两种做法,虽都有某种合理性,但也存在很多弊端,值得深思。

1. "独立并行"的问题

破产程序与刑事诉讼程序相互独立,即在破产程序中涉及到刑民交叉情形时二者互不影响。

(1)案例指引——以某天然气有限公司破产重整案为例

在某天然气有限公司破产重整案中,人民法院于 2017 年 7 月 20 日裁定受理某债权人提出的破产重整申请,并同时指定某律师事务所作为管理人。2017 年 12 月 17 日,第一次债权会议通过《债务人财产管理方案》,并核查了无异议债权,破产工作按程序有条不紊予以推进。期间,该天然气有限公司法定代表人因涉嫌非法吸收公众存款罪被公安机关刑事拘留,并对该公司的相关财务资料如银行账户、会计账簿、资产负债明细等采取冻结、查封或扣押等强制措施。截止目前该公司法定代表人涉嫌非法吸收公众存款罪仍在审理当中,与此同时该天然气有限公司破产重整案也在推进中。在该案件中,破产程序并未受制于刑事诉讼程序,二者独立并行。

(2)存在的问题

在破产程序出现刑民交叉情形时,破产程序与刑事诉讼程序的衔接之所以重要,是因为二者的衔接影响着破产程序的效率,直接关系到全体债权人利益实现的程序和效率。破产程序与刑事诉讼程序独立并行,进行中的刑事诉讼程序并未制约破产程序的进行。因此,在此种情况下,一定程度上避免了破产程序的拖沓。

但是,此种做法忽视了破产程序的特征,使破产程序和刑事诉讼程序完全独立,背离了刑民交叉问题处理的一般原则,即"先刑后民"原则。从法律层面,此种两程序独立并行的做法显然与法律要求相悖。最高人民法院《关于在审理经济纠纷案件中涉及经济犯罪嫌疑若干问题的规定》①明确要求人民法院在审理经济纠纷的过程中,若发现涉嫌犯罪情形,应裁定中止审理,移送侦查机关。

此外,在破产实务中,破产程序与刑事诉讼程序独立并行也存在实践障碍。债务人企业或其法人代表、董事、监事等高级管理人员一旦涉及非法集资类犯罪,必然涉及债务人财产与赃物、赃款的区分问题,刑事被害人债权的申报及认定问题,破产程序顺利进行,比如会计账簿、银行账户、公司印鉴等债务人资料被作为刑事涉案财物查封、冻结、扣押等。而事实上,破产程序中的这些问题,如果离开刑事诉讼程序径行处理,都会存在法理和实践上的障碍。

2.“先刑后民”的问题

破产程序受制于刑事诉讼程序,即在破产程序中鉴于债务人或其法人代表、董事、监事等高级管理人员涉及非法集资类犯罪,而整个破产程序中的债务人财产与赃款、赃物的认定存在交织,刑事被害人的债权申报认定与刑事诉讼程序存在逻辑上的因果关系,同时公安机关针对债务人会计账簿、银行账户、公司印鉴等涉案财物采取的强制措施更是影响着破产程序的顺利推进。因此,破产程序在刑事判决生效后方能启动。

(1)案例指引——以某柠檬有限公司破产重整案为例

债务人某柠檬有限公司为生产加工柠檬制品的农副产品加工企业,早在2015年5月当地人民法院受理其破产重整申请前,其经营性资产已经整体出让,进入破产程序后,债务人财产仅为其账

---

① 1998年4月21日最高人民法院《关于在审理经济纠纷案件中涉及经济犯罪嫌疑若干问题的规定》第十一条:“人民法院作为经济纠纷受理的案件,经审理认为不属经济纠纷案件而有经济犯罪嫌疑的,应当裁定驳回起诉,将有关材料移送公安机关或检察机关。”

面货币资产,约人民币 2 亿元。随后,该企业及其法人代表因涉嫌非法吸收公众存款被采取强制措施。在管理人接受人民法院指定后正式入场开展债权审查的过程中,受理的人民法院要求破产管理人中止债权审查工作,待刑事程序终结后依刑事判决为依据认定债权。在该案件中,虽然并未裁定破产程序中止,事实上破产程序已然受制于刑事诉讼程序。

(2)存在的问题

破产程序受制于刑事诉讼程序,即"先刑后民"的做法有其存在的必要性。在破产程序刑民交叉情形中,债务人财产与赃物、赃款的区分,被害人债权的审查、认定,通常需要以刑事判决为依据和前提。因此,"先刑后民"体现了刑事诉讼的程序价值,能够更加公正有效地对被害人的权利进行救济。但是,在破产程序中"先刑后民"的做法失去了破产法的价值意义,即公平、高效率地清偿债权债务关系。

破产程序受制于刑事诉讼程序具有以下几方面弊端:

第一,程序拖沓,司法效率低。在破产程序中,"先刑后民"原则已失去其存在的制度价值。"先刑后民"做法存在的前提是刑事诉讼程序能阻却犯罪,更好地保障被害人的合法权益。但在破产程序中,犯罪嫌疑人也就是债务人或其法人代表及其高级管理人员的职权已被管理人依法接收,事实上不可能再通过职务行为损害到被害人的利益。在此种情况下,"先刑后民"的做法客观上造成了刑事司法机关对涉案财物采取冻结、查封、扣押等强制措施,干扰到破产程序的推进;

第二,客观上会损害全体债权人的利益。一方面,在破产程序中的"先刑后民"做法容易导致个别清偿。依据最高人民法院关于适用《企业破产法》若干问题的规定(二)第十五条规定："债务人经诉讼、仲裁、执行程序对债权人进行个别清偿,管理人依据企业破产法第三十二条规定请求撤销的,人民法院不予支持。"另一方面,在刑事诉讼程序中对涉案财物所采取的强制措施与破产程序相冲突,导致部分债务人财产无法及时变现,从而使破产程序无法及时终结,造成破产费用的增加以及债务人财产的不当贬损,这些都将损害全体债权人的利益;

第三,影响司法权功能的正常发挥。在破产程序中,破产管理人是人民法院依法指定的,企业破产法第二十五条明文规定了管理人的职责。事实上,破产管理人是具有司法权性质的破产辅助人。而一旦介入刑事诉讼程序,管理人被指定的人民法院和刑事诉讼程序中的人民法院通常不一样。在此情况下,债务人高管被采取强制措施,相关涉案财物被冻结、查封、扣押,管理人开展相关工作通常需要指定的人民法院和政府与受理刑事案件的人民法院沟通协调,破产管理人在此中角色尴尬。

综上,在破产程序出现刑民交叉问题的情形下,破产程序和刑事诉讼程序在实践中的做法均存在问题。而对二者程序衔接问题的分析,更是需要结合破产法基本原理及价值和刑民交叉的处理原则具体分析,不可一概而论。

(二)涉刑破产程序中债权处理问题

在涉及民间借贷的破产案件中,债务人不规范的融资行为可能导致刑事犯罪,从而产生破产程序中刑民交叉问题。从实体法律关系而言,因刑事诉讼程序的影响,破产程序中关于债权的审查认定存在种种问题,特别是被害人债权的申报,又与被害人财产的认定联系紧密。为全面剖析涉刑破产程序中债权处理问题,本文按照债权的申报、认定、清偿的逻辑顺序进行分析。

1. 债权的申报问题

破产程序中债权的申报是债权处理工作的前提。企业破产法①对债权人权利的行使做了程序性规定,但在破产程序中刑民交叉情形出现时,刑事被害人所受损失如赃款、赃物是否需要在破产程序中申报债权,抑或是直接通过刑事诉讼程序中"发还"得到救济还存有疑问。

(1)法律冲突

如前所述,2009 年最高人民法院《关于依法审理和执行被风险处置证券公司相关案件的通知》(以下简称《通知》)第五条规定:"证券功能公司进入破产程序后,人民法院作出的刑事附带民事赔偿或者涉及追缴赃款赃物的判决应当中止执行,由相关权利人在破产程序中以申报债权等方式行使权利;刑事判决中罚金、没收财产等处罚,应当在破产程序债权人获得全额清偿后的剩余财产中执行。"该《通知》要求在证券公司涉刑破产程序中对被害人权益的救济应当被破产程序所吸收,因此需要在破产程序中申报债权,与其他债权人一道通过破产程序实现权益的救济。

而 2014 年最高人民法院《关于刑事裁判涉财产部分执行的若干规定》②(以下简称《规定》)对赃款赃物予以收缴,对被害人的损失则通过退赔程序解决。该《规定》明确涉案财物中的赃款赃物属

---

① 《企业破产法》第四十四条:"人民法院受理破产申请时对债务人享有债权的债权人,依照本法规定的程序行使权利。"

② 最高人民法院《关于刑事裁判涉财产部分执行的若干规定》第十条规定:"对赃款赃物及其收益,人民法院应当一并追缴……对于被害人的损失,应当按照刑事裁判认定的实际损失予以发还或者赔偿。"

于被害人的合法财产,在刑事程序中通过"追缴""发还""赔偿"的行使实现权益的救济。

从最高人民法院出台的这两部司法解释的内容来看,二者对涉刑破产程序中债权申报的问题存在明显不同且相矛盾的规定。《通知》明确规定了追缴赃款赃物的判决应当中止执行,通过在破产程序中申报债权的方式来实现救济;《规定》则规定了在刑事诉讼程序中,追缴赃款赃物是人民法院的法定职责,且对被害人的损失应当"发还"或"赔偿"。从法律效力来看,《通知》和《规定》均是由最高人民法院颁布的司法解释,位阶相同且均在生效期间,二者适用存在一定的冲突。

(2)价值冲突

涉刑破产程序中债权的申报所呈现的问题,本质上来说是刑事诉讼程序和破产程序产生的价值冲突。刑事诉讼程序价值体现在内外两方面:第一是其自身所固有的内在价值,通常表现为公正、效益;第二是其对外所体现的秩序价值,即为实现刑事诉讼目的而服务于刑事诉讼进程。破产程序则强调公平清偿债务,公平是破产法的第一理念①,同时要保证效率,及时切断债务膨胀,保障经济秩序的良好运行。从根本上说,破产程序是一种概括执行程序②。

刑事诉讼程序与破产程序的价值冲突决定了在破产程序中的债权人和刑事诉讼程序中的被害人的性质不同。在刑事诉讼程序中,被害人作为诉讼参与人,享受的是国家公权力的救济,具有显

---

① 李永军:《破产法——理论与规范研究》,中国政法大学出版社 2013 年版,第 8 页。
② 杨建学:《商法学》,法律出版社 2004 年版,第 8 页。

著的公权性。在破产程序中,债权人存在的前提是与债务人具有债权债务关系,是债的请求权,是一种私权。在司法实践中,破产程序的债权清偿通常为不完全清偿下的按比例清偿,而刑事诉讼程序中赃款赃物的"追缴""发还""赔偿"对被害人来说更有益。不同的法院基于对两种程序价值的不同判断,造成了涉刑破产程序中债权的申报问题。

2. 债权金额的认定问题

在涉刑破产程序中,最常见的就是非法吸收公众存款犯罪和民间借贷法律关系的交叉。涉及到的主要法律规定为2014年两高一部出台的《非法集资意见》和2015年的《民间借贷规定》。二者标准不同,所导致的破产债权的认定数额也差异极大。

(1) 关于涉刑破产程序中债权数额认定的相关法律规定

根据《非法集资意见》第五条第一款①规定,非法吸收的公众资金属于违法所得,以此支付给被集资人的利息及分红应当予以收缴或折抵未归还的本金。此外,帮助非法集资的代理费、好处费等费用同样应作为违法所得予以收缴。

《民间借贷规定》第二十六条详细规定了民间借贷关系债权的确认原则,即剩余本金及未超过24%的约定利率依法予以确认,已偿还的利率超过36%的折抵本金。因此,在刑事诉讼程序中对非法集资类犯罪进行认定,受害人纳入"非吸"犯罪的,只认定本金

---

① 2014年3月25日颁布的《关于办理非法集资刑事案件适用法律若干问题的意见》第五条第一款:"向社会公众非法吸收的资金属于违法所得。以吸收的资金向集资参与人支付的利息、分红等回报,以及向帮助吸收资金人员支付的代理费、好处费、返点费、佣金、提成等费用,应当依法追缴。集资参与人本金尚未归还的,所支付回报可折抵本金。"

部分予以赔偿。而未纳入"非吸"犯罪的，依据《民间借贷规定》计算本息。

（2）实践中涉刑破产程序中债权数额的认定方式

根据上述规定，依据不同的标准，同一笔债权在债权认定金额上差异很大。目前在实践中存在以下几种做法：第一，区分对待。即在刑事判决中以《非法集资意见》来处理，在破产程序中根据《民间借贷规定》来认定。此种处理模式，忽略了"同类债权同等对待"的基本原理，易造成刑事生效判决在破产程序中无法直接适用，影响司法公信力；第二，统一按照《非法集资意见》来认定债权。此种操作方式客观上会损害正常民间借贷债权人的合法权益，不容易被相关债权人接受，容易激化矛盾；第三，根据《民间借贷规定》对被害人债权进行调整。此种做法虽有利于同等债权同等受偿，体现了司法公正，但是并无明确法律依据，在实践中存在争议。

3. 债权的清偿问题

在涉刑破产程序中的债权清偿顺序问题，主要体现在两方面：第一，"非法吸收公众存款"犯罪的被害人债权和民间借贷关系的债权人的债权先后顺序问题；第二，"非法吸收公众存款"犯罪的被害人作为破产企业职工，其债权是否享有优先性的问题。

（1）"非吸"被害人债权与"民间借贷"债权人的清偿问题

关于"非吸"被害人债权与"民间借贷"债权在破产法和相关的司法解释存在不相一致的情况。其中，《企业破产法》第一百一十三条规定了破产债权的清偿顺序，即破产财产在优先清偿破产费用和共益债务后，按照职工债权、税收债权、普通债权的先后顺序进行清偿。这也就是说，根据破产法的规定，"非吸"被害人债权与

244 _ 破产法研究(2020 年卷)

"民间借贷"债权均属于普通破产债权的清偿序列。而 2014 年最高人民法院《关于刑事裁判涉财产部分执行的若干规定》^①的相关条款却对刑事裁判涉财产执行顺序进行了规定,其先后顺序为人身损害的医疗费、被害人损失、其他民事债务、罚金、没收财产。此外,若债权人对执行标的享有优先受偿权,其清偿顺序在医药费之后、赔偿被害人损失之前。该规定体现了对被害人人身权和刑事退赔的优先保护。根据此规定,在破产程序中人身损害的医疗费、刑事退赃赔偿、被害人的损失均应优先于普通破产债权清偿,这显然与破产法第一百一十三条的规定相冲突。

(2)"非吸"被害人为破产企业职工的债权清偿问题

在破产实务中,债务人企业先前的资金融通行为一种常见的表现即为以各种名义向职工集资。在这里面有两个问题需要关注:第一,集资款的来源问题。若借贷的款项直接从职工工资中扣除,该笔款项是否可以认定为劳动债权;第二,集资款的用途问题。若借贷的款项用以如购买原材料、维护机器设备等企业恢复发展生产用途的,在破产程序中是否可以认定为共益债务优先清偿。

根据企业破产法对债权的清偿顺序,职工债权在破产费用和共益债务之后优先得到清偿。对职工债权的优先保护,充分考虑到了劳动者的生存权和发展权,是现代法治社会充分尊重人权的体现。但是,非法吸收公众存款犯罪被害人作为破产企业的职工,

---

① 2014 年 9 月 1 日通过的最高人民法院《关于刑事裁判涉财产部分执行的若干规定》第十三条规定:"被执行人在执行中同时承担刑事责任、民事责任,其财产不足以支付的,按照下列顺序执行:(一)人身损害赔偿中的医疗费用;(二)退赔被害人的损失;(三)其他民事债务;(四)罚金;(五)没收财产。债权人对执行标的依法享有优先受偿权,其主张优先受偿的,人民法院应当在前款第(一)项规定的医疗费用受偿后,予以支持。"

其债权是否应优先受偿在破产程序中存在争议。

关于集资款的来源问题，在实践中存在不同的观点。有人认为，虽然借贷的款项直接来自于工人的工资，但是若经职工同意，实际上债权性质已经发生了变化，即职工债权转化为普通债权。此种情况下，该笔债权仍按职工债权优先清偿，明显不合理。但也有人认为，毕竟集资款直接来源于职工工资，而该笔款项直接关系到劳动者的生存发展，因此，若不将其认定为职工债权，会和现代法治对人权保护的理念有所冲突。

关于集资款的用途问题，在破产程序中难以具体界定。在破产实务中，债务人企业通常财务管理混乱，如何准确界定集资款项的真实用途存在实践障碍。事实上，从正常民间借贷到非法吸收公众存款犯罪，通常是一个量变到质变的过程。也就是说，在融资的先期所得款项可能全部或部分用于企业的生产经营，而随着款项和融资范围的扩大，融资的性质才发生转变，即构成非法集资类犯罪。

综上，集资款的来源问题和集资款的用途问题使涉刑破产程序中债权的清偿问题变得更加复杂。在实践中，各地法院标准不一，造成了同类债权的不同对待，不利于司法公正。

（三）涉刑破产程序中涉案财物认定问题

如前所述，破产程序中的刑民交叉问题大多和非法集资类犯罪相牵连，涉刑破产程序中涉案财物的认定问题关系到破产程序与刑事诉讼程序的适用先后问题，如在破产程序和刑事诉讼程序并行的情况下，作为涉案财物中的会计账簿、银行账户、印章印鉴被司法机关查封，必然会影响到破产程序的推进。此类问题在本章节第一部分刑事诉讼程序和破产程序的衔接问题部分已有论述,在此不再赘述。而本节关于涉刑破产程序中涉案财物的认定问题的分析将从破产实践中的具体问题入手。

1. 刑事涉案财物的认定对破产程序的影响

在非法集资类犯罪中,赃款赃物作为涉案财物的重要组成部分,通常会被刑事司法机关采取强制措施,即银行账户被冻结、相关资产被查封或扣押。而在破产实践中,通常无法对破产财产和赃款赃物进行有效的区分和剥离。由于破产财产和赃款赃物的性质不同,在司法实践中存在以下问题:

(1)涉及破产取回权的行使

《企业破产法》第三十八条规定了权利人财产的取回,即取回权①。依据此规定,财产的权利人可以不通过破产程序的债权申报,直接取回不属于债务人的财产。在涉刑破产程序中,赃款赃物显然不属于债务人的合法财产,因此财产的权利人即被害人应当享有破产取回权,即可以直接向管理人主张权利,取回自己的合法财产。

但是在实践中,对赃款赃物类涉案财物的处置方式不同,没有明确的标准。2009 年、2014 年最高人民法院分别出台《通知》和《规定》,《通知》明确规定了追缴赃款赃物的判决应当中止执行,通过在破产程序中申报债权的方式来实现救济;《规定》则要求在刑事诉讼程序中追缴赃款赃物,且对被害人的损失应当"发还"或"赔偿"。二者的要求不同,导致在司法实践中对赃款赃物的处置采取

---

① 《企业破产法》第三十八条:"人民法院受理破产申请后,债务人占有的不属于债务人的财产,该财产的权利人可以通过管理人取回。但是,本法另有规定的除外。"

不同的方式。客观上,作为赃款赃物的被害人损失的财产通过申报债权和取回权的行使产生法律和实体权益的冲突。

(2) 债务人财产的认定

破产程序中对债务人财产的认定是后续开展破产财产处置、变价工作的基础,是破产程序债权清偿的物质保障。依据《企业破产法》第三十条之规定,债务人财产是指人民法院宣告债务人破产前的全部财产。一旦被宣告破产,即为破产财产。而刑事涉案财物,是指在刑事诉讼中与犯罪事实相关的具有财产属性并依法可以采取强制措施予以追缴的各种财物的总称[①]。根据此定义,与涉刑破产程序相关的刑事涉案财物包括具有财产属性的物证和违法所得。具体来说:财产属性的物证包括会计账目、银行账户(赃款)、印章印鉴,在刑事诉讼中对此类涉案财物通常采取冻结、扣押等强制措施;违法所得主要指债务人通过实施非法集资类犯罪后的犯罪所得,除货币形式外,该部分财物还可以通过非货币资产的形式呈现,如不动产和动产。

在涉刑破产程序中,能否将赃款赃物从债务人财产或破产财产中有效剥离,将影响到债权人的实体利益。在非法集资类犯罪中,赃款赃物主要表现为货币。而货币作为一般等价物,关于其关系的认定在实践中也存在较大的争议。如被害人和债务人一开始签订借贷合同尚属正常的民间借贷,此时该"货币"的所有权属性应归属于债务人。但是,一旦在潜移默化中民间借贷的性质发生质变,非法集资类犯罪将使原借贷合同无效,此时"货币"表现为赃

---

① 张伟、戴哲宇:"浅析刑事涉案财物的追缴与分配",载《刑民交叉法律实务论坛论文集》2017 年 5 月,第 71 页。

款,其所有权应属于被害人。但问题在于,如何对二者的界限进行把握,如何对债务人财产和刑事涉案财物进行有效剥离,这在实践中一直困扰着大家。

2. 涉案财物强制措施的解除障碍

承接上面债务人财产的认定问题,即涉案财物被认定为债务人财产后将面临强制措施的解除。《企业破产法》第十九条对保全措施的解除和执行程序的中止作了具体的规定,虽然此规定未明确该解除措施包括在刑事诉讼程序中,公安机关、检察机关所采取的强制措施。但通过对第十九条①法律背后的法理进行研究,即可发现该法律规定旨在为破产程序的推进解除障碍,进而通过作为概括执行程序的破产程序实现债权人的权利救济。因此,涉刑破产程序客观需要刑事强制措施的解除。

但是在司法实践中,一旦面临被刑事司法机关采取强制措施需要解封债务人财产,管理人处境尴尬。一方面,《企业破产法》第十九条规定相对概括,对需要解除的债务人财产的保全措施范围未予明确,此外,对于这种解除是以申请解除还是当然解除也存在争议;另一方面,在不同的人民法院间,特别是跨地域跨级别的破产受理法院和刑事案件审理法院协调困难、沟通效率低、人为因素等均制约着破产程序的进行。特别是债权的审查、破产财产的处置工作因其阻碍,造成了全体债权人的损失。

综上,破产程序中刑民交叉问题的破产程序与刑事诉讼程序的衔接、破产程序中债权处理问题、涉刑破产程序中涉案财物认定

---

① 《企业破产法》第十九条:"人民法院受理破产申请后,有关债务人的财产保全措施应当解除,执行程序应当中止。"

问题,从不同侧面展现了破产程序中刑民交叉问题的特殊性、复杂性。而且,破产程序作为特别程序,又有其独特的程序价值。刑民交叉问题在破产程序中的影响,更是牵一发而动全身。通过上述的分析,我们已然看到其所展现的问题并不是孤立的,而是所有问题纠结在一起。破产程序和刑事诉讼程序的衔接,关系到刑事涉案财物的处置;同时,破产债权的申报、审查、清偿又和两程序的衔接及涉案财物的处置相关联。破产程序是一个处理矛盾和争议的综合平台,其背后更是涉及到群体性的利益冲突,一旦处理不善,容易激发社会维稳风险。

三、解决问题的基本原则和思路

破产程序中的刑民交叉问题是一个实体和程序高度融合的问题,一方面,其存在普遍的法律事实竞合或法律事实牵连[①],存在罪与非罪的争议;另一方面,程序的判定即民事程序优先或是刑事程序优先,存在法律空白和实践争议。破产程序中刑民交叉问题的解决,应在分析传统刑民交叉问题解决方案的基础上,立足于破产程序程序价值的实现,运用法解释学的方法探求具体法律的适用,进而明确破产程序与刑事诉讼程序孰先孰后,明确涉刑破产程序中的债权处理问题和涉案财物认定问题。

---

① 法律事实竞合型是指既涉及刑事诉讼,也涉及民事诉讼的是同一法律事实。法律事实牵连型是指一个刑事法律事实是另一个民事法律事实的组成部分,或者一个民事法律关系是另一个刑事法律事实的组成部分。参见宋英辉、曹文智:"论刑民交叉案件程序冲突的协调",载《河南社会科学》2015 年第 5 期。

(一) 传统刑民交叉问题的解决思路和方案

在司法实践中,对刑民交叉问题的解决尚无统一的标准。总体来说,各地人民法院参照以上相关法律规定,根据具体案情,在处理原则上以"先刑后民"为主,以"民刑分立""先民后刑"为补充。

1. 以"先刑后民"为原则

"先刑后民"的处理原则主要适用于同一主体和同一事实的刑民交叉案件。所谓同一主体①,指刑事案件和民事案件的主体完全重合,刑事案件中的犯罪嫌疑人和被害人同时也是民事案件的双方当事人;所谓同一事实,指刑事法律关系和民事法律关系针对的是相同的法律事实。根据司法实践经验,"先刑后民"主要适用于以下两类案件中:第一,经济纠纷可能涉嫌经济犯罪的案件,在此类案件中,同一法律事实存在不同性质的法律关系冲突;第二,刑事附带民事诉讼案件,此种情形下,同一法律事实同时引发刑事和民事两种性质不同的法律后果。这两类案件中,刑事的优先性一方面体现在位阶上,即刑事判决的效力要优先于民事判决的效力,刑事生效判决对民事判决产生拘束力;另一方面体现在位序上,刑事法律关系应当优先于民事法律关系的程序适用。"先刑后民"的处理原则体现了刑事诉讼程序和民事诉讼程序的有机结合,在处理民事案件的同时,充分地打击犯罪,有利于提高案件的诉讼效率。

2. 以"民刑分立""先民后刑"为补充

"民刑分立"是指在刑民交叉案件中,民事案件和刑事案件分别立案、审理,民事程序和刑事程序相互分离的思路和作法。在实

---

① 李喆:《刑民交叉:判决的混乱与对策》,东南大学 2015 年博士论文,第 15 页。

践中,"民刑分立"也被称为"刑民并行"。该种方式在司法解释中尚无明确的系统的规定,仅体现在零散的具体规定中。

"先民后刑"是指在刑民交叉案件中,刑事诉讼程序依赖于民事诉讼程序的完结,在其后再行启动。在这种模式中,通常需具备特定的前提,即刑事相关事实的认定需依赖于民事判决结果,或刑事判决需依赖于民事问题的解决。"先民后刑"的处理方式在实践中有利于节约司法资源。但是,该种处理方式并无规范性文件依据,且在司法实践中较少使用。

根据相关司法解释,在我国司法实践中,当刑事法律关系、刑事诉讼程序和民事法律关系、民事诉讼程序发生竞合或冲突时,在适用的位阶和位序上通常前者优先[①],即通常以"先刑后民"原则来解决刑民交叉问题,而"民刑分立"和"先民后刑"在刑民交叉实践中通常作为例外和补充手段。

(二)破产程序及其刑民交叉问题的特殊性

破产程序的刑民交叉问题起源于在刑事案件的处理过程中,涉嫌犯罪或与犯罪有关联的公司被申请破产;或者已经进入破产程序的企业,其本身存在犯罪情节,或其法定代表人或者高级管理人员涉嫌犯罪。[②] 在实务中,一些深度介入民间借贷的债务人企业一旦进入破产程序,往往符合"债务人企业构成破产原因,实际控制人构成非法集资类犯罪"的双构成情形。即使在一般的破产

---

① 参见万毅:"'先刑后民'原则的实践困境及其理论破解",载《上海交通大学学报(哲学社会科学版)》2007 年第 2 期。

② 唐华:"破产案件中的刑民交叉问题——从解读破产法的目的和功能出发",载《第七届中国破产法论坛论文集(下册)》,第 428 页。

案件中,不规范的经营管理行为,尤其是不规范的资金筹集行为,债务人或是企业股东及高管有可能涉及刑事犯罪,特别是更易于与非法吸收公众存款罪、集资诈骗罪、侵占公司财产罪、合同诈骗罪等刑事罪名相联系,从而产生破产程序中的刑民交叉问题。破产程序中的刑民交叉问题是刑民交叉问题在破产程序中的集中反应,既存在传统刑民交叉的既有问题,又基于破产程序的特征,存在诸如破产程序与刑事诉讼的衔接、破产债权、涉案财物认定等特殊问题。

1. 破产程序的特殊性

(1)破产程序本质上是一种概括执行程序

破产程序区别于传统诉讼程序,是一种概括执行程序,这是由破产法的目的决定的。破产法的立法目的主要是为了最大程度地保障全体债权人的利益,公平清偿债务。

破产程序作为概括执行程序,体现在破产法的具体条文中。如《企业破产法》第十九条[①]明确了破产与执行的关系,因为破产程序是特别程序,其效力高于一般程序。人民法院对债务人财产的保全应当在受理破产申请后予以解除。另外,债务人在申请破产前有可能发生纠纷、引起诉讼,在法院受理破产申请后,已经生效的其他民事判决、裁定,以及行使判决、裁定中的财产部分的执行程序应当中止。《企业破产法》第二十条[②]规定了民事诉讼或仲

[①]《企业破产法》第十九条:"人民法院受理破产申请后,有关债务人财产的保全措施应当解除,执行程序应当中止。"

[②]《企业破产法》第二十条:"人民法院受理破产申请后,已经开始而尚未终结的有关债务人的民事诉讼或者仲裁应当中止;在管理人接管债务人的财产后,该诉讼或者仲裁继续进行。"

裁的中止与继续。在受理破产申请后，由于债务人的权利被限制，由债务人继续参与有关民事诉讼和仲裁程序已经不现实。因此，有关债务人的民事诉讼和仲裁程序应当中止。[1]

（2）破产程序具有归零效应

破产程序基于其特殊性，一旦破产程序启动或完成，对先行程序、债务人主体、债权债务关系产生归零效应。具体来说：

首先，在破产程序启动后，其他先行性程序将被中止或被吸收，相应程序的功能将处于归零状态，统一服务于破产法的目的，即公平清偿债务。基于破产程序的概括执行性质，在破产申请受理后，受理破产申请的人民法院将对破产案件相关的诉讼、仲裁案件集中管辖。先行的诉讼、仲裁将会被中止，保全措施将被解除，个别执行将被破产程序的概括执行所吸收。

其次，在破产程序完成后，债务人主体资格归零。破产程序从根本上讲属于市场退出机制，破产程序的目的也是为了梳理债务人资产及负债，在对全体债权人进行公平清偿后终结债务人主体资格，使之消亡。事实上，经债权人或债务人申请，一旦破产程序启动，法院指定管理人后，管理人将取代债务人的主体资格。《企业破产法》第二十五条规定了管理人职责的相关内容，明确了管理人作为破产程序的主体接管债务人财产、印章、账簿等资料后，替代债务人从事相关的经营、管理及财产处置职权，其中该条第七款明确了管理人代表债务人参加相关的法律程序。而破产程序一旦完成，债务人的工商登记将会被注销，债务人主体资格将归零。

---

[1] 参见《最高人民法院关于执行〈最高人民法院关于〈中华人民共和国企业破产法〉施行时尚未审结的企业破产案件适用法律若干问题的规定〉的通知》。

再次,在破产程序终结后,债权债务归零。进入破产程序的必要条件是债务资产小于负债,不能清偿到期债务或明显丧失清偿能力。因此,在破产程序中,全体债权人的债权不可能完全受偿。在这种情况下,作为概括执行程序,根据《企业破产法》第一百一十三条,对各类债权按照法定清偿顺序公平受偿,同一清偿位阶的按比例清偿,不足部分价值归零。

(3)破产程序具有终局效应

破产程序的终局性体现在程序上的不可逆,和实体权益处置的终局性。程序的不可逆主要体现在人民法院宣告破产裁定后,在法律意义上债务人法人主体资格丧失。人民法院批准重整计划的裁定一经作出,即对各利害关系人产生强制性约束力,而且产生终审裁定效力。各利害关系人不可再通过诉讼、仲裁等程序对生效裁定产生对抗效力。

破产程序对实体权益的处置具有终局性。破产程序是保护商事交易主体利益的特殊程序,程序的设计是在商事交易存在严重问题,对各方交易主体都产生重大侵害情况下的情况下,通过司法技术性设置,在公平、合法的范畴内使债务人财产最大价值化,最大限度地保障债权人和债务人的利益。破产程序对债务人的财产进行分配以后,也不再有其他程序对该种分配进行其他的调整。①

(4)破产程序具有司法技术设置性

破产程序的司法技术设置性根源于破产法本身所追求的社会

---

① 唐华:"破产案件中的刑民交叉问题——从解读破产法的目的和功能出发",载《第七届中国破产法论坛论文集(下册)》,第 427 页。

价值,将已处于消亡危机中的社会财富以法律上的终结或再生的形式进行清偿,即最大程度地实现债务人财产的价值,从而,在最大程度上保障债权人的利益。

司法技术性设置首先体现在破产程序的设置上,破产程序包括破产清算程序、破产重整程序、破产和解程序,以及债权人会议制度等程序性设置。破产法的目的是通过梳理债务人资产及负债,最大限度地使全体债权人的债权公平受偿。这种程序上的司法技术性设置,有效地指引了破产程序的高效进行,最大程度保障全体债权人的最大利益。

司法技术性设置还体现在破产程序的实体上,破产法根据不同价值层次的债权通过技术性设置确定优先级及清偿顺序,妥善化解多种权利的价值冲突。此外为了最大限度地实现债务人财产的价值和破产程序的效益,破产程序明确了破产撤销权、抵销权、取回权等技术性规定,有效地推进破产程序的顺利进行。

2. 破产程序中刑民交叉问题的集中呈现

在先前破产企业的日常经营过程中,存在不规范的经营管理行为,尤其是不规范的资金筹集行为,债务人尤其是企业股东及高管有可能涉及刑事犯罪,特别是更易于与非法吸收公众存款罪、集资诈骗罪等非法集资类犯罪相联系,从而在破产程序中产生刑民交叉问题。在司法实践中,非法集资类犯罪是破产程序中刑民交叉问题处置困境的重灾区。该类犯罪易于与民间借贷相牵连,牵连范围广、矛盾尖锐、处置困难是其典型特征,一旦处置不当更易于发生群体性维稳事件。非法集资类犯罪在破产程序刑民交叉问题中具有代表性,该类问题主要表现为在实体层面存在法律关系定性困难。

（1）法律关系定性问题

非法集资类犯罪存在刑民交叉问题的主要表现为法律关系定性问题，即罪与非罪的界限区分问题。刑民交叉问题的产生，从根本上说是公权和私权的运行冲突。惩治非法集资类犯罪是国家对金融市场秩序的保障，体现了公权力对民间资金融通行为的监管、规制。而民间借贷行为体现的则是平等主体间的财产性权利，是当事人意思自治下产生的民事行为。同一筹集资金的行为，被认定为民间借贷和非法集资类犯罪的法律后果显然不一致。

虽然在理论上，可以依据非法集资类犯罪的犯罪构成，从集资人数、集资金额、集资款用途等因素予以分析研究，但是在司法实践中，二者的界限较为模糊。非法集资类犯罪的行为人通常是民间借贷行为的实施主体，即在绝大多数情况下非法集资行为是始于正常的民间借贷或以民间借贷为幌子从事非法集资行为，同时这种行为的性质转变也是一个从量变到质变的过程。而非法集资类犯罪具有群体性、形式不特定、对象不特定等特征，在这种情况下，单个被害人的受害行为很难断定是否符合非法集资类犯罪的犯罪构成。在实践中，通常是民间借贷行为产生的法律后果在先，刑事介入后于民事裁判程序。

（2）程序交叉重叠

刑民交叉案件普遍存在着程序上的交叉重叠。截止目前，针对程序性的相关的规范文件主要包括 1998 年最高人民法院《关于在审理经济纠纷案件中涉及经济犯罪嫌疑若干问题的规定》、2014年两高一部《非法集资意见》、2015 年最高人民法院《民间借贷规定》等。但是这些规定相对原则、概括，在实践操作中还存在许多具体问题，尚不足以为司法实践提供有力的指导。

从诉讼程序来看，其首先表现为案件的管辖权冲突。诸如经济犯罪与经济纠纷的认定，针对此类同一法律事实适用不同诉讼程序的情况，在司法实践中一部分法院先行以经济纠纷立案，在民事程序中发现涉嫌经济犯罪后移交公安机关，开启刑事诉讼程序；或因发现涉嫌刑事犯罪，移交司法机关后开启刑事诉讼程序，在此过程中，人民法院又因经济纠纷受理了当事人的民事起诉。这两种程序的转换均涉及到管辖权冲突。

在案件进行过程中，涉案财物的处置也存在冲突和障碍。这种冲突和障碍主要表现在以下两个方面：第一，同一涉案财物的强制措施产生冲突。在民事程序中，当事人可能申请诉讼保全。而在刑事诉讼程序中，追诉机关出于固定证据或追缴犯罪所得的目的，对涉案财物也可以采取查封、冻结、扣押等强制性措施[1]。此时，同一涉案财物将在不同诉讼程序的财产性强制措施中产生冲突；第二，同一涉案财物的执行冲突和障碍。刑民交叉案件中，针对同一涉案财物，不同诉讼程序所产生的判决结果可能存在冲突。

在案件的最终裁判过程中，刑事程序和民事程序的裁判结果存在逻辑上的冲突。一方面，刑民交叉案件的处理方式灵活多样，但在大多情况下，在同一事实的案件中，先行程序的法律定性和事实认定会对另一性质的诉讼程序产生影响，也就是刑事裁判对民事裁判效力的认定问题，以及民事裁判将会对刑事裁判产生的效力认定问题。然而，在司法实践中，刑事证明标准远远高于民事证

---

[1] 宋英辉、曹文智："论刑民交叉案件程序冲突的协调"，载《河南社会科学》，2015 年第5 期。

明标准,刑事诉讼程序也要严格于民事诉讼程序。在此背景下,民事裁判对刑事裁判无溯及力,而刑事诉讼程序的裁判结果却可以作为民事裁判的依据,或对其事实认定、法律定向产生重大影响。特别是非法集资类犯罪一旦认定,前期民事程序所基于民间借贷所认定的法律关系均受其影响,需要重新判断。特别是当民事程序中基于先期认定的法律事实所作出的裁判与非法集资罪的认定产生冲突时,其需要撤销或变更。这将导致司法程序的回转,造成司法资源的浪费。

(三) 破产程序刑民交叉问题解决的基本思路

破产程序作为处理债权债务关系的综合平台,所涉及到的案件特殊,问题复杂,矛盾尖锐。在破产程序中涉及到刑民交叉问题,由于当前立法及其司法解释并无明文规定,而且基于破产案件本身的特殊性,适用单独的刑事诉讼程序或是民事诉讼程序无法有效地解决问题,而传统的刑民交叉"先刑后民"的处理原则,并不能有效地解决破产程序中呈现的刑民交叉问题,更容易严重拖延破产程序。破产程序和刑事程序在实体上和程序上的衔接,以及破产财产处置与涉案财物的管理协调呈现诸多问题。

1. 问题产生的背景和原因

破产程序中刑民交叉问题是传统刑民交叉问题在破产程序中的集中反映,问题起源于无明确系统的法律规定作为指引,破产实践主体遇到该类问题后茫然不知所从。从深层次上说,破产程序的刑民交叉问题的复杂还基于当今商品经济繁荣的时代背景,基于破产法独特的目的和功能,基于传统刑民交叉的既有处置难题。具体来说:

（1）基于特殊的时代背景

当今社会商品经济异常繁荣，商主体活动也更加频繁。商事法律关系区别于传统的以人身关系和财产关系为基础的民事法律关系，其主体多元化、客体种类化、交易方式复杂、交易链条长、交易种类多样化[①]，显得尤为复杂。破产程序作为处理商事活动的特别程序，是市场退出机制中的司法屏障。在整个破产程序中，民商事法律关系融入其中，问题本已复杂，而以"非吸"类犯罪为代表的刑民交叉问题易与之交融，更增加了破产程序中具体问题的处理难度。与此同时，商事立法的发展却远远滞后于商事活动的需求，造成司法供给不足，不足以指导在司法实践中，在破产程序中呈现的诸多实务问题。

自党的十八届三中全会提出"发挥市场在资源配置中的决定性作用，推进供给侧结构性改革"的总体要求以来，以"三去一降一补"为核心的中央经济工作部署全面推进，淘汰落后产能，清理"僵尸企业"，完善市场退出机制，已成当下中央经济工作的重心。2017 年 10 月，党的十九大报告将"推进供给侧结构性改革"放在了突出位置，从顶层设计的层面明确了破产机制的关键作用。随着全面深化改革的推进，产业结构的进一步调整，淘汰落后产能已成必然趋势，越来越多的企业由于政策的原因或是自身经营问题进入破产程序。

（2）基于独特的目的和功能

《企业破产法》开篇即对破产法的宗旨和目的作了明确的规

---

① 周朝阳："刑民交叉疑难问题之纾解——以商法独立性对刑法影响为视角"，载《刑民交叉法律实务论坛论文集》2017 年 5 月，第 100 页。

定,言明破产法旨在通过规范破产程序,进而实现债权债务的公平清理,从而起到保护市场主体利益的目的。企业破产法作为市场退出程序的法治屏障,对市场经济秩序的维护也是其题中之义。破产程序是一个解决债权债务问题的综合性服务平台,以概括强制执行来替代个别强制执行,体现了破产程序社会化特征,即破产程序着重保护的是全体债权人的集体利益,而非个别债权人的个体利益;破产程序作为市场退出机制的重要一环,保护的是市场经济秩序,侧重社会效益。破产程序通过调整、优化产业结构,淘汰落后产能、化解过剩产能,防范和化解企业资金担保链风险,处置"僵尸企业"、盘活优势资源等手段,对服务当前供给侧结构性改革、完善市场退出机制具有重要作用。

破产程序的刑民交叉问题,其价值追求并非个别实体借助刑事诉讼程序得以逐一认定和解决,而是借助刑事诉讼程序的梳理,刑事被害人的权利可以在破产程序中得到一并处理,达到各种无序债权的有序安放①。

(3)基于传统刑民交叉既有处置难题

在破产程序中,先前不规范的商主体交易活动触及刑事犯罪,特别是在资金筹措过程中的非法集资类犯罪更易于与民间借贷行为相牵连。在实体法层面,罪与非罪尚且缺乏统一认定标准,且破产程序独立于传统诉讼程序,在本章节第二部分论述的传统刑民交叉处理方式中,均不能充分体现破产程序设置的目的和功能,即在处置刑民交叉问题的同时,最大限度公平清偿债务,兼顾公平和

---

① 唐华:"破产案件中的刑民交叉问题——从解读破产法的目的与功能出发",载《第七届中国破产法论坛论文集(下册)》,第 427 页。

效率,实现破产程序各项工作的有序推进。

2. 问题解决的基本思路

破产程序中的刑民交叉问题是刑民交叉问题在破产程序中的特殊体现,问题展现在破产程序中的各个环节、各个方面,既有破产程序与刑事诉讼程序的衔接与冲突,又有刑事诉讼程序对破产实体法律关系的掣肘。究其原因,概括来说:第一,缺乏相关法律依据。破产法及相关司法解释虽对刑民交叉问题有所涉及,但并未形成系统规范的法律体系,导致在涉刑破产程序中并无明确条文可依。特别是当涉及不同条文在同一内容规定不一时,更让工作人员无所适从;第二,刑民交叉问题原本痼疾难解。刑民交叉问题涉及程序冲突、实体法律关系冲突,问题本已复杂。学界对刑民交叉问题尚属在研究探讨阶段,无论是在程序选择还是实体认定上均无权威的结论;第三,破产程序具有显著的特殊性。破产程序作为概括执行程序,注定涉及群体性利益,问题更加复杂,矛盾愈发尖锐。基于此,涉刑破产程序在实务中千头万绪,矛盾重重。

通过对涉刑破产程序问题的分析以及对破产程序的功能解读,我们发现,问题的解决始终回避不了两个问题——法律和法理。在涉刑破产实践中,我们需要规范系统的法律条文作为依据,同时我们也需要厘清在不同程序中、不同价值体系下的实体法律关系,来指导具体问题的解决。围绕这两方面的客观需要,笔者试图通过技术性的手段来弥补法律的欠缺,同时立足破产程序本身的价值追求,通过价值判断、法理解读来逐一解决实务中的具体问题类型。

四、破产程序中刑民交叉问题之解决

企业破产法及相关司法解释虽对刑民交叉问题有所涉及,但并未形成系统规范的法律体系,导致在涉刑破产程序中并无明确条文可依。特别是当涉及不同条文在同一内容规定不一时,更让工作人员无所适从。在涉刑破产实践中,我们需要规范系统的法律条文作为依据,同时我们也需要厘清在不同程序中、不同价值体系下的实体法律关系,来指导具体问题的解决。针对实务中破产程序中的刑民交叉问题的处置难题,笔者基于破产程序独特的原则和价值追求,引入了法解释学方法,通过价值判断、技术设置等方式在整体法秩序视野下,具体解决涉刑破产程序的法律适用问题。

(一)明确破产程序与刑事诉讼程序的衔接标准

涉刑破产程序中刑民交叉问题在程序方面的最主要体现即为破产程序和刑事诉讼程序的衔接问题。在实践中,针对衔接过程中的两种做法,均存在一定的问题。而对二种程序衔接问题的分析,需要结合破产法基本原理及价值和刑民交叉的处理原则具体分析,不可一概而论。

1. 程序衔接建议

如前所述,基于破产程序和刑事诉讼程序的价值和功能,两种程序在破产案件出现刑民交叉情形下的衔接并无固定的标准,片面追求"先刑后民"或"民刑分立"并无实质意义。法院应当立足于法解释学方法的适用和程序价值的充分考虑,根据涉刑破产程序案件的实际情况,对二者程序的衔接作出具体的判断。

　　破产程序与刑事诉讼的程序的分立应以刑事诉讼程序不影响破产案件债权人或大部分债权人债权的确定为原则。从实践中,从最典型的非法集资类犯罪与破产程序融合的情形来看,非法集资类犯罪的被害人通常都是破产案件的债权人。在此种情形下,刑事案件被害人和破产案件债权人高度重合或是其主要组成部分,因此,刑事诉讼程序的判决结果,将对债权的认定产生实质的影响。再加上在破产实践中,刑事涉案财物中的赃款赃物和债务人财产通常由于高度混同,无法有效进行剥离和区分。因此,此种情形下宜主张"先刑后民"。但是,若在其他类的涉刑破产案件中,刑事被害人仅有个别或极少数属于破产案件的债权人,此时刑事涉案财物中的赃款赃物虽和债务人财产有部分重合,但是由于其并不会制约到破产案件中大部分债权人的利益,从公平和效率的角度考虑,破产程序应和刑事诉讼程序宜分别进行,即"民刑分立",但需注意,要将刑事被害人的份额进行预留和提存。

　　2. 联席、联动机制的建立与完善

　　破产程序与刑事诉讼的衔接问题,本质上是在无明确法律规定情形下,不同机关、不同性质法律程序的衔接障碍。和诉讼程序二审终审制不同,破产程序具有终局性,一旦终结程序将无法进行有效救济。因此,破产程序的债权申报、债权清偿工作都要做到细致、充分。

　　针对破产程序中刑民交叉问题的处置,应建立联席、联动机制来协调破产程序与刑事诉讼程序的衔接问题。如在破产实践中,建立党委、政府牵头的"破产处置工作领导小组",由党委、政府出面加强刑民交叉处置问题上的协调和沟通,如协调司法机关对所采取强制措施中刑事涉案财物解封,从而保障破产工作的顺利开展。

此外,应建立刑民联动机制。在涉刑破产案件进入程序后,公安机关、检察机关和法院通过刑民联动机制加强沟通。为此,在操作上受理破产申请的人民法院在受理涉刑破产案件后,及时向刑事案件管辖的司法机关去函,并通知已知刑事被害人申报债权;若债务人企业进入破产程序后,公安机关在发现犯罪线索侦查的过程中发现其已进入破产程序,应函告受理破产申请的人民法院刑事被害人的债权情况。通过上述刑民联动机制,使刑事司法机关和破产受理法院能够做到协同,从而保障债权人的利益,同时提高司法效率。

(二)涉刑破产程序中债权问题的处理

在涉及民间融资的破产案件中,原债务人不规范的资金融通行为可能涉及非法集资类犯罪而被追究刑事责任。进入破产程序后,在刑民交叉情形下的债权问题如债权的申报、数额认定、清偿顺序等问题便呈现出来。债权问题是破产程序的核心问题,直接关系到债权人的合法利益,影响着破产程序功能价值的实现。

1. 被害人债权的申报

债权的申报问题主要表现为破产程序和刑事诉讼程序发生部分法律关系竞合时,在刑事案件尚未终结时对刑事被害人债权的处理问题。从程序角度而言,在刑事诉讼程序尚未终结时,若刑事被害人申报债权涉及到是被动等待还是径行处理等问题。从实体角度而言,涉及到刑事被害人所受损失如赃款、赃物是否需要在破产程序中申报债权,抑或是直接通过刑事诉讼程序中"发还"得到救济的问题。

关于刑事被害人的债权申报问题，主要表现为最高人民法院2009 年《通知》和 2014 年《规定》的实体法律冲突。《通知》要求在证券公司涉刑破产程序中对被害人权益的救济应当被破产程序所吸收；《规定》明确涉案财物中的赃款赃物属于被害人的合法财产，在刑事程序中通过"追缴""发还""赔偿"的行使实现权益的救济。

针对上述实体法律冲突，对债权申报问题的解决，我们应回到破产法的功能和目的。《通知》针对的是证券公司破产案件相关权利人的债权申报要求，通过法解释学类推解释的方法，破产案件中权利人申报债权为常态，因此，涉刑破产程序中的刑事被害人也应申报债权。从另一方面，这种类推解释和《规定》并无实质冲突。《规定》体现的立法目的为对被害人合法财产的保护，而在破产程序中，被害人申报债权的形式并不会损坏被害人的实体权益。因此，针对涉刑破产程序中被害人的债权申报问题，可参照 2009 年《通知》的要求，予以申报。

2. "非吸"被害人债权数额的认定

根据 2014 年《非法集资意见》和 2015 年《民间借贷规定》，在刑事诉讼程序中对非法集资类犯罪进行认定，受害人纳入"非吸"犯罪的，只认定本金部分予以赔偿；而未被纳入"非吸"犯罪的，则依据民间借贷规则计算本息。二者标准不同，所导致的破产债权的认定数额也差异极大。

上述两规定对非法集资和民间借贷不同的处理办法规定地清晰明确，不存在实体法的冲突。但是，"非吸"被害人债权数额的认定的难题并非法律适用问题，而在于性质界定。如何界定该笔债权是正常的民间借贷或是非法集资，在司法实践中不好把握。而在破产程序中,对该类债权的不当定性容易造成对其他债权人权益的损害或引发冲突、激化矛盾。

为此,笔者建议在涉刑破产程序中,对"非吸"被害人债权数额的认定应坚持"同类债权同等对待"的原则,基于公平和效率的考虑,对该笔债权的认定可根据民间借贷规则进行一定幅度的调整,这样有利于在保证债权公平受偿的基础上,尽可能地降低破产程序推进的阻力,尽可能地化解矛盾和减少冲突。

3. 债权的清偿顺序

在涉刑破产程序中的债权清偿顺序问题,主要体现为"非吸"犯罪的被害人债权和民间借贷关系的债权人的债权先后顺序问题,以及"非吸"犯罪的被害人作为破产企业职工,其债权是否享有优先性问题。

关于"非吸"被害人债权与"民间借贷"债权在破产法和相关的司法解释存在不相一致的情况。《企业破产法》第一百一十三条对不同性质的债权做了位阶上的划分,在此种情况下,"非吸"被害人债权与"民间借贷"债权均属于普通债权。而 2014 年最高人民法院《关于刑事裁判涉财产部分执行的若干规定》对被害人人身权和刑事退赔的优先保护,与《企业破产法》第一百一十三条的规定相冲突。笔者认为,对被害人人身权和刑事退赔的优先保护体现了刑事诉讼程序的价值和目的,侧重保护被害人的法益,而人身权和退赔优先在破产程序中并无正当性,刑事标准并不能完全适应于破产程序。

关于"非吸"犯罪的被害人作为破产企业职工,其债权是否享有优先性的问题。笔者认为,不能笼统地参照职工债权,应根据债权的具体用途和来源来界定。如债务人企业陷入困境,通过向职工公开募集资金来发展生产,或该集资款项直接从职工工资中强行扣除,或该集资款项间接源于职工工资,在此类情况下将其认定为优先债权有利于保障民生,有利于公平正义。与此同时,其他来源的集资款不宜认定为优先债权。

(三) 涉刑破产程序中涉案财物问题的处理

1. 涉案财物中赃款赃物和债务人财产的剥离

在非法集资类犯罪中,赃款赃物作为涉案财物的重要组成部分,通常会被刑事司法机关采取强制措施,即银行账户被冻结,相关资产被查封或扣押。而在涉刑破产程序中,通常无法对债务人财产和赃款赃物进行有效的区分和剥离。根据 2009 年《通知》,追缴赃款赃物的判决应当中止执行,通过在破产程序中申报债权的方式来实现救济;而 2014 年《规定》则要求在刑事诉讼程序中追缴赃款赃物,且对被害人的损失应当"发还"或"赔偿"。二者的要求不同,导致在司法实践中对赃款赃物的处置采取不同的方式。

笔者认为,涉案财物中的赃款赃物和债务人财产是否可以有效剥离的前提为该标的物是否为特定物。如果涉案财物中的赃款赃物为特定物,则可以和债务人财产相剥离,刑事被害人可依据 2014 年《规定》的"发还"的形式直接受偿;若涉案财物中的赃款赃物为非特定物,则宜根据 2009 年《通知》,追缴赃款赃物的判决应当中止执行,刑事被害人通过在破产程序中申报债权的方式实现救济。值得注意的是,若作为特定物的赃款赃物已被销赃或进行了转化,那么能够确定的被转化物或转化份额也应通过"发还"或"赔偿"的形式返还给被害人,而不必要让被害人在破产程序中另行申报债权。

2. 涉刑破产程序中涉案财物强制措施的解除

《企业破产法》第十九条规定了人民法院受理破产申请后保全措施的解除和执行程序的中止,但该条文并未明确需要解除保全措施的范围。在破产实践中,对公安机关和检察机关所采取的刑事强制措施是否包含应在解除的范围内存在争议。

笔者认为,在破产程序中,保全措施的解除和执行程序的中止旨在防止债务人财产的个别清偿,从破产目的角度来分析,凡是不利于债权人债权的公平受偿的强制措施都应解除,执行程序都应中止。因此,刑事诉讼中涉案财物的强制措施的解除存在合理性。同时,由于刑事涉案财物因种类不同,在刑事诉讼中所起的作用不同。如涉刑破产程序中的物证可能是债务人的合法财产,对该部分涉案财物所采取的强制措施将影响到债务人财产的变价和分配,制约着破产程序的进行,与破产法的目的相悖,因此这种物证类涉案财物应当予以解除强制措施。与此同时,由于赃款赃物不属于债务人的合法财产,因此此类涉案财物不宜受破产程序影响而被解除保全措施。

五、结语

自党的十八届三中全会提出“发挥市场在资源配置中的决定性作用,推进供给侧结构性改革”的总体要求以来,以“三去一降一补”为核心的中央经济工作部署全面推进,化解过剩产能,清理“僵尸企业”,完善市场退出机制,已成当下中央经济工作的重心。2017 年 10 月,党的十九大报告将“推进供给侧结构性改革”放在了突出位置,从顶层设计的层面明确了破产机制的关键作用。2018

年 3 月 5 日,李克强总理在《政府工作报告》中再次明确,要深入推进供给侧结构性改革,继续破除无效供给,加大"僵尸企业"破产清算和重整力度,做好职工安置和债务处置。进入社会主义新时代,随着全面深化改革的推进,破产法在市场经济中的作用愈发明显,通过破产程序清理"僵尸企业"、淘汰落后产能已成为新时代法治的重要体现。

破产程序作为概括执行程序,承载了特殊的历史使命,其囊括的利益群体范围大、矛盾尖锐,破产工作处置难度极大,通常需要跨部门跨地区协调。而刑民交叉问题原本痼疾难解,加之于破产程序中,使原本复杂的问题更加棘手。涉刑破产程序中刑民交叉问题展现在破产程序中的各个环节、各个方面,既有破产程序与刑事诉讼程序的衔接与冲突,又有刑事诉讼程序对破产实体法律关系的掣肘。

破产程序中刑民交叉问题的解决要立足破产程序的价值和功能,在既有法律规定的基础上应对。对涉刑破产程序问题的分析以及对破产程序的功能解读,在涉刑破产实践中,我们需要以规范系统的法律条文作为依据,同时我们也需要厘清在不同程序中、不同价值体系下的实体法律关系以指导具体问题的解决。围绕这两方面的客观需要,笔者以法解释与程序价值为视角来架构统一法秩序观念以弥补法律的欠缺,同时立足破产程序本身的价值追求,通过价值判断、法理解读以逐一解决实务中的具体问题。其问题解决的根本价值在于借助刑事诉讼程序,对被害人受害事实进行还原和认定,本质上是借助刑事诉讼程序服务于破产程序。

破产程序中涉及违法建筑出售或出租情形的处置

李瑞达　任　靖[①]

企业进入破产程序后,破产管理人(以下简称"管理人")应依据《企业破产法》(以下简称《企业破产法》)第二十五条的规定履行"调查债务人财产状况,制作财产状况报告""管理和处分债务人的财产"等职责。破产实务中存在破产企业(以下称"债务人")在法院受理破产申请前违反相关法律法规修建建筑物、房屋或临时建筑等(以下统称"建筑物")的情形,那么该等建筑物是否属于违法建筑?能否归属于债务人财产?若该等建筑物已被出售或出租,管理人又该如何处置?笔者结合处理破产案件的经验,谈谈对上述问题的一些思考。

一、什么是违法建筑?

(一) 违法建筑的概念和范围界定

我国现行法律法规并未明确规定何为违法建筑。部分学者对

① 作者简介:李瑞达,男,四川大学法学硕士,北京中伦(成都)律师事务所专职律师;任靖,男,中国人民大学法学硕士,北京中伦(成都)律师事务所实习律师。

违法建筑的概念进行了归纳，其中，王利明教授就曾从违法性角度界定了违法建筑的概念，认为违法建筑是指违反有关法律、法规的禁止性规定而建造的各类建筑物及其设施。[①] 那么，违法建筑违反的是何种法律法规，违法建筑又该如何认定？当前部分法律、司法解释的相关规定涉及违法建筑，可用于参考并回答前述问题。

《中华人民共和国城乡规划法》（以下简称《城乡规划法》）第六十四条规定："未取得建设工程规划许可证或者未按照建设工程规划许可证的规定进行建设的，由县级以上地方人民政府城乡规划主管部门责令停止建设；尚可采取改正措施消除对规划实施的影响的，限期改正，处建设工程造价百分之五以上百分之十以下的罚款；无法采取改正措施消除影响的，限期拆除，不能拆除的，没收实物或者违法收入，可以并处建设工程造价百分之十以下的罚款。"第六十六条规定："建设单位或者个人有下列行为之一的，由所在地城市、县人民政府城乡规划主管部门责令限期拆除，可以并处临时建设工程造价一倍以下的罚款：（一）未经批准进行临时建设的；（二）未按照批准内容进行临时建设的；（三）临时建筑物、构筑物超过批准期限不拆除的。"

《最高人民法院关于审理城镇房屋租赁合同纠纷案件具体应用法律若干问题的解释》（法释〔2009〕11号，以下简称《城镇房屋租赁合同司法解释》）第二条规定："出租人就未取得建设工程规划许可证或者未按照建设工程规划许可证的规定建设的房屋，与承租人订立的租赁合同无效。但在一审法庭辩论终结前取得建设工程规划许可证或者经主管部门批准建设的，人民法院应当认定有

[①] 王利明：《物权法研究（修订版）》（上册），中国政法大学出版社2007年版，第83页。

效。"第三条规定:"出租人就未经批准或者未按照批准内容建设的临时建筑,与承租人订立的租赁合同无效。但在一审法庭辩论终结前经主管部门批准建设的,人民法院应当认定有效。租赁期限超过临时建筑的使用期限,超过部分无效。但在一审法庭辩论终结前经主管部门批准延长使用期限的,人民法院应当认定延长使用期限内的租赁期间有效。"

此外,最高人民法院民一庭负责人就《城镇房屋租赁合同司法解释》答记者问时表示:"《解释》仅将违法建筑物租赁合同、转租期限超过承租人剩余租赁期限的合同、未经出租人同意的转租合同认定为无效。在违法建筑物范围认定上,确定未取得建设工程规划许可证或者未按照建设工程规划许可证规定建设的房屋,未经批准或者未按照批准内容建设的临时建筑,超过批准使用期限的临时建筑为违法建筑"。

根据所处区域不同,违法建筑分为城镇违法建筑、乡村违法建筑两种,本文仅讨论城镇违法建筑的相关问题。根据上述规定及最高人民法院的观点,违法建筑中的"法"主要指的是工程规划法律法规。未取得建设工程规划许可证或未按照建设工程规划许可证的规定建设的房屋等建筑物,未经批准或未按批准内容建设的临时建筑,或者超过批准期限不拆除的临时建筑物、构筑物,均可能被认定为违法建筑。

(二) 违法建筑的认定

根据《最高人民法院第八次全国法院民事商事审判工作会议(民事部分)纪要》第二十一条:"对于未取得建设工程规划许可证或者未按照建设工程规划许可证规定内容建设的违法建筑的认定

和处理,属于国家有关行政机关的职权范围,应避免通过民事审判变相为违法建筑确权。当事人请求确认违法建筑权利归属及内容的,人民法院不予受理;已经受理的,裁定驳回起诉。"可见,对于违法建筑的认定和处理职权属于行政机关,不能由司法机关来确认。

需要说明的是,实践中部分具备违法建筑特征的建筑物尚未被有关行政机关认定为违法建筑,但并不影响其是违法建筑的客观事实。因此,下文所述"违法建筑"既包含已被行政机关认定为违法建筑的建筑物,也包括尚未被行政机关认定为违法建筑但具备违法建筑特征的建筑物。

二、建造者对违法建筑享有何种权利?

《中华人民共和国物权法》(以下简称《物权法》)第三十条规定:"因合法建造、拆除房屋等事实行为设立或者消灭物权的,自事实行为成就时发生效力。"可见,在我国现行的物权法体系下,因建造房屋这一事实行为而设立物权的,仅限于"合法建造"的范围。《物权法》并不承认违法建筑上能设立物权,因此建造者对违法建筑并不能原始取得所有权。

笔者认为,建筑物建造者对违法建筑虽不能原始取得所有权,但建造者对违法建筑的占有作为一种事实状态,依然应该受到法律的保护。除执法机关依法处理违法建筑外,建造者对违法建筑应享有占有利益,并可以排除他人对违法建筑的占有。该种占有利益,应包含占有、使用、收益的权利。当然,这是一种消极的保护,并不应给予其积极的法律评价,而是在建造者与他人的利益发生冲突时,消极地承认建造者占有的利益并给予一定程度的保护。

建造者对建筑材料的所有权在违法建筑被没收或者拆除之前并未因违法建造行为而丧失，把建造者对于违法建筑享有的权利确定为占有利益，有利于在遏制违法建造的同时实现物尽其用。

三、违法建筑出售或出租的效力

(一) 违法建筑买卖合同的效力

1. 理论上的争议

关于违法建筑买卖合同的效力，理论上存在三种观点：合同无效说、效力待定说和合同有效说。合同无效说认为，违法建筑买卖合同违反法律、行政法规的强制性规定，应为无效合同。[1] 违法建筑的产生和存在与社会公共利益相悖，法律、行政法规对违法建造行为给予否定的同时，对于违法建筑买卖合同同样给予否定性的评价。[2] 合同效力待定说认为，应以违法建筑是否可以经过补办手续转变为合法建筑为标准确定合同的效力。[3] 合同有效说认为，买卖合同的债权效力取决于订立该买卖合同的负担行为的效力，与出卖人的物权处分行为的效力无关。违法建筑的违法性不能阻却买卖合同的有效成立。[4] 违法建筑是建造者违法建造的结

---

[1] 参见朱爱东："附有违法建筑的房屋买卖合同的有效性"，载《人民司法（案例）》2013年第 12 期。

[2] 参见邵建东：《德国民法总则编典型判例 17 则评析》，南京大学出版社 2005 年版第 214页，转引自况亚军："论违法建筑转让合同的效力"，载《中财法律评论》2016 年第 1 期。

[3] 参见王小莉："违章建筑买卖合同法律问题初探"，载《黑龙江省政法管理干部学院学报》2007 年第 5 期。

[4] 参见崔俊贵、白晨航："违法建筑的权利归属及买卖合同的效力"，载《法学杂志》2013年第 6 期。

果,违法建筑转让合同是以违法建筑为标的物的合同,其标的是违法建筑的交付行为。法律对违法建造行为的禁止不能推及违法建筑交付行为。①

2. 实践中的争议

关于违法建筑买卖合同的效力,司法实践中存在以下两种观点:

(1) 合同有效

部分法院认为违法建筑买卖合同有效的案例摘录如下:

最高人民法院在(2014)民提字第 216 号民事判决书中指出:"本院认为,首先,案涉房产其他部分系合法建筑,加盖部分违法不应导致全部合同无效。其次,买卖违法建筑物的合同并非绝对无效。……本案中,双方在《房地产买卖合同》及其后的 50 号调解书中,均明确加盖部分已经过行政处罚,城乡规划主管部门并未要求限期拆除,该加盖部分应属于'尚可采取改正措施消除对规划实施的影响的'保留使用建筑物,亦不应因此认定买卖合同无效。综上,本院认为,案涉《房地产买卖合同》为双方真实意思表示,不存在《中华人民共和国合同法》第五十二条规定的情形,应为合法有效。"

最高人民法院在(2015)民申字第 898 号民事裁定书中指出:"韩凤林以案涉《买卖工厂协议书》中的厂房系违法建筑为由,主张该协议书无效,但杨培园、张义南已经履行了付款义务的情况下,有权要求继续履行双方签订的买卖协议,而所涉工厂厂房是否系违法建筑,并不影响双方在意思自治基础上对厂房进行的买卖。"

---

① 参见韩世远:《合同法总论》,法律出版社 2008 年版第 152 页。

最高人民法院在(2017)最高法民申 3536 号再审审查与审判监督民事裁定书中指出:"本院认为,郴州市规划局作出《行政处罚决定书》,认定案涉房屋的楼层数和面积数超过审批计划,并决定就此对晓园公司处以罚款的行政处罚,此节事实仅表明晓园公司存在违规行为,对此其应承担并已经承担了相应的行政责任,而并不导致所建楼房不得出售的结果。"

云南省文山壮族苗族自治州中级人民法院在(2016)云 26 民终 456 号民事判决书中指出:"本院认为,《售房协议书》并不违反法律规定,被上诉人已将房屋交付给上诉人,上诉人应当按照合同约定支付房屋价款给上诉人。因《中华人民共和国城乡规划法》第四十条、第四十三条、第六十四条的规定属管理性规定,不属于《最高人民法院关于适用〈中华人民共和国合同法〉若干问题的解释(二)》第十四条规定的效力性强制性规定。故对上诉人主张其向被上诉人购买的房屋中有部分未办理房屋所有权证而导致该部分无效的主张本院不予采信。"

(2) 合同无效

部分法院认为违法建筑买卖合同无效的案例摘录如下:

天津市第一中级人民法院在(2018)津 01 民终 2895 号民事判决书中指出:"本院认为,涉案房屋未依法登记领取权属证书,也无合法建房手续,根据法律规定,该房产不得转让。同时相关法律规定,合法的财产受法律保护,而坐落于北辰区无证房屋并非合法建造的房屋,故一审法院认定双方之间的房屋买卖协议因违反国家法律及政策规定而属于无效合同无不当之处。"

吉林省柳河县人民法院在(2016)吉 0524 民初 770 号民事判决书中指出:"因城乡规划涉及社会公共利益,未取得规划许可的建筑,应属于违法建筑,买卖违法建筑物的行为因民事行为内容违法,应被作出无效的评价。根据查明的事实可知,本案原、被告双方买卖的不动产未取得建设工程规划许可。涉案的买卖合同以违法建筑作为买卖标的物,损害了社会公共利益,属于无效合同。"

根据上述案例,司法实践中对于违法建筑买卖合同的效力存在有效与无效两种观点。以最高人民法院为代表的观点认为,买卖违法建筑物的合同并非绝对无效。例如建筑物本身虽违反相关规划或未取得建设规划许可,但属于"尚可采取改正措施消除对规划实施的影响的"建筑物,亦不应认定其买卖合同无效。此外,相应违法建筑买卖合同为当事人真实意思表示,并未违反效力性强制性规定,应为合法有效。以天津市第一中级人民法院为代表的观点则认为,买卖违法建筑物的合同因违反国家法律及政策规定或损害了社会公共利益而属于无效合同。

3. 违法建筑买卖合同并非绝对无效

笔者认为,违法建筑买卖合同并非绝对无效,即便建造者修建的建筑物被有关行政机关认定为违法建筑,只要该等买卖合同并未不存在法定的无效事由,亦合法有效。首先,违法建筑买卖合同并未违反效力性强制性规定。《最高人民法院关于适用〈中华人民共和国合同法〉若干问题的解释(二)》第十四条规定:"合同法第五十二条第(五)项规定的'强制性规定',是指效力性强制性规定。"《城乡规划法》第四十条、第四十三条、第六十四条等规定是对城乡建设规划的管理性强制性规定,而违反管理性强制性规定并不会导致合同无效。违法建筑虽违反了《城乡规划法》的相关规定,但并不能据此认定违法建筑买卖合同无效。其次,违法建筑所涉负担行为效力不受处分行为效力的影响。《物权法》第十五条规定:

"当事人之间订立有关设立、变更、转让和消灭不动产物权的合同,除法律另有规定或者合同另有约定外,自合同成立时生效;未办理物权登记的,不影响合同效力。"出卖人与买受人订立买卖合同,即在当事人之间设立了债权债务关系,此种行为是双方当事人设定的负担行为,是物权变动的原因行为。转移所有权的行为是当事人的处分行为,是物权变动的结果行为。物权变动与否,不影响负担行为的效力。违法建筑买卖合同的目的旨在转让违法建筑的"物权",但因出卖人并不对违法建筑享有所有权,实际上也不能完成"物权"的转让并办理登记,因此,并不会发生物权变动的结果。但这并不影响买卖合同效力。最后,根据《最高人民法院关于审理买卖合同纠纷案件适用法律问题的解释》(以下简称《买卖合同司法解释》)第三条第一款的规定:"当事人一方以出卖人在缔约时对标的物没有所有权或者处分权为由主张合同无效的,人民法院不予支持。"因此,买受人或出卖人以出卖人无建筑物所有权为由主张违法建筑买卖合同无效的,法院应不予支持。

(二) 违法建筑租赁合同的效力

根据前述《城镇房屋租赁合同司法解释》第二条之规定,出租人就未取得建设工程规划许可证或者未按照建设工程规划许可证的规定建设的房屋,与承租人订立的租赁合同无效。因此,出租人就违法建筑与承租人订立的租赁合同无效。

四、已出售或出租违法建筑在破产程序中的处置

《企业破产法》及相关司法解释并未就破产程序中违法建筑买

卖合同或租赁合同的效力问题作出特别规定,上文关于违法建筑买卖合同或租赁合同效力的结论在破产程序中仍然适用。笔者就破产程序中管理人就债务人建造的违法建筑涉及出售或出租情形的处置,分析如下:

(一) 违法建筑出售情形的处置

鉴于实践中对于违法建筑买卖合同的效力存在争议,虽然笔者倾向于认为此类买卖合同有效,但不排除实践中合同被法院认定为无效的可能性。因此,针对债务人与买受人之间的违法建筑买卖合同效力的不同认定结果所应采取的处置方法,分析如下:

1. 违法建筑买卖合同有效

(1) 买受人已支付完毕全部价款

若债务人与买受人之间的违法建筑买卖合同被认定为有效,但债务人当前及未来均不能取得建筑物所有权,其事实上也已不可能继续履行合同,为买受人办理建筑物的所有权登记。就买受人已支付完毕全部价款的买卖合同而言,由于该等合同不属于双方均未履行完毕的合同,管理人可以根据项目实际情况,从最大限度保护一般债权人的利益出发,选择向买受人主张解除合同,或默认合同继续履行(即便实际已不能履行)。根据《买卖合同司法解释》第三条第二款的规定:"出卖人因未取得所有权或者处分权致使标的物所有权不能转移,买受人要求出卖人承担违约责任或者要求解除合同并主张损害赔偿的,人民法院应予支持。"又根据《合同法》第九十七条关于"合同解除后,尚未履行的,终止履行;已经履行的,根据履行情况和合同性质,当事人可以要求恢复原状、采取其他补救措施,并有权要求赔偿损失"之规定,买受人可以主张解除买卖合同并要求债务人返还购房款及承担损害赔偿责任,并向管理人腾退其占用的建筑物。同时,管理人应向该等买受人主张房屋使用费。该笔费用可参照最高人民法院《关于蔡德成与大连经济技术开发区龙海房地产开发公司、原审第三人大连翻译专修学院商品房买卖合同纠纷一案请示的答复》(〔2003〕民一他字第13 号)的相关内容进行计算,即商品房买卖合同因出卖人责任被确认无效后,善意买受人应返还给出卖人的房屋使用费标准,应该以买受人与出卖人约定的合同总价款除以房屋的设计使用年限,再乘以买受人实际使用该房屋的年限得出的价款作为买受人所获得的利益返回给出卖人。根据《企业破产法》第四十条的规定,"债权人在破产申请受理前对债务人负有债务的,可以向管理人主张抵销"。该笔房屋使用费因产生于破产申请受理后,不可直接与买受人申报的债权相抵销。若买受人拒不支付该笔费用,管理人将在破产财产分配阶段按相应比例从拟分配给该等买受人的款项中予以抵销。此种情形下,管理人主张解除合同与买受人主张解除合同的法律效果差别不大。

关于违法建筑买卖合同解除后买受人已支付价款的返还请求权性质问题。根据《最高人民法院关于建设工程价款优先受偿权问题的批复》(法释〔2002〕16 号,以下简称《批复》),已交付购买商品房的全部或者大部分款项的消费者的权利优先于承包人的工程价款优先受偿权和抵押权人的抵押权。又根据《最高人民法院执行工作办公室关于〈最高人民法院关于建设工程价款优先受偿权问题的批复〉中有关消费者权利应优先保护的规定应如何理解的答复》(〔2005〕执他字第 16 号),《批复》第二条的规定"是为了保护个人消费者的居住权而设置的,即购房应是直接用于满足其生活居住需要,而不是用于经营,不应作扩大解释"。可见,《批复》所指购房消费者为购买商品房用于满足其生活居住需要而非用于经营的消费者。因此,在破产程序中,若债务人为房地产开发企业,其开发的商品房因未取得建设工程规划许可证或违反建设工程规划许可证之规定而被认定为违法建筑。在其与买受人签署的商品房买卖合同被认定为有效合同且买受人要求解除合同时,购买该等房屋用于生活居住的买受人就要求债务人返还购房款的债权享有优先性,可作为优先债权向管理人申报。若债务人修建的建筑物并非商品房,相关买受人购买该等建筑物出于办公、出租或投资等目的,则买受人主张解除合同并向管理人申报返还购房款的债权不具有优先性,应作为普通债权向管理人申报。

关于违法建筑买卖合同解除后买受人因合同解除所产生的损害赔偿请求权的处理问题。根据《企业破产法》第五十三条关于"管理人或者债务人依照本法规定解除合同的,对方当事人以因合同解除所产生的损害赔偿请求权申报债权"之规定,买受人主张损害赔偿请求权的,应作为普通债权向管理人申报。

若买受人不主张解除违法建筑买卖合同,依旧占用相关建筑物,根据《最高人民法院关于审理企业破产案件若干问题的规定》(法释〔2002〕23号)第七十一条第(四)项关于"尚未办理产权证或者产权过户手续但已向买方交付的财产不属于破产财产"之规定,笔者认为该等建筑物不属于破产财产。若政府有关部门未来对违法建筑实施拆迁补偿,或主管行政机关对违法建筑采取行政强制措施的,均由买受人自行承担相应责任,与债务人无关。

(2)买受人尚未支付完毕全部价款

就买受人尚未支付完毕全部价款的违法建筑买卖合同而言,

由于该等合同属于双方均未履行完毕的合同,根据《企业破产法》第十八条关于"人民法院受理破产申请后,管理人对破产申请受理前成立而债务人和对方当事人均未履行完毕的合同有权决定解除或者继续履行,并通知对方当事人。管理人自破产申请受理之日起二个月内未通知对方当事人,或者自收到对方当事人催告之日起三十日内未答复的,视为解除合同"之规定,管理人有权决定解除合同或继续履行。鉴于债务人事实上已不可能继续履行合同,此种情形下买受人一般亦不愿再继续履行,管理人通常会依上述规定主动通知买受人解除合同或者采取不通知买受人的方法等待合同依法自动解除。违法建筑买卖合同解除后,买受人已支付价款的返还请求权以及因合同解除所产生的损害赔偿请求权,按上文所述分别向管理人申报。管理人应同时向该等买受人主张房屋使用费,房屋使用费的收取与抵销同上文。

2. **违法建筑买卖合同无效**

若违法建筑买卖合同被认定无效,根据《合同法》第五十八条关于"合同无效或者被撤销后,因该合同取得的财产,应当予以返还;不能返还或者没有必要返还的,应当折价补偿。有过错的一方应当赔偿对方因此所受到的损失,双方都有过错的,应当各自承担相应的责任"之规定,买受人自始对相应建筑物没有占有权利,应向管理人腾退所占用的建筑物。买受人可向管理人申报返还购房款及赔偿损失等普通债权。管理人应同时向买受人主张房屋使用费,管理人认为买受人有过错的,还应向买受人主张承担相应责任。该等费用可依据《企业破产法》第四十条之规定与买受人申报的债权进行抵销。若买受人既不主张抵销,又拒不支付相应费用,管理人将在破产财产分配阶段按相应比例从拟分配给该等买受人的款项中予以抵销。

（二）建筑物出租情形的处置

1. 债务人直接出租的情形

根据前述《城镇房屋租赁合同司法解释》第二条的规定，债务人就未取得建设工程规划许可证或者未按照建设工程规划许可证的规定建设的房屋，与承租人订立的租赁合同无效。承租人应向管理人腾退建筑物，因合同无效产生的已付租金返还和损失赔偿债权应作为普通债权向管理人申报。管理人可以依据《城镇房屋租赁合同司法解释》第五条关于"房屋租赁合同无效，当事人请求参照合同约定的租金标准支付房屋占有使用费的，人民法院一般应予支持"之规定向承租人主张支付占有使用费（抵销规则与买卖合同无效情形相同）。

2. 买受人出租给第三方的情形

若违法建筑买卖合同有效，买受人对建筑物享有占有利益。在买卖合同解除的情形下，由于租赁合同无效，第三方承租人应向管理人腾退房屋。若第三方承租人逾期腾退房屋的，管理人可依据《城镇房屋租赁合同司法解释》第十八条"房屋租赁合同无效、履行期限届满或者解除，出租人请求负有腾房义务的次承租人支付逾期腾房占有使用费的，人民法院应予支持"之规定，请求第三方承租人支付逾期腾房占有使用费。在买受人不解除买卖合同的情形下，如前文所述，该等建筑物不属于破产财产，故买受人可继续占有建筑物。若违法建筑买卖合同无效，由于租赁合同亦无效，第三方承租人仍应向管理人腾退房屋。至于上述情形中第三方承租人与买受人之间的权责纠纷与债务人无关。

五、总结

破产程序中,违法建筑的处置往往涉及众多当事人利益,对于违法建筑涉及出售或出租等情形的处置稍有不慎,可能导致群体性事件的发生。此类案件既考验管理人的专业素质和团队协作水平,也对管理人回应群众诉求、协调多方利益、化解社会矛盾等能力提出了要求。就法律层面而言,实践中违法建筑租赁合同无效的观点较为统一,但违法建筑买卖合同的效力尚存争议,而不同效力认定结论会导致不同的法律后果。管理人应根据破产案件的实际情况,在最大限度保障全体债权人利益的情形下,针对违法建筑买卖合同的效力提出相应意见,并结合违法建筑买卖合同效力的实际认定结果,就破产企业违法建筑出售或出租情形进行妥善处置。

我国重整计划批准制度的反思与修缮

董　璐①

引　言

重整计划,即将债务人持续经营、清理债务、谋求再生作为主要内容的协议。它既是各方利益主体通过协商彼此让步以求最佳化处理债务的协议,也是各方利益主体患难与共、争取破产企业重生的行动纲要,其作为一条主线贯穿于整个重整程序之中。② 根据《企业破产法》第八十六条、第八十七条规定的内容,对重整计划草案而言,无论其是否经债权人会议各组表决通过,最后都需经人民法院批准后,才能拘束全体债权人。但《企业破产法》对重整计划须经由人民法院批准的原因以及人民法院审查重整计划的要点未做任何释明,由此导致实务中审查机制的现实失灵。

本文从前述问题出发,以不断完善的美国《破产法典》之相关规定为蓝本,通过比较发现我国重整制度在计划批准环节中存在

① 作者简介:董璐,女,四川大学法经济学博士,乐山师范学院法学与公共管理学院副教授。此文已被收录于《破产法论坛(第十九辑)》。
② 李国光:《新企业破产法条文释义》,人民法院出版社 2006 年版,第 394 页。

的问题,并提出制度修改与完善的具体建议,以期为促进破产法律制度的日益健全贡献绵薄之力。

一、为什么重整计划需要人民法院的批准

重整计划契约论认为,重整计划是其所涉及的利益主体之间通过协商谈判,对自身权利义务的割舍与争取所达成的各方共同遵守的契约。既然是契约,就应当属于私法自治的范畴,那为什么契约的生效却需要由人民法院的审批作为前提条件?

原因之一在于,重整计划并没有取得所有债权人的一致同意。虽然重整计划是债权人与债务人,以及与债务人的股东之间达成的意志协定;[①]但是,与通常情况下当事人通过意思表示一致达成的合同不同,重整计划并非需要获得每个债权人的同意,而是获得债权人分组以及股东分组的同意,即同意通过重整计划的债权人人数占组内一半以上,且所代表的债权金额占组内三分之二以上。为避免多数人通过投票之"暴力"碾压少数人的意志,保护持少数意见的反对派的利益,需要人民法院对通过的重整计划是否批准予以审查。

原因之二在于,重整计划若缺乏强制力保障,可能会出现不经济和无效率的问题。由于重整计划草案为所有债权人提供了最低清偿标准——清算状态下的清偿率,可以最大限度保障全体债权人利益,具有整体利好性,但也很难防止部分债权人"观望"和"搭便车",并"用脚投票"以威胁和榨取超份额利益。为确保重整计划

---

① [美]查尔斯·J.泰步:《美国破产法新论》,韩长印、何欢、王之洲译,中国政法大学出版社 2017 年版,第 1200 页。

顺利通过表决,管理人需与这些债权人进行长期、多轮的沟通。由此,谈判的钳制和久拖不决可能贻误企业的拯救时机。故为防止异议债权人不当行使权利拖慢重整进程、增加重整成本,则需要人民法院对仅经部分表决组通过的重整计划进行审查,作出是否予以批准的决定。

总之,从重整计划的生效要件上看,它更类似于需经行政审批的合同。但除此之外,它也可能是一项投资,之所以这样说,是因为债权人与股东在获得充分信息的基础上可以选择债转股或者新投资来获取重整计划所确定的新债权或股权。① 因此,它兼具协商性与投资性特征。人民法院对重整计划的批准既是债权人利益保障的要求,也是基于投资效益之社会本位的要求。

二、人民法院批准与否的审查标准是什么

(一) 重整计划通过时的审查标准

重整计划表决通过后提请人民法院批准重整计划的情形,指的是重整计划草案经过各债权组分组表决,每组得到过半数的债权人通过,且通过的债权占有的债权额超过该组债权总额的三分之二以上的情形。这种情形通常也被称之为"正常批准"。2006年制定的《企业破产法》第八十六条并没有规定重整计划通过时的具体审查标准。直到2018年最高人民法院发布的《全国法院破产审判工作会议纪要》第十七条才对这一审查标准予以明确的规定:

① 〔美〕查尔斯·J.泰步:《美国破产法新论》,韩长印、何欢、王之洲译,中国政法大学出版社2017年版,第1201页。

人民法院在审查重整计划时,除合法性审查外,还应审查其中的经营方案是否具有可行性。

1. 合法性

一是程序合法。重整计划草案应当是在法定时间内(从裁定重整之日起不超过9个月)提出,重整计划草案的内容涵盖《企业破产法》第八十一条①所列举的项目,表决严格按照第八十二条②的规定对债权进行分组,并且表决的结果满足第八十四条第二款③规定的情形。二是实体合法。对权利的调整符合第八十三条④的规定,重整计划草案的具体内容符合法律和行政法规的规定,且不损害国家、集体或者第三人的合法权利。长期以来,由于立法对可行性审查标准的缺位,导致法官难以对超过专业领域的问题进行实质判断,因此我国破产法官对于经表决通过的重整计划基本都遵循当事人意思自治原则予以批准。可以说,人民法院对于经表决通过的重整计划的批准审查已经沦为了一种形式审

---

① 《企业破产法》第八十一条:"重整计划草案应当包括下列内容:(一)债务人的经营方案;(二)债权分类;(三)债权调整方案;(四)债权受偿方案;(五)重整计划的执行期限;(六)重整计划执行的监督期限;(七)有利于债务人重整的其他方案。"

② 《企业破产法》第八十二条:"下列各类债权的债权人参加讨论重整计划草案的债权人会议,依照下列债权分类,分组对重整计划草案进行表决:(一)对债务人的特定财产享有担保权的债权;(二)债务人所欠职工的工资和医疗、伤残补助、抚恤费用,所欠的应当划入职工个人账户的基本养老保险、基本医疗保险费用,以及法律、行政法规规定应当支付给职工的补偿金;(三)债务人所欠税款;(四)普通债权。人民法院在必要时可以决定在普通债权组中设小额债权组对重整计划草案进行表决。"

③ 《企业破产法》第八十四条第二款:"出席会议的同一表决组的债权人过半数同意重整计划草案,并且其所代表的债权额占该组债权总额的三分之二以上的,即为该组通过重整计划草案。"

④ 《企业破产法》八十三条:"重整计划不得规定减免债务人欠缴的本法第八十二条第一款第二项规定以外的社会保险费用;该项费用的债权人不参加重整计划草案的表决。"

查：只要表决程序合法、内容合法且未损害各表决组中反对债权
人的清偿利益的，就应对重整计划草案予以批准。这一审查机制
暗含了在债权人会议形成决议并表决通过的时候，推定合法性和
可行性均成立，无需对此做更深入的审查。

2. 可行性

由于重整的本质是企业拯救，不限于债务减免和财务调整，其
重点是维持企业的营运价值，因此有必要审查重整计划中关于企
业重新获得盈利能力的经营方案是否具有可行性。如前所述，如
果所有组别都通过重整计划，但人民法院却认为重整计划不具有
可行性，那么人民法院实际上是以法官的判断取代经济上利害关
系人的自主判断。之所以如此设计，其原因是重整程序成本高昂，
一旦失败，重整期间所产生的所有费用都将成为损失，而由全体债
权人承担。而事实上，多数人同意的方案不一定就是好方案，人民
法院对重整计划可行性审查在一定程度上遏制了多数决的弊端。
但我国现行立法对可行性的审查仍然缺乏明确的判断标准。实务
中，重整计划草案的制定者可以通过制作全面具体的商业计划方
案，向人民法院提供律师、注册会计师或者其他相关领域专业人员
出具的意见材料来证明通过重整完全有能力让破产企业的财务重
回正常状态。[①] 人民法院也可以通过主动听取异议债权人意见、
征询专家和有关单位意见作出计划是否具有可行性的商业判断。
但是，"可行性"毕竟是一种对未来事件的假设，最终结果是否与重
整计划草案设定时的一样，在计划执行完毕前都存在不确定性。

---

① ［美］大卫·G. 爱泼斯坦等著：《美国破产法》，韩长印等译，中国政法大学出版社
2003 年版，第 757 页。

异议人可以较为容易地以其他假设的方式质疑债务人履行重整计划的能力,从而否定其可行性。这是这一标准一直以来饱受诟病的根本原因。可行性标准成为法官最大的自由裁量权。

(二)重整计划未通过时的审查标准

强制批准,指的是重整计划草案在未得到所有表决组一致同意的情况下,却被人民法院予以裁定批准的情形。这种情形,又被称为人民法院对重整计划的"强批权"或"强裁权"。人民法院为什么要把重整计划草案强塞给异议债权人? 一方面的原因是为了追求公共利益,即"当利害关系人自治而未能通过重整计划时,出于对社会整体利益的考虑,为实现重整的目的,有必要借助公权力的干预以发挥作用";[1]若缺少强制批准制度,"那么除对担保物权的行使予以限制外,重整程序与和解程序并没有太大的区别,因而新破产法规定的重整程序亦没有了存在的价值意义"[2]。另一方面在于效率,在重整计划草案本身已经符合合法性的前提下,如果没有强裁权作为保障,谈判就会处于无休止的讨价还价中,这样就会耗费企业的有效资源。如果这种情况持续的时间越长,企业拯救成功的可能性就越小。强制批准制度不仅将谈判僵局的问题予以解决,同时还降低了交易的成本和费用,更加有效地促成了重整计划。但是,违背当事人意愿的裁定是有风险的,为防止司法权过度干预私法甚至滥用权力,法律对强裁权的实施进行了较正常批准更具体的规定:

---

① 邹海林:"我国企业再生程序的制度分析和适用",载《政法论坛》2007 年第 1 期,第 57 页。
② 李永军:《破产重整制度研究》,中国人民公安大学出版社 1996 年版,第 308 页。

1. 对担保债权的充分保护——担保债权人就债务人的特定财产将获得全额清偿

由此，涉及到的第一个问题是如何理解"全额清偿"？重整计划对"全额"的定位是指特定财产的现值。如果担保债权的金额等于或者小于特定财产的现值，则该担保是足额担保，充分的保护就意味着担保债权人就其合同约定的担保债权金额全额受偿；如果担保债权的金额大于特定财产的现值，则该担保是不足额担保，我国破产实践通常以现值作为担保债权金额，不足额部分作为普通债权。涉及到的第二个问题是全额清偿的方式：是即时清偿还是延期清偿？如果是即时清偿，那么不涉及损失的补偿问题。若是延期清偿，依照破产法的规定，将对延期清偿遭受的损失予以公平补偿。同时，担保债权人享有的担保债权亦没有遭到实质性的损害。究其原因，是人民法院裁定批准重整计划草案后，重整程序即终止。债务人因破产启动获得的利息自动冻结功能将恢复，延期清偿将使债权人丧失期限利益，为弥补损失，同时不影响重整计划的实施，需要对债权的期限利益进行公平补偿。"公平"的衡量标准又成为法官的自由裁量。当然，该表决组已经通过重整计划草案的除外。

2. 对生存权和公权的特别保护——职工债权、税收债权全额清偿

诚然，在清算状态下，如果普通债权人都能得到分配，那么就意味着顺位在先的职工债权和税收债权已经得到全额清偿。在重整语境下，往往需要债权人作出让步以换取重整计划获得批准，但是职工债权组往往涉及人数较多，一旦调整极易使矛盾尖锐；税收债权组往往又以涉及国有资产流失为名不肯作出让步。现实情况

是,职工债权和税收债权组很难同意调整其债权,因此与其他债权组相比,为保障重整计划草案能够顺利通过表决,重整中这两组债权得到的保护最为充分。

3. 价值保障标准

普通债权在重整程序中得到的清偿比例,高于在重整计划草案被提请批准时按照清算程序要求计算所能得到的清偿比例。在国外这一标准通常被称为"最佳(最大)利益标准"。管理人和债务人证明满足这一标准的过程是:根据资产负债情况,预估资产的运营价值和清算价值,扣除破产费用和共益债务,在优先权人全额受偿的情况下,计算重整下普通债权人的清偿率和清算下普通债权人的清偿率。很明显,是否符合清算利益保障标准是以财产估值为前提的,这一标准很容易遭到异议债权人的诟病。也就是说,只要异议债权人能够证明财产价值被低估了,那么建立在原估值前提下的结果也就被推翻了。当双方相持不让时,人民法院作为掌握强制批准权的唯一主体,便能对债务人价值作出权威性的判断。[①] 为防止权利滥用,审慎适用强裁权,最高人民法院在司法政策中也强调:"对提起重整计划草案批准时按清算程序要求计算能够得到的清偿比例的确定,要考虑是否对利害关系人应有的利益予以了充分保护,同时还要考虑计算的方式方法是否具有客观性、准确性、科学性。"[②]

---

① 武卓:"我国重整计划强制批准制度的完善路径",载《中国政法大学学报》2017年第3期。

② 详见最高人民法院《关于正确审理企业破产案件为维护市场经济秩序提供司法保障若干问题的意见》。相关规定为:"人民法院适用强制批准裁量权挽救危困企业时,要保证反对重整计划草案的债权人或者出资人在重整中至少可以获得在破产清算中本可获得的清偿。对于重整计划草案被提请批准时依照破产清算程序 (转下页)

4. 公平且无差异对待

这一规则主要是为各组中投反对票的债权人提供与投赞成票的债权人相同待遇,不因他们的不同观点而在受偿时受到歧视或者差别对待。但是这一规则适用的对象是相同组别,在不同组别中法律允许存在差别待遇。但这一规则容易因分组方式的差异而受到质疑,例如将普通债权分为小额债权和其他债权,前者全额受偿,后者部分受偿,由此实现组内的无差别待遇,同时赢得小额债权组的通过,进而获得向人民法院申请强制批准的前提条件。正因如此,为避免人为分组创造强裁前提为异议债权人所诟病,实践中逐渐倾向于采用分段不分组的方式清偿普通债权,即:将债权金额划分为多个档次,每个档次的受偿比例不同,但是每个债权人在每个档次的受偿比例相同。这一方法从形式上满足无差别对待标准,但从实质上看,金额越小的债权人最终受偿比例越高,越容易投赞成票,只要分段恰如其分,极易争取到表决通过的人数和金额,从而轻易满足正常批准的条件。总之,公平且无差异对待原则因缺乏具体的规定,在实践中仍然存在问题。

5. 最低限度接受原则①

《全国法院破产审判工作会议纪要》将《企业破产法》规定的"部分表决组对重整计划没有表决通过"限定为"至少有一组已经

(接上页)所能获得的清偿比例的确定,应充分考虑其计算方法是否科学、客观、准确,是否充分保护了利害关系人的应有利益。人民法院要严格审查重整计划草案,综合考虑社会公共利益,积极审慎适用裁量权。对不符合强制批准条件的,不能借挽救企业之名违法审批。上级人民法院要肩负起监督职责,对利害关系人就重整程序中反映的问题要进行认真审查,问题属实的,要及时予以纠正。"

① 齐明、郭瑶:"破产重整计划强制批准制度的反思与完善——基于上市公司破产重整案件的实证分析",载《广西大学学报》(哲学社会科学版)2008年第2期。

通过重整计划草案"。这是因为,如果没有一组债权人通过重整计划草案,人民法院还要依申请裁定批准,实为对契约自由的过度干预,因此至少有一组通过成为人民法院行使强裁权的基本前提。2006 年的《企业破产法》规定的是部分表决组未通过,由于"部分"的概念在实践中引发歧义,也出现过全部表决组均未通过法院一样裁定批准重整计划的情形①,所以在《全国法院破产审判工作会议纪要》中将"部分"的下限明确为至少有一组通过,排除"全部"不通过的强批权,这是立法进程中的进步。然而,看似成为强裁权前提的最低通过标准实际上却没有成为阻碍强裁权的壁垒。原因在于我国的分组标准比较粗陋,一般仅划分优先权组、职工债权组、税收债权组、普通债权组以及出资人组。有时候也会根据案件情况设立小额债权组。在破产重整案件中,职工债权组和税收债权组通常都获得全额清偿,所以满足至少一组的标准并非难事,即使这两组受到调整且没有表决通过,也可以通过设立小额债权组全额清偿的方式让"至少一组"的条件轻易满足。所以该条规定仅能在所有组别均不通过的情况下发挥作用,而这种情形在我国并不多见。

如果重整计划草案满足前述条件,或者虽有某一条件不满足,但该组已经通过了重整计划草案,那么强制批准重整计划就获得了合法性基础。

6. 可行性

法官并非经济学家,对企业经营计划的可行性及债权债务调

---

① 《江西赛维重整计划被法院强裁 12 家债权银行成冤大头》,载 http://finance.sina.com.cn/zt_d/saiwei/,2018 年 10 月 12 日访问。

整的科学性不可能作出准确的预估。因此,强裁中的可行性判断可能更为复杂和棘手。世界银行的研究表明:人民法院权力越大,破产取得有效率的结果可能性就越小。因此,防止因自由裁量权使用不当引起的重整失败、资源浪费确有必要。然而可惜的是,破产法并没有对于强裁中的可行性判断提供较正常批准更明确的依据和标准。

综上,无论是正常批准,还是强制批准,《企业破产法》均要求人民法院对重整计划草案的合法性和可行性予以审查。所不同的是,人民法院在正常批准时审查标准相对原则,强制批准时审查标准更为具体;严格意义上讲,前者属于形式审查,后者属于实质审查。然而,即使是实质审查,我国破产法的审查标准仍然显得过于宽泛和空洞,以至于在实践中可以通过各种途径让重整计划草案满足被批准的条件,因此有必要借鉴美国破产法中的相关标准以完善我国的该项制度。

三、借鉴:美国的重整计划批准制度

根据美国《破产法典》的规定,重整计划的批准要件至少应当包含 16 项考虑因素[第 1129(a)],只要这些要件均得到满足,法院就应当批准重整计划。具体要件可以归为以下类型:

(一) 组别保护

美国《破产法典》第 1129(a)(8)要求法院正常批准需满足每个组别都通过了重整计划。有受到削弱的债权人才有权对重整计划进行表决,权利未受削弱的请求权类别将被视为接受了方案,不计入表决统计。一项权利是否受到削弱主要考虑三个方面：一是权利的金额、利率、期限；二是是否对违约行为进行补救并恢复到原始协议约定的状态；三是在方案的生效日提供与债权数额相等的现金清偿。如果符合前述之一，可以认定该债权没有受到削弱。如果每个受到削弱的组别都通过了重整计划或者未受调整，那么可以对重整计划进行正常批准。不同组别的受偿比例允许有差异，但是组别之间的差异应当符合债权顺位，且差异应当公平。未受到调整的组别则不受本条规范的保护。

(二) 最佳利益标准

每个债权人或者股东在重整计划中至少可以获得该债权或者股权的清算价值[§1129(a)(7)]。由于企业在清算状态下所有者权益为负，所以股东权利的清算价值为零，这一点很容易理解。比较复杂的是担保权人清算价值的确定。《破产法典》规定，债权人只能在其担保债权"经确认的数额范围内"享有担保权[§1129(b)(2)(B)(i)1]。而"经确认的数额"往往不等于原债权总额，只是等于担保财产的当前价值，这一价值可能是债权人、债务人与股东商定的价值，也可能是法院强制批准时对财产的估值。如果"经确认的数额"小于原债权总额，担保债权将面临选择。如果担保债权人选择适用§1111(b)(2)，那么他"经确认的数额"就是可能大于担保财产的价值，同时必须付出的代价是，如果担保财产最终变现的价值低于"经确认的数额"，担保债权人也只能以变现的金额受偿，由于其放弃了不足值部分在普通债权组的受偿，因此，如果普通债权人尚有分配，他也将不能获得任何分配。如果担保债权人选择适用本条，那么在不足额部分仍然享有相应的表决权和获得分配权。

(三) 最低限度接受原则

法院正常批准的前提是每个组别都通过重整计划,如果有组别未通过重整计划,那么要想获得人民法院的批准(强裁)至少需要一个权利被削弱的组别通过重整计划草案,这里有关内部人士组别的通过被排除在外,其内在逻辑是不能对每个组别都通过强制力来保障通过,重整计划需要获得至少一个受调整的非内部人士组别的支持。这就涉及到分组问题。根据分组规则,只有请求权"基本类似"才能分为一组[§1122(a)],请求权的规模并不能成为单独分组的合理事由,核心是看请求权与债务人财产的关系。事实上,分组规则很容易被滥用:有时是为了争取获得受到影响的债权人的支持而对这部分债权人单独分组给予优待;有时是在缺乏支持的时候,设立特殊小组以获得至少一个受削弱的表决组通过计划的强裁前提。分组规则在很大程度上违背了组别保护规则设立的初衷。正是因为这一底线规则的存在,重整计划往往在分组时会制造出一个受调整并且能够通过的组别来满足强裁的前提。美国国会发现了这一问题,最终取消了全额现金清偿组别被认为是未受调整的规定,从而作为受到调整的组别获得表决权,能获得全额现金清偿的组别通过重整计划的概率会很高。这一规定可以避免强裁意义上的操纵分组。

(四) 可行性

对各组均表决通过的重整计划或者所有权利都没有受到调整的重整计划交由人民法院评判可能性是对契约自由原则的背离。即便如此,美国破产理念仍然坚持这一标准。其理由之一在于"不应为纯属幻想或不切实际的重生计划而浪费司法资源"[1],但同时法院实际上也认为,如果所有组别都认为计划应当通过,而法院却判定计划不具有可行性,实际上是在以自己的判断碾压利害关系人的意志,况且法院还不能保证自己比利害关系人更有判断力。事实上,"想知道一家适用第 11 章(重整)程序的公司有无清偿能力,就如想了解火柴在划过火柴盒的时候能否被划着一般,我们只有在使用了这根火柴的情况下才会清楚它能否被划着"。[2] 另一个正当性理由在于遏制多数决的弊端,保护异议债权人,毕竟多数人的意志有时并不一定是正确的。尽管可行性标准非常重要,在美国,对"可行性"的判断也并非具有明确性。通常认为,证明重整的可行性并不意味着证明重整不会失败,只是需要证明重整成功具有可能性,也有保障成功的相应措施,而且重整成功的可能性大于失败的可能性。毕竟重整最终是否会成功是谁也预测不了、谁也保证不了的事情。尽管如此,法院还是有一些具体的评判标准:1.资本结构的充足性;2.债务人企业的经济状况;3.盈利能力;4.管理能力;5.管理层继续留任的可能性;6.其他。这些标准的实质是要计划的提交者证明企业将来具有存续能力。

(五) 禁止不公平差别待遇

处于同一顺位的债权人如果被分入不同组别,并且重整计划

---

[1] Tennessee Pub. Co. v. Am. Nat't Bank, 299 U. S. 18,22(1936),转引自[美]查尔斯·J.泰步:《美国破产法新论》,韩长印、何欢、王之洲译,中国政法大学出版社 2017 年版,第 1250 页。

[2] [美]大卫·G.爱泼斯坦、史蒂夫·H.尼克勒斯、詹姆斯·J.怀特:《美国破产法》,韩长印等译,中国政法大学出版社 2003 年版,第 740 页。

草案所给的待遇也存在差异,这就要受到"不公平差别待遇"原则的制约[§1129(b)(1)]。但是"不公平的差别对待"并不等同于"禁止差别对待",只有"差别对待"有违"公平"原则时才为《破产法典》所禁止。美国破产法院通常认为符合"公平"的差别对待应当是出于善意并基于合理且合法的事由,并且差别对待就重整而言是必须且必要的。例如当差别对待的是清偿时间和清偿形式,这种差别就是被允许的。换句话说,如果差别对待是为了保证至少一个组别通过重整计划,或者将债权人区分为不同组别给予不同待遇是随意的而非必要的,那么这种差别对待不符合公平原则。

(六) 其他

尽管前述要件在美国法院考虑是否批准重整计划时都非常重要,但是重整计划要获得批准还必须同时满足其他要件,如"善意"提出重整,"善意"是开放且主观标准,无法准确定义,在法律适用上也很容易引发争议。这一规定的基本价值取向是确保公平对待利害关系人,程序的启动不是对司法资源的滥用,而是让企业的重整成功具有合理预期。所以任何借程序削减债务或者进行不正当竞争的行为,都会被认定为是缺乏"善意"的。除此之外,对于"善意"的认定标准显得比较宽泛,只要没有明显错误都不会被认定为不符合此项标准。此外,还有服务报酬的支付合理、管理层及内部人员的披露与批准、监管机构对债务人服务费率的批准、优先债权的处理、联邦托管人费用的缴清、退休福利的保障、家庭抚养费的支付、个人债务人的预期可支配收入标准、资产转移的合法性等考虑因素,通常能够通过一定的事实进行判断或者通过一定的规则进行衡量。

前述标准是法院在进行正常批准时所考虑的,如果要进行强制批准,除符合前述一般要件外,还必须符合绝对顺位规则。该规则的含义是:如果受偿顺位在先的债权人组没有通过重整计划草案,则顺位在后的债权人组不能获得任何清偿;如果顺位在先的无担保债权人组没有通过重整计划草案,顺位在后的股东组不能获得任何分配[§1129(b)(2)(B),(C)]。绝对顺位规则要求除非顺位在先的组别表决通过其权利调整方案,否则,任何在后的组别在该组别权利人在尚未获得完全清偿前,都不可以得到分配,不仅如此,顺位在该组别之前的权利人也不可以获得超额分配。绝对优先规则的例外是"新出资",即股东可以通过"新出资"获得重整后企业的股权,并基于股权取得重整成功后的收益。为防止股东不当利用这种形式为自己留存或者获取利益,判例将"新出资"作为例外的条件进行了一些限制性的规定:"新出资"必须具有"金钱或者金钱价值";"新出资"必须具有"实质性";"新出资"作为一种投入必须先期支付;"新出资"对于重整成功是必要的;且"新出资"与取得或者留存的股权在价值上合理对等。

四、反思:我国重整计划批准制度存在的问题

我国的重整计划批准制度是在借鉴美国制度的基础上确立的,也包含了组别保护、最佳利益(清算价值保障)标准、最低限度接受原则、禁止不公平差别对待原则和可行性审查原则,其至在顺位受偿制度上实际上也有绝对优先规则的含义。但是与美国的批准制度相比,我国重整计划批准制度一方面完整性和体系性不强;另一方面,即使是同种原则也有不同的内涵。

（一）正常批准制度与强裁制度分立，体系化构造不足

在美国《破产法典》中，法院对重整计划正常批准与强制批准的基本要件总体相同，只是在适用强制批准时无法满足所有组别均通过的要件，取而代之的是至少一个受到调整的组别通过重整计划，且清偿标准要符合绝对优先原则。可以说，美国破产法这一立法例体系性更强。与美国《破产法典》规定的 16 项要素相比，我国的正常批准制度仅仅规定合法性和可行性二要素，审查标准显得宽泛化和形式化。尽管在《企业破产法》第八十七条第二款中对强裁的条件进行了较为具体的规定，但由于其所处的位置，在法律适用上不能当然适用于正常批准的情形。以至于正常批准下法院的审查流于形式，只要各组均表决通过了重整计划，形式上也符合破产法所规定的要件，便不会关注重整计划的内容是否符合公平且无差别对待原则、是否保障清算利益、是否不当碾压异议债权人的合法权益等内容，"守门人"的角色没有真正发挥作用。举个简单的例子有利于更好地理解这个问题。假设普通债权人仅有 1 个金额为 1000 万的债权人，有 100 个金额为 50 万以内的债权人，重整计划对该组制定的受偿方案是：债权金额在 50 万以下的全额清偿，50 万以上的按 4％的比例清偿，假如该组通过了重整计划草案，其他组别也通过了重整计划草案。尽管 1000 万债权金额的债权人和 50 万及以下金额的债权人都是普通债权人，但是这二者之间最终的受偿比例差异明显，从结果上看，1000 万的债权人和 50 万以下的债权人并没有进行无差异对待。但是，我国《企业破产法》对正常批准的审查并不要求符合公平且无差异对待的原则，所以人民法院可以依照正常批准的宽泛要件，认为重整计划符合批

准的条件。事实上,强制批准与正常批准作为重整计划批准制度的两个方面是相互依存并有机统一的。强制批准与正常批准的区别仅仅在于有没有得到所有表决组的通过,所以法律应当在正常批准的标准之上对强制批准的审查要件作出更加严格的规定,而非将二者割裂开来。我国有必要借鉴美国的立法例,将正常批准和强制批准的审查标准一体化,这样既能明晰审查要件,又能确保批准制度内在联系的有机统一。

(二)"善意"标准与"异议"路径缺失,规范完整性欠缺

1. "善意"标准缺失

重整制度的价值在于使陷入困境的企业及时重整,并以公平清偿债务以及调整股东权利的方式实现企业的新生。因此,重整决不能是以"非善意"的方式提出的,这在美国《破产法典》第1129(a)(3)中予以规定。也就是说,重整计划不能单纯充当为债务人削减债务的工具,更不能成为以阻碍债权人实现权利为目的的手段。如果重整的结果是为摆脱债务而设立一个目标公司,或者重整能够实现的仅仅是避免巨额税收的产生,那么这些计划都应当被认为是欠缺"善意"的,即使获得各表决组的通过,人民法院也应当予以否决,除非决议的形成是通过了全体债权人的一致同意。我国《企业破产法》缺失对"善意"的规定,影响了法律的公正性和权威性,有必要在《企业破产法》修改中予以补充。

2. "异议"路径缺失

依照美国《破产法典》的规定,对于是否批准重整计划,破产法院必须举行听证[§1128(a)]。我国《企业破产法》并未就重整计划的审查批准设定听证程序,《全国法院破产审判工作会议纪要》

也只规定了重整申请审查的听证程序[①],从"可以"听证的规范表述上看,即便是在唯一规定了"听证"程序的地方,听证也不属于法定程序。所谓"兼听则明",听证作为一种听取利害关系人尤其是异议人意见的方式,对于人民法院了解真实情况、作出客观判断是非常重要且必要的。毕竟在重整程序中,债务人是通过法律的方式对他人资本予以强制性利用,从而让资本得到升值的一种尝试。假如法律没有规定对被强制的资本所有者(即异议债权人)的权利予以救济,则重整程序无异于是假借法律的名义对资本进行公然的抢劫。[②]

(三) 形式相同与实质差异,同标准内涵不同

1. 组别保护和最低程度接受的差异

美国《破产法典》以"受到削弱"为标准确定特定组别是否享有表决重整计划的权利。重整计划中权利未受调整的组别不享有表决权,不计入表决组。我国《企业破产法》只规定不得减免企业应缴纳的职工社保债权,并且该部分债权视为不受调整的债权没有被赋予表决权,对于同样没有削弱权利的职工债权和税收债权作为特定债权组赋予表决权,从而只要重整计划对前述权利不削弱,即便所有其他债权人反对,由于职工和税收债权组中任意一组的通过,都能轻松满足"至少一组已经通过重整计划"的条件。如果

---

① 《全国法院破产审判工作会议纪要》第十五条:重整案件的听证程序。对于债权债务关系复杂、债务规模较大,或者涉及上市公司重整的案件,人民法院在审查重整申请时,可以组织申请人、被申请人听证。债权人、出资人、重整投资人等利害关系人经人民法院准许,也可以参加听证。听证期间不计入重整申请审查期限。

② 李峰:"论重整计划正常批准模式对异议债权人的保护",载《合肥工业大学学报(社会科学版)》2017 年第 4 期。

重整计划对其他债权人的清偿为零,重整程序就会成为解决职工问题和清偿欠税的程序。

2. 担保债权"最佳利益"的差异

美国《破产法典》对担保债权"经确认的金额"提供了两种选择路径:一种是根据现值确定享有优先权的金额,其余部分作为普通债权;另一种是不确认现值为享有优先权的金额,而确认担保债权金额为享有优先权的金额,其代价是如果担保物不足值而普通债权又能受偿时,担保债权不能获得额外清偿。我国《企业破产法》没有赋予担保权人选择权,通常直接将现值作为重整计划中优先权的金额,如果是不足值担保,则超过的部分作为普通债权享有表决权。不赋予担保债权人选择权可能会损害担保权人的实际利益。因为担保物在重整程序中并非都是必须物,对于明确要采用出售方式实现价值的抵押物,如果不允许抵押权人进行选择,可能会因低估担保物的价值造成担保债权人利益受损。

3. 绝对优先规则的差异

美国《破产法典》规定强裁必须符合绝对顺位:受偿顺位在先的债权人组如果没有通过重整计划草案,则顺位在后的债权人组无法获得任何清偿;在顺位在先的无担保债权人组没有通过重整计划草案时,顺位在后的股东组不能获得任何分配。我国《企业破产法》尽管也有顺位的规定,但债权顺位并不涉及股权,在很多上市公司重整的案例中,即便普通债权人没有得到全额分配,也仍然为股东留存了权利①,甚至在部分有限公司重整中也出现了这种

---

① 具体保有股份情况如下:﹡ST 沧化:7.7%、﹡ST 宝硕:40.42%、﹡ST 帝贤 B:100%、S﹡ST 光明:8.02%、﹡ST 化工:30%、﹡ST 广夏:14.63%、﹡ST(转下页)

情况。通常来说，进入重整程序的企业大多资不抵债,此时企业所有者权益为负,重整计划有理由将出资人股权份额调整为零。同时,按照债权优于股权的法理,在债权人没有得到全额清偿之前,如果为股东保留一定份额,意味着重整一旦失败成本都由债权人承担,而重整成功重整剩余却由股东享有。债权人与股东之间利益保护失衡。

五、修缮：适应市场化破产的规则完善

(一) 从分立到融合：批准的审查标准应具体系性和明确性

如前所述,正常批准与强制批准的审查要件应当趋于一致,仅对特例进行除外规定。因此,即便是正常批准也应当像强制批准一样对重整计划进行实质审查。其不仅需要符合《企业破产法》规定的重整计划内容完整、表决程序符合法律规定等一般要件,还应判断其是否符合：第一,重整计划的分组是否科学合理,是否将不同性质的权利分为不同的组,同种性质的权利分为不同组时是否存在不公平的差别对待;第二,清算价值的确定是否公允,是否存在人为操纵估值,是否存在清算状态下的受偿与重整计划相比悬殊不大的情形;第三,重整计划的提出是否具有善意,是否仅仅是为了削减债务、轻装上阵而提出计划,又或者是否存在为了避免个别债权人的

(接上页)方向：14.87％、＊ST 宏盛：20％、＊ST 金城：23.2％、＊ST 锌业：29.13、ST 新亿：74.6％。转引自齐明、郭瑶："破产重整计划强制批准制度的反思与完善——基于上市公司破产重整案件的实证分析",载《广西大学学报》(哲学社会科学版)2018 年第 2 期。

追债行为而启动程序;第四,重整计划是否具有焕发生机的可能性,对可能性的判断是停留在数字层面还是有相应的经营保障方案,重整失败的可能性是否更大,等等。将除绝对优先规则、最低限度接受原则之外的强裁规则都适用于正常批准的程序中,确保批准的审查标准具有体系性和明确性,符合法律的内在逻辑、易于操作。

对于强制批准,应当明确绝对优先股仅适用于股东与债权人之间的顺位,毕竟股东才应当是企业风险的最终承担者,股东和新的投资人不能在债权人的债权没有得到全额清偿之前从公司得到利益。如果不能彻底贯彻绝对优先原则,那么即使为股东保留权利,股权让渡的比例一般也应大于债权人债权让渡的比例。毕竟"一个好的破产程序应该保留绝对优先权,最优先的债权人应该在次优先债权人获得任何东西之前首先获得偿付,以此类推,最后才考虑普通股东。"①当然,我国证券市场的特殊性决定中小股东的利益代表的群体有时比债权人数量更为庞大,如果不为上市公司的中小股东留存权利,或许对社会稳定的影响远大于债权人,因此应当结合市场化发展的程度,适当保留上市公司重整中中小股东的利益,但从市场的长远发展看,这一例外情形也应当逐步取消。

(二) 从偏离到回归: 债权人利益最大化应是重整制度的中心

1. 设立异议听证制度

为异议人提供表达诉求并提供依据的机会是实质正义与程序

---

① [美]菲利普·阿基翁、奥利弗·哈特、约翰·穆尔:"论破产程序之改进",载吴敬琏主编:《比较》第 15 期,中信出版社 2004 年版,第 165 页。

正义的要求。利害关系人有权对重整是否基于"善意"提出,重整清偿率在实质上是否高于破产清算清偿率,以及对破产清算清偿率的计算是否遵循了公平、准确的原则等问题,通过书面的形式提出异议。同时,人民法院应当及时地通过召开听证会等方式对这些问题予以实质性审查。① 在听证会上,异议人需要对不同意的理由进行举证,方案的制定人也要对方案的正当性进行举证,从而由人民法院来衡量重整计划是否符合批准的标准。在重整计划中对职工、社保、税收都进行了充分保护,对股东来说重整也不会让其境遇比清算更差,只有担保债权人和普通债权人的实际权利面临削减,司法理念也应当回归到"债权人本位"中,以"债权人利益最大化"作为评价异议是否成立的标准,毕竟债权人是整个重整程序最大的"受害者"(当然与清算程序相比较,债权人的状况可能会更好),应当通过听证制度赋予未通过重整计划的债权人组以及通过重整计划的表决组中持反对意见的债权人相应的救济权。

2. 赋予异议债权人复议权

我国的破产法律实施在很大程度上依赖于府院联动,在司法实践中不乏地方人民法院受到来自政府的压力而强制批准重整计划,地方保护主义盛行确实对人民法院依法裁决产生消极影响,为维护债权人的合法利益,防止基于地方利益的重整计划被强裁通过,应当对强制批准的裁定不服的债权人赋予复议权,从而通过上级人民法院对下级人民法院的监督作用,纠正强制批准因受地方保护主义影响而作出不当的裁定,这也可以防止法官的权利滥用,

① 王欣新:"上市公司重整实务问题研究",载《中国律师》2008 年第 9 期。

为强裁权划定边界。

3. 设立专家论证程序

前两个程序解决了方案是否公平问题,但没有解决可行性的问题。人民法院可以在草案形成后、提交债权人会议讨论前召开相关专家的小型座谈会,对草案是否符合重整价值目标进行论证,也可以根据谈判进程适时召开专家论证会听取意见,以确定方案的合理性和可行性。这一程序的设立,不像听证会那样耗费成本,但却可以弥补人民法院在企业管理和商业运作上的知识不足,同时节约人民法院批准审查的时间,对于实现重整目标具有提高效率和成功率的双重保障作用。

(三) 从滥用到谦抑:强裁制度应回到必要性的市场轨道

市场化破产要求重整计划的批准更多以债权人利益为本位。法官的强裁权源于法官的衡平权,即通过衡平法确保当事人都能得到实质"公平公允的待遇"(fair and equitable treatment)而免受损人不利己之徒的钳制。[1] 美国创设重整强裁制度是为了防止少数债权人为了自己的利益而不支持重整计划,使谈判陷入无效率的僵局,这不仅会耽误拯救破产企业的时间,让重整程序因重整计划的无法生效而不能进行下去,同时还会让社会公共利益损失重大[2]。从制度创设的理念看,强裁是在穷尽其他方法后不得不采

---

[1] Irving D. Labovitz, *"Outline of 'Cram Down' Provisions Under Chapter 11 of the Bankruptcy Reform Act of 1978"*, Commercial Law Journal,Vol. 86, Issue 2, 1981,P51,转引自高丝敏:"重整计划强裁规则的误读与重释",载《中外法学》2018 年第 1 期。

[2] 张海征、王欣新:"论法院强制批准重整计划制度之完善",载《首都师范大学学报(社会科学版)》2014 年第 4 期。

取的行动,强裁规则应当保持其应有的谦抑性。我国在法律移植中对重整程序定位的目标是对社会利益予以保护。如果在强制批准的情况下仍将社会利益作为考虑因素,那么,较之社会利益,与重整计划相关的任何表决组的利益,都会显得微乎其微。如此这般,就会彻底丧失强制批准的制度性基础,而强制批准的滥用也就无法避免①。在"多兼并重组、少破产清算"的理念影响下,社会利益最大化俨然将强裁用作防止清算的工具,强裁制度被滥用。这在上市公司的重整案件中表现得最为明显,只要重整计划的提交方申请法院强裁,其几乎都能得到批准。

　　企业进入重整程序的原因多样,有的是现金流中断,但是资产大于负债;有的是资不抵债或者明显丧失清偿可能。在人民法院进行强裁审查时,应当针对债务人财产状况以及重整计划所规定的清偿时间、清偿方式、经营方案综合判断重整计划是否能恢复企业市场盈利能力,所以具有可行性的经营方案应当是对企业将来经营设定明确的而不是原则性的规定。重整对债权人是否是最有利的,关键并不是模拟状态下的清偿率高低,毕竟它的人为性已经饱受诟病,重点应是重整是否成功到底与债权人有什么样的内在联系。如果债权人不能从重整中获益,那么是否重整跟债权人就没有任何关系,人民法院也不能借此强制批准不符合债权人利益最大化的重整计划。强裁权应在债权人利益本位的原则下保持其应有的谦抑性。

---

① 邹海林:"法院强制批准重整计划的不确定性",载《法律适用》2012 年第 11 期。

漫谈随笔

析取消"司法许可"改革破产管理人遴选机制的必要

牛建国①

我国 2007 年《企业破产法》建立了破产案件管理人制度,要求破产案件必须指定管理人,并由管理人完成债务人财产的保管、清理、估价、处理和分配等工作,其作用约同于过去的清算组。正因管理人在破产案件的承办中起着决定性的推动作用,所以毫不夸张地说,破产管理人的专业能力、政商资源及敬业精神决定着破产案件的办理质量。具体而言:

首先,我国破产法的立法现状要求破产管理人具备扎实的专业功底,对破产业务中所涉及的法律问题能够触类旁通。我国现行的《企业破产法》在制定时大量参考、借鉴了欧美破产制度,其内容布局被切割成了若干板块,每块之间又缺乏程序上的衔接,这使得作为"舶来品"的破产法在中国司法实践的适用中存在诸多法解释学的困惑与歧义,这不仅表现为条文的含混不清,而且同样也存在制度架构本身的水土不服,即使是国内承办破产案件的老手在面对新法时都无法得心应手。同时,在破产案件的办理过程中,几

---

① 作者简介:牛建国,男,四川琴台律师事务所主任律师、成都竞择破产事务所首席律师。

乎涉及法学学科的所有部门法,破产管理人既要综合运用所有的法律知识,又需要涉猎财务管理、会计、审计等相关领域。这对破产管理人而言,无疑是一大挑战。

其次,破产案件的办理不仅仅是学好法学就能解决的,破产投资人的兴趣才是决定破产案件质量的关键所在,这在客观上对破产管理人所拥有的资源条件提出了对应的要求。事实上,提升破产项目投资人的兴趣其实是一个通过破产(含重整、和解、清算)程序合法地"蓄水养鱼"的过程。要把这类案件办好,必定要求作为具体承办人的破产管理人要有良好的政商资源。也就是说,优质管理人应当具备"党政认同,商界之友,律界精英"这三个条件,缺一不可。

最后,有能力、有资源并不一定就能把破产业务做好。破产案件的办理是一件耗时、耗力的工作,并且破产法规定的几乎所有程序的节点都需要管理人或债务人启动才能得以继续,这导致了人民法院在破产案件的审理中具有极大的被动性。如果管理人不得力,法院就成了债权人主张债权及围绕债务人所有矛盾的"靶心"。因此,破产管理人必须极具敬业精神,才能有力推动破产工作的开展。

正是因为这些难以言传的原因,在破产法实施后近 10 年的时间里,全国各人民法院都将破产案件拒之门外。以 2017 年 3 月 12 日《最高人民法院工作报告》数据为例,2016 年全国人民法院审结破产案件 3373 件,而全国仅基层人民法院就有约 3200 家,而中级人民法院不下 300 家。由此可以推算,全国各人民法院年均审理破产案件不足 1 件。

一、破产管理人概述

破产案件必须指定管理人,管理人的作用约同于过去的清算组。毫不夸张地说,破产管理人的能力资源及敬业精神基本决定着破产案件的办理质量。这是因为2007年才开始实施的《企业破产法》引进了大量欧美破产保护制度,办理这样的案件连国内破产法老手都觉得生疏。犹为尴尬的是,即便学法律的人也很难看懂该条文,因为该法几乎是"舶来品",在内容布局上被切割成了若干版块,每个版块之间又缺乏程序上的衔接,乍看似不具操作性。何况破产案件的办理过程几乎对所有法学学科内容都会有所涉及,是综合运用所有法学知识的过程。更为关键的是,破产案件的办理质量并不仅仅是学好法学就能解决的,破产投资人的兴趣才是决定破产案件办理质量的关键。提升破产项目投资人兴趣的过程必定是通过破产(含重整、和解、清算)程序合法地"蓄水养鱼"的过程。要把这类案件办好,必定要求作为具体承办人的破产管理人有良好的政商资源。说白了,优质管理人必须具备"党政认同,商界之友,律界精英"这三个条件,缺一不可。而破产法规定的几乎所有程序的节点都是因管理人或债务人启动才能继续进行,这说明人民法院在破产案件中具有极大的被动性,如果管理人不得力,人民法院就成了债权人主张债权及围绕债务人所有矛盾的"靶心"。正是因为这些难以言传的原因,导致在破产法实施后近10年时间,全国人民法院都将破产案件拒之门外。直到2017年,全国人民法院院均审理破产案件不足1件(2017年3月12日《最高人民法院工作报告》显示2016年全国人民法院审结破产案件

3373 件,而全国仅基层人民法院就有约 3200 家,中级人民法院不下 300 家)。

二、我国破产管理人管理模式现状

也许人民法院系统认识到了破产案件不同于其他案件的特殊要求,为了保证破产案件审理质量,2007 年最高人民法院特别制订了《审理企业破产案件指定管理人的规定》,该规定要求各省级人民法院及所辖中级人民法院建立隶属于自己的破产管理人名册,在受理破产案件时通过轮候、抽签、摇号等随机方式公开指定管理人。其后,各地人民法院根据该规定纷纷建立了自己的管理人名册,"司法许可"的格局基本形成。由于在破产法实施后较长时间内没什么破产案件进入程序,这个基本没怎么实施的管理人规定并未引起足够的注意。但随着"去产能"等政策的落地,破产案件大约在 2017 年以后突呈爆发式增长,就连一直不情愿面对破产审判的欠发达地区人民法院,也在清理执行积案过程中"有钱还钱,没钱破产"的要求下被赶上了破产审判的"架子"。这时,大家才发现,原来建立的管理人名册中的机构大都也不懂破产,更稀有良好的政商资源,破产案件的办理变成了"一帮书生开着推土机在平场"。案件要么办得半死不活的,要么直接"干死"(清算,即传统意义破产)。回过头再看,当时相关主体申报管理人名册只是消息灵通的中介机构一种拓展业务的天然反应,所要求的申报条件几乎就是对中介机构设立要求的简单重复。各级人民法院也急,于是最高人民法院和省级人民法院又试图通过评审"N 大"破产案例引导审判质量,而其效果如何则冷暖自知。

三、破产管理人管理模式的局限

笔者作为破产业务的从业者,自 2002 年起就参加地方政府企业改制兼并工作,在破产法实施后又先后在全国范围内代理政府作为实质管理人办理若干项目。客观地讲,当前破产管理人市场已因"司法许可"制度被割裂为以中级法院辖区为单元的若干相对独立的区域市场,这与全国统一开放的市场运行要求不匹配,也不利于优质管理人跨区作业,挽救有价值的企业。当前破产管理人名册制度的局限性具体表现为:

(一)"司法许可"不符合中国入世承诺

2001 年底中国加入了 WTO,在入世前中国政府向该组织作出了包括改革行政许可在内的九大承诺。入世为中国规范行政许可领域工作列出了时间表。随着 2003 年《行政许可法》的出台,中国政府兑现了许可工作公开、透明、统一的承诺。随着破产案件逐年增多,管理人市场作为市场经济活动领域的一部分,却被没有许可上位法依据的"司法许可"限制着,导致符合实质条件的管理人因没有进入当地司法名册而无法执业。在经济领域中,撇开行政许可搞"司法许可",显然不符合 WTO 市场准入原则。

(二)不利于遴选优质管理人

有些地区的管理人普遍认为自己在"靠天吃饭",这是因为绝大多数破产案件管理人的选任不是由合议庭决定,而是由乒乓球决定的。根据"司法许可"的要求,除非法院认为案件重大复杂,否则都会采取随机的方式指定。需要说明的是,主持"随机"工作的并不是审理破产案件的法庭,而是人民法院内部主管鉴定等委托业务而对破产业务一窍不通的技术室,技术室也并不了解案件情况,通常只是机械地给吹球机接上电源罢了。

采取随机的方式固然能够防止权力的寻租及保证外观上的公平,但是这似乎把法律服务看作是同质化的,而这类专业服务本来就不具有同质化的特征。司法机关的这种观念大概是与人民法院自身查明事实、适用法律、定纷止争的职责相一致的,其只要判决、处理结果符合法律的规定,而实质的公平与正义、社会经济效率等问题,则可能会超出法官的认识范围。

但事实是,即便结果一样,不同水平的管理人能给企业带来的服务结果也不一样。进入破产程序的企业,不论是清算还是重整,都是"进入重症监护室的病人",等待着管理人最后的处理。此时的企业等待着管理人拿起手术刀,或者及时拿准手术刀稳、准、狠地切除毒瘤以待涅槃重生,或者迅速结束病人痛苦并料理后事。至于是落在痛处还是落在死处,则取决于管理人是否有高超的业务水平以及十足的敬业精神。

相对于一些大型工程项目会采取招标的方式,本应当更加注重经济效率的破产管理人的选拔通常采取的却是随机的方式,无疑对案件差异极大的破产企业来说,"生死由命,富贵在天"的随意性就更加明显了。人民法院在选任管理人的方式上极为不科学,无法调动管理人的积极性。

(三) 不利于培养管理人的敬业精神

一些人民法院直接选定的管理人,往往只着眼于管理费的收取,普遍存在一种不求有功、但求无过的状态,既无法对破产债务人的资产做更为精细的处置以达到对社会资源的最大化利用,也无动力为债务人引入外部资源,无法充分发挥出《企业破产法》的价值。笔者所接触的一些管理人,由于既缺乏动力也缺乏资源,在处理一些破产案件的过程中,草率选择程序,匆匆推动案件进程,虽说简单、明了、快速,程序合法,但却未能让有价值的破产财产发挥出其应有的作用。不能说这类着眼于管理费的管理人做得不好,但其确实缺乏做得更好的努力和那份敬业精神。

所以,这种将每家机构不加区别的做法,看似最公平,在市场经济下实是最不公平的市场行为。在破产案件较少时,中介库的作用在于防止选劣,能够保证最低限,确保医生不会轻易出现"医疗事故"。但对于破产案件处理质量的提升,尤其是把破产保护工作做好,完全有选优的必要。"医生"不仅不能出医疗事故,还得看治疗技术,看能否将危困企业治好,甚至还得对"医闹"从容应对,要求不可谓不高。

(四) 不利于跨区域调动社会资源

这个局限性的实际效果完全不利于资源跨区域流动。市场经济发展到今天,资源早已成为投资的决定性力量,跨区域的关联企业比比皆是。就实践来看,出问题进入破产的往往就是这些关联企业较多的债务人,而发挥破产保护作用、挽救债务危机企业往往需要大量资金,这就需要与经济相对较发达地区经济主体进行对接洽谈,而落后地区各自为政的管理人名册通常不会满足发达地区经济主体的需要。如笔者了解到的一个破产案件,一家具有悠久历史的江苏药厂请求政府组建清算组并在破产程序启动后担任管理人,在跨省引入战略投资人后,成功破产和解,让这家药厂重新焕发生机。试想如果严格按照法院指定管理人的方式,所选任出来的管理人只要走完法律所规定的程序,收取管理费,即可向人民法院、向债务人、向债权人交差,至于社会稳定和企业的未来发展,那是跟管理费无关的。笔者办理的贵州省另一个涉及破产的案件,其管理人为本地人民法院名册所指定,就存在对债务人的债权核查不够,对《企业破产法》的精神贯彻执行不到位的情形,这在无形中损害了债权人及债务人的权利,浪费了有价值的社会经济资源,损害了债务人优质资产的可投资价值。

四、他山之石

国外破产管理人制度最早源于古罗马帝国的财产委付制度,当债务人无力还款时,经两个以上生效债权人申请或者债务人本人同意,即将债务人全部财产供债权人分配,裁判官即命令将债务人财产扣押,交由财产管理人变卖后公平地清偿给债权人。①

由于破产保护案件的特殊性,各国或国际组织均对破产管理人有一定的资格要求和案件的选任程序规范。

国际货币基金组织对破产管理人的实质要求是"懂法律,公平无私和对商务及财务问题有充足的经验"。

英国作为老牌市场经济国家,现行生效的 1986 年破产法对破产管理人资质的授予较为严格,主要有两种途径,一是通过行政许可程序由工商机关根据申请登记人申请调查核实,最终由工商部

---

① 王欣新、王斐民:《破产法学》,中国人民大学出版社 2005 年版,第 73 页。

长签发许可,另一种是参加政府认可的职业团体,比如律师和会计师协会,并由这些协会对是否具备破产管理人条件作出认定,该认定最终由英国政府确认。[1] 但在英国执业的管理人除了要参加专业考试外,还须缴纳 25 万英镑的担保金,以保证能够尽心尽职履行管理人职责。

欧盟地区算是市场经济发达程度较高的,欧盟内部对破产管理人资质的管理也不完全相同,以法国为代表的欧盟 12 国规定了破产管理人考试制度。法国规定报名考试者必须具有法学、经济、商业、管理和会计专业高等文凭,还必须有 3—6 年实习经历方可报名,如果三次考试不过则终生不能报考。法国较其他各国严格的地方还在于破产管理人只能专职担任,不得从事第二职业。意大利等国家则规定破产管理人只能从律师、会计师和有经验的经济专业人士中选任。希腊更规定,破产管理人只能由连续执业 5 年以上的律师担任。德国等国没有对破产管理人资质作出限制,但德国的特色在于强调破产管理人须对于具体案件"特别合适并且懂行"。欧盟对破产管理人实行名册管理是普遍现象,但名册编制以行政机关负责居多,行业协会居次,人民法院再次。

在案件的破产管理人选任方面,各国也不尽完全相同。

日本现行的破产法颁布于 1922 年,日本把破产案件分为金融类和非金融类,金融机构破产由政府而不是人民法院负责办理,人民法院只审理非金融机构的破产。管理人可以由个人或者法人担任,但由人民法院选定,债权人有异议权,而决定权在人民法院。

美国把民主精神也带到了破产程序。美国现行 1978 年破产

---

[1] 范桂红:"国外破产管理人制度初探",载《中共郑州市委学校学报》2008 年第 2 期。

法把破产托管人分为两大类,一类是政府破产托管人,另一类是私人性质的破产托管人。政府破产托管人具有官员身份,全美共有10 名,分布于较大联邦地区的初审法院,其职责是监督和管理私人破产托管人的工作。在案件受理后,即由政府破产托管人任命临时私人破产托管人,临时破产托管人往往最后会转任为正式破产托管人,正式的破产托管人最终由债权人会议选任。换句话说,美国破产案件的托管人共有三个,即政府托管人、临时托管人、正式托管人,政府托管人负责破产法律的执行,政府托管人与私人托管人之间的关系类似于我国的人民银行与各商业银行间的监督关系,尽管都叫银行。

德国则结合美国和日本做法,规定在第一次债权人会议前的管理人由人民法院确定,第一次债权人会议可以向人民法院提出另行选任其他管理人,只有在新选任的管理人存在不适格的情况下,法院才会拒绝更换。

我国台湾地区的做法则与德国较为相似,台湾"破产法"规定管理人由人民法院选任,但债权人会议可以另选管理人并可撤换管理人,这明确了债权人会议优于人民法院的管理人选任权。

五、我国管理人选任模式探索

鉴于管理人名册制度确实存在不适应破产案件审理需要的实际情况,担负着促进经济发展工作的各地党政系统也在尽力寻找适合担当地方项目的管理人,并协助人民法院案件突破。通常的做法是,在破产企业没有异议的情况下,由当地政府直接牵头成立清算组,进入司法程序后人民法院便可以直接指定该清算组为管理人。此做法有突破,但仅局限于当地党政系统利益攸关的案件,并不能普遍适用。

春江水暖鸭先知,管理人名册制度对破产案件质量带来的负面影响人民法院系统当然直接身受,有些相对开放和务实的发达地区的省级人民法院便进行了较大尺度的试点探索。据笔者所知,自 2016 年开始,沿海经济大省江苏便启动了以破产案件审理质量为中心的管理人选任制度的改革。该省人民法院明文承认管理人素质对破产案件审理质量的关键作用,指出"破产管理人制度的运行状况关系到破产程序能否公正高效运作",提出了"放开准入,事中监督,事后追责"的破产管理人改革理念,先后将苏州的常熟、淮安的洪泽等四县区确定为改革的试点区,要求打破管理人名册,在全国范围内遴选案件的适格管理人。该改革文件还鼓励试点之外的隶属法院参照文件精神办理。虽说江苏改革力度空前,但实践中由于社会整体约束机制过强而激励机制界限模糊等背景因素,并不是江苏全域范围法院系统都能很好地执行改革文件,但这不代表其改革方向有问题,仅表示人们对改革风险的担忧。

难能可贵的是,最高审判机关的最高人民法院也意识到了管理人名册制度的缺陷对案件质量的影响,去年就起草了管理人补充规定的草案,草案规定申请人和债务人均可以主动推荐管理人。这说明,最高人民法院已认识到由企业自己选任管理人对破产保护效果的重要性,但该草案在到各省征求意见时,遭到习惯于靠天吃饭的名册中的管理人的普遍反对,能否出台尚无定论。倒是于新近出台的《全国法院破产审判工作会议纪要》中提出的"管理人的能力和素质不仅影响破产审判工作的质量,还关系到破产企业的命运与未来发展"理念还是值得欣喜的,《纪要》显然已意识到了资源跨区域流动的需要,提出了探索管理人跨区域执业"确保重大破产案件能够遴选出最佳管理人"的做法,但至于怎么"探索",则更多地留给地方去突破了。遗憾的是,《纪要》只尝试解决管理人机制中的最紧急的部分问题,却对管理人补充规定的草案中"临时管理人""申请人推荐管理人"等创新制度只字不提,这到底是阻力太大,还是其仍在推进之中,大众也只能是猜测。

六、建议改革方案

鉴于破产案件的复杂程度和综合资源需求程度远高于一般的商事案件,而破产管理人又对破产案件审理质量有重大影响,为了将中央的"去产能"等政策最大限度地执行好,同时也为了民族经济和区域经济更好地发展,非常有必要对破产管理人的管理和遴选制度进行改革。笔者建议:

(一) 建立考试制度,设立破产管理人执业行政许可

行政许可通常针对的是与公共利益有关联的行业而采取的管理措施。破产案件往往债权人众多,制造业企业破产通常还涉及到众多职工薪酬,房地产企业破产则涉及到拆迁安置户、购房户、民工工资等,债权债务关系动辄以千计,如果存在"一房多卖"的情形,那更令人头痛。规模企业破产还涉及到当地就业、税收、招商引资政策环境导向,甚至政府直接债权等问题,常令项目所在地的党政系统抓狂。虽然逐步缩小行政许可范围是放开市场的潮流,但相比菜鸟管理人"狗刨式"的办案行为给企业,特别是给规模企业带来的灭顶之灾,设立破产管理人许可准入制度却能大幅提高

破产重生的可能性。即使对比入世承诺,既然法国等一半欧盟国家都对破产管理人执业设立了行政许可制度,想必我们这样做也是符合国际惯例的。如果能建立行政许可,那么在许可谁禁止谁的区分上则可考虑以考试成绩区分,考试可分为基础理论卷和司法实践卷,重点考察动手能力及综合资源调度能力。

(二) 建立更为科学的任职标准

世界各国对破产管理人的要求尽管有所不同,但都强调以破产案件审理质量为核心。我国现行的名册管理人制度让很多才出道没有太多社会经验和资源的人都有机会承办破产案件,这是因为法院只关心名册中的管理人,至于管理人指定后到底由被指定的单位中的何者来具体承办则不再过问。而被指定的管理人通常也是以管理人费用作为努力目标的,对于一些管理人费用较低的案件其甚至直接让实习生来办理。所以,就具体案件来讲,必须确立更为科学的任职标准,要把那些执业经验多、连续从业年限长、社会资源广、思维活跃的专业人士吸引到管理人职业群体中来。

(三) 建立临时管理人制度,允许受理前推荐管理人

国外有很多临时破产管理人制度,我国也应建立符合国情的临时管理人制度。因为破产企业一般经营年限较长,在行业耕耘较深,其之所以破产往往不是因为企业老板不懂经营,而是因为关联企业"互保"等原因陷入债务危机。从目前破产案件的深层次原因来看,基本也是因为战线太长、摊子铺得太大而被拖死的。破产企业往往有自己熟悉的律师、会计师等专业人士。在鼓励预重整的条件下,往往破产重整的投资意向人也会倾向于任用自己信得

过的专业人士担当顾问。而在破产程序中,人民法院的"菜谱"只提供自己名册中的中介机构供选择,求生欲望强的破产企业和意向投资人自然"没胃口"。所以,为了把破产案件办好,就应允许破产申请人在提出申请时附管理人推荐书,并可根据需要把管理人候选同意书和承诺书也一并附上,在人民法院确认受理后作为临时管理人,待第一次债权人会议无异议后即自然转为正式管理人。

(四) 建立黑名单制度

有赏就有罚。既然部分管理人连来之不易的机会都不能珍惜,那么就应该进行业务考核,将那些责任心不强、能力差强人意的管理人从执业名单中剔除,并限制其在一定年限内再次从业。制订管理人信用档案,对担任管理人的中介机构利用负面清单进行监督,凡是进入负面清单的,应限制其执业区域或者禁止一定期间内继续执业。现在网络技术发达,黑名单对于技术的要求并不高,只要有心做并非难事,黑名单管理措施具备较为便捷的实施条件。

(五) 修改现行规定

有了一些合理的想法并加以论证后,剩余的便是行动,即修正现行规定。鉴于对管理人自由执业限制的司法解释是《最高人民法院关于审理企业破产案件指定管理人的规定》,笔者建议对其中限制管理人地域执业的条款进行修订,允许凡是依法成立并具备一定连续执业年限、符合管理人条件的中介机构跨区域执业,或者另行制订管理人补充规定,允许破产案件申请人、债务人、意向投资人协商确定管理人。当然,更好的措施是通过国家立法授权国务院组成部门实施行政许可。

七、结语

行政许可关系到经济主体市场公允甚至百姓的日常生活，行政许可有包括《行政许可法》在内的一系列法律制度予以规范，而以管理人名册制度为代表的"司法许可"却在影响着承担"去产能"政策重要职能的破产保护案件的质量，该制度割裂市场主体之间的联系，不利于区域经济的整合以及投资的促进，不改不行。

《破产法研究》征文公告

　　《破产法研究》是由成都理工大学破产法与企业保护研究中心自主创办、独立编辑，并由上海三联书店出版发行的学术刊物。本刊重点关注破产法理论研究与司法实践，立足四川，辐射全国，旨在构建一个高层次的破产法学术交流平台，宏扬法治理念、倡导学理争鸣、凝练实务经验、繁荣法学研究。现诚挚欢迎理论界与实务界有识之士惠赐佳作！

投稿须知

　　1. 内容要求：来稿主要内容应为破产法的理论研究成果，或破产实务工作的经验成果。

　　2. 稿件标准：作者文责自负。本刊坚决反对抄袭、剽窃等学术不端行为，坚持将学术水平、学术规范和实务价值作为录用稿件的标准，并邀请专家进行匿名审稿。稿件篇幅以 8000—15000 字为宜。

　　3. 稿费：因中心为非营利性团体，暂无稿费，望作者理解、支持!

4. 注释体例: 请参照《法学研究》注释体例(详见副页)。

5. 投稿方式: 来稿请发送至《破产法研究》编辑部电子邮箱: bankruptcy_law@163.com。

请注明作者的基本信息(姓名、职务、职称、单位、研究方向)和通讯方式(通讯地址、联系方式、邮政编码、电子邮箱)等信息。

6. 审稿期限: 编辑部自收到稿件起 30 日内通知审录结果。未被采纳稿件,作者可另行处理。

7. 截稿日期: 本刊长期征稿。

《破产法研究》编辑部

2020 年 1 月 1 日

《法学研究》中文注释体例

一、一般规范

1. 稿件采用脚注。作者用"＊"标注，正文采用连续注码，注码放标点之后。投稿时用阿拉伯数字标注，不加括号。

2. 稿件作者通常仅标明所在单位及技术职务，同一作者原则上只标明一个工作单位，最多不超过两个。项目成果保留项目名称及编号。感谢语尽量简化。

3. 引用性注释必须真实、必要。对观点的引用，应注重代表性；对事件、数据的引用，应注重资料来源的权威性。限制对非学术性书籍、非学术性期刊及报纸文章和网络资料的引用。原则上禁止引用未公开发表的资料。

4. 引用书籍、(期刊或文集)论文的，要注明页码范围；引用报纸文章的，要注明文章所在版面序号；引用网络资料的，要注明网址和最新访问日期。

5. 说明性注释以必要为限，并应尽量简化表达。

6. 引用法条的，应括注法律文件通过年份。

7. 外文注释从该文种注释习惯。尽可能避免中外文混用。

二、中文注释

1. 引用书籍的,要标明作者、书名、出版单位、出版年份和页码。作者为两人的,均列明姓名;为三人及以上的,标注为"××(排名首位的作者)等"。作者为机构的,标注机构名。出版单位属两家(含)及以上机构的,分别列明。

2. 书籍属多人合作作品的,可视情况标注为"××主编""××编"。多人分章节合作撰写的编著作品,应在注释中页码后括注"××撰写"。

3. 引用译著的,应在作者前括注作者国籍,书名后增加译者。标注顺序为:国籍、作者、书名、译者、出版单位、出版年份和页码。译著本身未标明原著作者国籍,或者未翻译原著作者姓名的,遵照译著。译者为三人或三人以上的,标注为"××等译"。

4. 引用期刊论文的,要标明作者、文章标题、期刊名及期号、页码。作者为两人的,均列明姓名;为三人及以上的,标注为"××(排名首位的作者)等"。作者为机构的,标注机构名;为课题组的,标注为"××课题组"。

5. 引用文集类书刊(含集刊)中论文的,还要按第1条的要求列明该书刊的相关要素。标注顺序为:论文作者、文章标题、书刊作者、书刊名、出版单位、出版年份和页码。其中,论文与书刊之间用"载于"连接。

6. 论文为译文的,应在论文作者前括注作者国籍,文章标题后增加译者。作者国籍不明、作者名原本未译,参照第3条酌情处理。

7. 书籍再版或多次修订的,通常应以最新版次为准,但不要标注"第×版"、"修订版"等。论文被转载、摘录的,应引用最早发表的载体。

8. 对报纸的引用,一般限于信息类、数据类引用。引用报纸上的资料,应同时注重报纸及所引内容的权威性、严肃性和专业性。引用报纸文章,要注明作者、文章标题、报纸名、日期和版面序号。作者确实不明的,可免于标注。

9. 对网络资料的引用,一般限于信息类、数据类引用,对由专业机构正式发布的电子期刊或类似网络出版物的引用,不受此限。引用网络资料,要同时注重网站及所引内容的权威性、严肃性和专业性。引用网络资料,要注明作者、文章标题、网址和最新访问日期。

10. 确需引用未公开发表的作品时,需标注作者、作品名称和页码,并视情况标明"××学校博士论文(××年)""××机构工作论文"或"××年印行"。

11. 书名或文章标题为若干词语之并列,且词语之间以空格相间,应视情况在相应空格位置添加顿号、逗号或者中圆点。

12. 非直接引用原文的,注释前加"参见"。非引自原始出处的,注释前加"转引自"。已公开的资料,应引用原始文献,禁用转引。

13. 数个注释引自同一出处的,注释采用"前引〔×〕,××书,第×页"或者"前引〔×〕,××文,第×页"。两个注释相邻的,采用"同上书,第×页"或者"同上文,第×页"。相邻两个注释完全相同的,采用"同上"。

14. 引文出自同一资料相邻页者,只注明首页;相邻数页者,注明"第×页以下"。

三、英文注释

1. 作者姓名以"名前姓后"的顺序书写。多个作者的,在最后两位作者之间用"and"或"&"连接;作者为三人以上,也可只注明第一作者,其后用"et al."(意即 and others)标注。

2. 著作或者文章名使用斜体。著作或文章名的首字母及实体词的首字母须大写。

3. 数个资料引自同一出处的,注释采用:"前引〔2〕,××书,第×页"或者"前引〔2〕,××文,第×页"。两个注释相邻的,可采"上引某某书(文),第×页"。

4. 非引自原始出处的,注释前加"quoted from"。应尽量避免转引。

5. 页码用"p."(单页)或"pp."(多页)标注;段落用"para."(单段)或"paras."(多段)标注;卷次用"Vol."标注;版次用"ed."标注。

四、注释例暂略。

《法学研究》英文注释体例

1. 著作

注明：作者，文献名（斜体），卷次（如有），版次（如有），出版地：出版者，出版时间，页码。

〔1〕 F. H. Lawwon & B. S. Markesinis, *TortiousLiability for Unintentional Harm in Common Law and the Civil Law*, Vol. I, Cambridge: Cambridge University Press, 1982, p. 106.

〔2〕 William L. Prosser, *Handbook of the Law of Torts*, 4th ed. , St. Paul, Minn. : West Publishing Company, pp. 244 – 246.

编著在编者姓名后加"（ed. ）"（一人）或"（eds. ）"（多人）。

〔4〕 Joel Feinberg & Hyman Cross（eds.）, *Philosophyof Law*, California: Dickenson Publishing Company, 1975, p. 26.

译著在文献名后注明译者。

〔5〕 Leo Tolstoy, *What is Art?*, trans. , T. Mande, New York: Oxford University Press, 1962, p. 258.

2. 论文

文集文章注明：作者，文献名（斜体），编者，文集名称（斜体），出版地：出版者，出版时间，页码。

〔6〕 Robert E. Keeton，*The Basic Rule of Legal Cause in NegligenceCases*，in Joel Feinberg & Hyman Gross（eds.），*Philosophyof Law*，California：Dickenson Publishing Company，1975，p. 350.

期刊文章注明：作者，文献名（斜体），卷号　期刊简写　页码（年份）。

〔7〕 Richard Wright，*Causation in Tort Law*，73Calif. L. Rev. 1735(1985).

报纸文章注明：作者（不署名文章无此项），文献名（斜体），报纸名称（斜体），出版日期。可注明版别。

〔8〕 Clayton Jones，*Japanese Link Increased Acid Rain to DistantCoal Plants in China*，in *The Christian ScienceMonitor*，Nov. 6,1992，p. 4.

3. 判例

注明：判例名，卷号　判例集名称　页码（年份）。可注明多个判例集出处，用逗号分开；可在圆括号中注明法院。

〔9〕 Vincentv. Lake Erie Transp. Co.，109 Minn. 456,124 N. W. 221(1910).

4. 辞书

注明：辞书名　页码（版次和出版时间）。

〔11〕 Black's Law Dictionary 402(8th ed. 2004).

5. 制定法、法律重述、统一法

注明：名称　条款序号（时间）。

〔12〕 U. S. Const. art. 1，sec. 7，cl. 3.

〔13〕 Restatement(Second) of Torts sec. 402A(1978).

〔14〕 U. C. C. sec. 2 – 203(1990).

6. 国际组织报告

注明：报告题目（斜体），文件发布机构及编号，发布日期，页码或段落。

〔15〕 *United Nation Register of Conventional Arms*, *Report of the SecretaryGeneral*, UN General Assembly Document A/48/344, Oct. 11, 1993, para. 3. 1.

文字来源于《法学研究》

图书在版编目（CIP）数据

　破产法研究.2020年卷/刘宁主编.—上海：上海三联书店，
2021.3
　ISBN 978-7-5426-6798-4

　Ⅰ.①破⋯　Ⅱ.①刘⋯　Ⅲ.①破产法－研究－中国
Ⅳ.①D922.291.924

中国版本图书馆 CIP 数据核字（2020）第 086638 号

破产法研究（2020 年卷）

主　　编 / 刘　宁

责任编辑 / 郑秀艳
装帧设计 / 一本好书
监　　制 / 姚　军
责任校对 / 张大伟　王凌霄

出版发行 / 上海三联书店
　　　　　 (200030)中国上海市漕溪北路 331 号 A 座 6 楼
邮购电话 / 021 - 22895540
印　　刷 / 上海惠敦印务科技有限公司

版　　次 / 2021 年 3 月第 1 版
印　　次 / 2021 年 3 月第 1 次印刷
开　　本 / 890 × 1240　1/32
字　　数 / 240 千字
印　　张 / 11
书　　号 / ISBN 978 - 7 - 5426 - 6798 - 4/D · 431
定　　价 / 48.00 元

敬启读者，如发现本书有印装质量问题，请与印刷厂联系 021 - 63779028